PATRICK DEWAYNE

GELD KANN JEDER & DU JETZT AUCH

Der Finanzcoach erklärt,
wie du mehr aus deinem Geld machst

Inhalts-
verzeichnis

Vorwort   10

I. Einleitung Verstehen – Vorsorgen – Vermehren   14
Herzlich willkommen …   15
Der Finanzcoach   15
Das Buch   16
Warum Finanzbildung?   19
Wie funktioniert das Buch?   20

II. Geld und Glaubenssätze   22
Faszination Geld   23
Geld und Gesellschaft   24
Der (Stellen-)Wert des Geldes   25

III. Sparen + Vermögensaufbau vs. Bedarf im Leben   28
Die Finanz-Fitness-Typen oder die vier Blätter des Glücksklees   32
Über die Kunst, mit Geld umzugehen   47
Fixe Kosten und kleine Geldfresser   48
Geldfresser Dispokredit – zähme das Biest!   53
Warum wir trotzdem den Dispo nutzen können   56
Der kleine Retter Haushaltsbuch   57
Umschuldung   57
Jetzt wirds deep   59

IV. Die Immobilie   64
#Immobilienboom – lohnt sich der Einstieg?   66
Die selbst genutzte Immobilie – dein Glück in vier Wänden   73
Wohnung, Haus oder selbst bauen?   75
So berechnest du das Kauf-Mietpreis-Verhältnis   79
Der Kredit: Welche Varianten gibt es und was musst du beachten? 81
Kreditvarianten – Eigenkapital und „Eigenleistungsbooster"   81
Grunderwerbs- und Grundsteuer – der Staat nimmt, was er kann   90
Aller Anfang ist schwer – oder doch nicht?   94
Die Krux mit der Steuer   98
Kleines „Wrap-up" und (d)ein Fazit   99

V. Aktien, Börse, Kapitalmarkt – die Welt der Finanzmärkte

V. Aktien, Börse, Kapitalmarkt – die Welt der Finanzmärkte	**106**
Warum ich mich auf Aktien spezialisiert habe	109
Was ist eine Aktie?	111
Drei Aktienarten – wer ist eigentlich der Besitzer?	112
Was ist eine AG/Aktiengesellschaft?	113
Warum gibt ein Unternehmen Aktien aus?	115
Das IPO	115
Warum solltest du Unternehmen handeln und nicht nur Aktien?	117
Welche Börsen gibt es und welche sind von Bedeutung?	118
Aktienindizes – wann wird welche Aktie in welchem Index gelistet?	119
Was bewegt die Aktienkurse?	123
Wann ist der richtige Zeitpunkt zum Aktienkauf?	124
Wie kannst du Aktien erwerben?	125
Wo kaufst du Aktien?	127
Wie legitimierst du dich zum Aktienkauf?	128
Wie risikofreudig bist du eigentlich?	128
Wie viel kaufst du?	131
Dividenden – ran an den Speck!	133
Dividenden – Renditemonster in Zeiten von Nullzinsen	134
Besonderheit des DAX	136
Investition vs. Spekulation	142
Diversifikation und Streuung – wann welches Risiko eingehen?	146
Meine Dos and Don'ts bei der Aktienanlage – Zusammenfassung	151
VI. Investmentfonds und ETFs – „Aktiv" und „Passiv" fürs Depot	**154**
Der Investmentfonds – Anlageklassiker der Finanzprodukte	156
Die unterschiedlichen Arten und Eigenschaften von Fonds	159
Wie handelst du Investmentfonds und was kosten sie?	162
Die Qual der Wahl – welcher Fonds passt zu dir?	164
Warum du in Schwächephasen der Märkte weiter sparen solltest	167
Warum Investmentfonds einen Platz in deinem Depot verdienen	169
Der börsengehandelte Fonds – Exchange Traded Fund (ETF)	170

ETF, physisch oder synthetisch – Indexnachbildung, wie geht das? 173
ETF-Sparpläne – eine vernünftige Performance, während du dich zurück-
lehnst 175
Sparen wie OSKAR – warum sich der ETF-Sparplan für Kinder rentiert 179

VII. Rohstoffe und Alternative Investments – von Handfestem wie Gold bis zu Spaßbringendem wie Oldtimer 182

Grundlagen des Rohstoffhandels 183
Rohstoffe handeln – Unterschiede zu anderen Sachwertanlagen 184
Einzelne Rohstoffe im Überblick 187
Die etwas andere Geldanlage: Oldtimer, Sneakers und Spirituosen 195
Für wen eignet sich Wein als Anlageobjekt? 201
Exkurs: Gut zu Fuß oder auf gepolsterten Sohlen zum Cash 204
Die Unternehmensbeteiligung – Kapitalmarkt in Reinkultur 205
Gute Alternativen – Aktien von Beteiligungsfirmen und ETFs 207

VIII. Sparbuch, Anleihen und die Inflation 210

Sparen ist super! Allerdings nicht auf dem Sparbuch … 211
Inflation verstehen – die Rolle der Notenbanken 211
Warum gibt es negative Einlagenzinsen? 213
Realzinsen in Deutschland zwischen 1967 und 2003 – was wir sehen 214
Wie hat sich das Sparverhalten der Deutschen verändert? 215
Anleihen – ein Überblick 217
Staatsanleihen in der Praxis 218
Wofür braucht der Staat all das Geld? 219
Versicherungen und Pensionsfonds – Gefangene der Negativzinsfalle 220
Wie ergibt sich die negative Rendite der Staatsanleihen? 221
Unternehmensanleihen – Fremdkapital für Unternehmen 224
Wann Staats- und Unternehmensanleihen in dein Depot gehören 226
Ein kleiner Exkurs nach Argentinien 227
Die globalen Risiken einer möglichen Anleiheblase 228
Was bedeutet das eigentlich genau – Zahlen und Fakten 228

IX. Derivate, Zertifikate und CFDs nicht nur für Profis 232

Was sind Derivate? 234

Die Grundidee von Derivaten am Beispiel eines Warentermingeschäfts 235

Wie entwickelt sich der Preis des Derivats, wovon hängt er ab? 236

Welche weiteren Derivate gibt es und was kosten sie? 237

Optionen als Lösung gegen den Wertverlust deines Depots 240

„Safety first" fürs Depot mit Puts: „Protective-Put-Strategie" 244

Wann macht es Sinn, die Stillhalterposition einzunehmen? 245

Jetzt wirds deep – Part II 247

Das etwas andere Derivat – Zertifikate 251

Anlagetypen der Zertifikate 252

Zertifikatarten – Funktionsweise und Handelsansatz 255

Warum Zertifikate in jedes gute Anlageportfolio gehören 261

CFD – Contract for Difference – zu Deutsch „Differenzvertrag" 262

CFD-Broker und CFD-Konten – wie geht das überhaupt? 263

X. Die Zukunft des Investierens 266

Was heißt Robo-Advisory und was kann die Onlineberatung heute? 267

Welche Arten Robo-Advisor gibt es eigentlich? 271

Anlagebeträge und Kosten eines Robo-Advisors im Vergleich 272

Green Investing – Ethik und Ökologie als Basis deiner Anlage 275

Wie kannst du dich auf die Suche nach Green Investments begeben? 276

Die Schwierigkeit, wirklich nachhaltige Unternehmen zu finden 276

Ein paar harte Fakten zum Thema „nachhaltige Geldanlagen"
aus dem Jahr 2019 278

XI. Deine tägliche Dosis Finanzbildung – ein Ausblick 280

Warum Sich-Zeit-Nehmen bei der Geldanlage guttut 282

Demografie im Wandel und das Narrativ der Armutsdiskussion
mit moralischer Keule, Armuts- und Rentenproblematik 284

Die aktuelle Rentensituation 285

Renten und Bezuschussung durch Steuergelder 287

Armut in Deutschland bei Rentnern und Kindern – was tun? 288

Ein Analyseversuch und ein möglicher Lösungsansatz 289

Worauf du bei deiner Berufswahl achten kannst 291

bAV – die zweite Säule der Altersvorsoge 293
Zu komplex, zu kompliziert, Vertrauen verloren 295
Alternative Ideen und Ansätze für ein Standardvorsorgeprodukt 295
Rentenüberlegungen der Politik im neuen Jahrzehnt 297
Ziele eines neu zu gestaltenden Vorsorgemechanismus 299
Gestaltungsmöglichkeiten für Geringverdiener 300
Steuerfreie Rente und die Grundrente gleich mitfinanziert 301
Gute Schulden – schlechte Schulden: Warum der Fetisch der
„schwarzen Null" so tragisch ist 302
Wrap-up: „Geld kann jeder und du jetzt auch!" 303

**Ein besonderes Nachwort in Zeiten einer
unerwarteten Krise** 306
Richtig agieren in Krisenzeiten 308
Was war der Auslöser für den schnellsten Ausverkauf an den Börsen
und Finanzmärkten seit dem Börsencrash 1929? 308
Was an den Börsen parallel dazu geschah –
eine kurze Chronologie der Ereignisse 309
Welche Mechanismen als Absicherung deines Portfolios nutzen? 311
Depotabsicherung Nr. 1: Asset Allocation im Portfolio 311
Beispiel 20 000 Euro diverses Portfolio 17.02.2020 vs. 20.03.2020 313
Weitere Tools zum Schutz vor starken Verlusten deines Depots 313
Fazit & Ausblick 314

Glossar 316

Danksagung 322

Quellenverzeichnis Grafiken und Tabellen 324

Vorwort

Die Nullzinspolitik der EZB, geopolitische Spannungen sowie disruptive Effekte von Klimawandel und Digitalisierung haben dramatische Auswirkungen auf die Privatvermögen und die private Altersvorsorge. Doch wie können Privatpersonen diesen Auswirkungen am besten begegnen?

Patrick Dewayne zeigt in seinem Buch auf interessante und unterhaltsame Weise, weshalb und wie der Umgang mit Geld für jeden einfach zu erlernen ist. Durch die gelungene Aufteilung seines Buches führt Patrick den Leser von einleitenden Ideen der Geldanlage über Investitionen in Aktien, ETFs und Immobilien bis hin zu komplexeren Themen wie Derivaten und Rohstoffen. Außerdem wirft er einen Blick in die Zukunft des Investierens und zeigt, wie sie beispielsweise durch „Green Investing" beeinflusst wird.

Deutschland ist dafür bekannt, dass die Investitions- und Aktienkultur hinter der anderer westlicher Länder liegt. Viele Deutsche halten immer noch an der Idee des klassischen Sparbuchs fest, obwohl dieses in der heutigen Zeit nicht mehr rentabel ist, da die Zinsen sogar unter der Inflationsgrenze liegen. Die Briten kultivierten für dieses Phänomen gar einen eigenen Begriff – „Stupid German Money". Doch weshalb ist dies hierzulande so? Dies liegt sowohl daran, dass viele deutsche Anleger Aktien für zu spekulativ halten, als auch daran, dass die finanzielle Bildung nicht so weit fortgeschritten ist, wie sie sein könnte. Dieses Buch ist ein wichtiger Schritt, um jedem das Verständnis für den Umgang mit Geld zu erleichtern.

Als Professor an einer der führenden Wirtschaftsuniversitäten Europas halte auch ich die Finanzbildung in der Bevölkerung für ein unschätzbar wichtiges Gut. Mit Blick auf den demografischen Wandel in Deutschland, das überholte Rentenmodell und die daraus resultierende Notwendigkeit privater Altersvorsorge kann ich Patricks Arbeit und seine anschaulichen Erklärungen in diesem Buch sehr empfehlen. Schon bei unserem ersten Interview, das Patrick mit mir zu meinem Steckenpferdthema Blockchain hielt, fiel mir auf, dass er die richtigen Fragen zu stellen weiß und gerne tief in Themen einsteigt, um sie dann leicht verständlich zusammen-zufassen und aufzuarbeiten.

Der Fokus meiner Arbeit und Forschung liegt auf der Block-chain-Technologie und damit auf der Zukunft der Geldanlage. Durch den disruptiven Effekt dieser Technologie sowie durch die damit verbundenen Kryptowährungen werden sich auch für den Privatanleger weitere Möglichkeiten zur Vorsorge ergeben, auf die Patrick die Leser seines Buches gut vorbereitet. Er veranschau-licht schon jetzt wichtige Trends der modernen Geldanlage wie „Robo-Advisory" sehr anschaulich und gut verständlich.

Neben zahlreichen lebensnahen und praktischen Tipps zeigt dieses Buch auch auf, worauf man bei der Berufswahl, dem Vor-sorgeplan und der Umsetzung im täglichen Leben achten sollte. Pa-trick gibt sowohl Finanzanfängern als auch Fortgeschrittenen un-schätzbar hilfreiche Hinweise zum Investieren und dem Umgang mit Geld an die Hand.

Prof. Dr. Philipp Sandner
Wirtschaftswissenschaftler und Professor an der
Frankfurt School of Finance & Management

I. Einleitung Verstehen – Vorsorgen – Vermehren

Herzlich willkommen ...

... in deinem Portemonnaie. Oder auf deinem Konto, auf jeden Fall da, wo wir sein müssen, um einen Blick auf deine Finanzen zu werfen und einen sinnvollen Plan für deine finanzielle Entwicklung zu schmieden.

Schön, dass du dafür nach diesem Buch gegriffen hast. Es soll dir helfen, einen Überblick über das Thema Finanzen zu bekommen und dich mit all dem zu beschäftigen, was du für einen guten Umgang mit deinem Geld brauchst. Hierfür schauen wir uns deine aktuelle finanzielle Situation an, bestimmen deinen Finanztyp und lernen die verschiedenen Wege kennen, die du gehen kannst, um dein Geld ohne Wertverlust zu sparen, gewinnbringend anzulegen oder klug zu investieren.

Der Finanzcoach will dich nicht nur als Ratgeber begleiten, sondern auch als Informationshandbuch, in dem du nach dem Lesen immer wieder blättern kannst. Darüber hinaus möchte ich dir als Autor und leidenschaftlicher Börsianer gerne hin und wieder erläutern, wie einzelne Entwicklungen entstanden und warum bestimmte Themenfelder besonders spannend sind.

Der Finanzcoach

Seit mehr als zwanzig Jahren beschäftige ich mich professionell mit Geldanlagen, Finanz- und Kapitalmärkten. Nach dem Abitur entschloss ich mich zu einer Ausbildung zum Bankkaufmann. Direkt im Anschluss ging es an die Börse – erst „aufs Parkett", dann weiter in die Bereiche Aktieneigenhandel und Portfoliomanagement.

Seit 2015 arbeite ich als freier Wirtschaftsjournalist in der Finanzbranche. Als Börsenkorrespondent und TV-Moderator berichte ich täglich von wirtschaftlichen und politischen Geschehnissen auf dieser Welt und deren Auswirkungen auf die Finanz- und Kapitalmärkte. Ich verstehe meine Rolle als eine Art „Übersetzer" zwischen Börse und Zuschauer oder als Unternehmenslenker und Investor.

In meiner Kindheit und Teenagerzeit war die finanzielle Situation meiner Familie prekär. Die Scheidung meiner Eltern und gesundheitliche Schicksalsschläge meiner alleinerziehenden Mutter hatten uns für ein paar Jahre den finanziellen Boden unter den Füßen weggezogen.

Meine ersten Schritte auf dem Weg zum Verstehen des Konzeptes Geld hin zu der Erkenntnis, dass unsere Situation nicht in Stein gemeißelt war, waren der „KNAX-Klub" meiner ortsansässigen Sparkasse und ein gewonnenes „Börsenspiel". Nach und nach merkte ich, dass ich meine Situation selbstständig verändern konnte, und je älter ich wurde, desto klarer wurde mir, dass ein aktiver und bewusster Umgang mit Geld sowie finanzielle Erfolge auch persönliche Freiheit bedeuten und dass jeder ein kleines Vermögen erwirtschaften kann, wenn er klug und effizient daran arbeitet.

Das Buch

Ist dir auch schon mal aufgefallen, dass alle mit Geld zu tun haben – Eltern, Kinder, Singles, Männer, Frauen, Rentner, Politiker, Freunde, Familie und man selbst –, aber die verschiedenen Ansichten, Meinungen und Haltungen zum Thema so weit voneinander abweichen, dass man manchmal denkt, alle lebten auf völlig unterschiedlichen „Geldplaneten"?

Jeder von uns hat seine individuellen Erfahrungen mit dem Thema Finanzen gemacht, ist durch seine frühen Bezugspersonen und deren Umgang mit Geld geprägt und hat dadurch eine ganz eigene Einstellung dazu. Daraus entwickeln sich Überzeugungen, ja sogar Glaubenssätze, die wir verinnerlichen und von denen unser jeweiliger Umgang mit Geld im späteren Leben maßgeblich abhängt.

Seit vielen Jahren treten Bekannte und Freunde, aber auch Zuschauer und Follower mit den verschiedensten Finanzfragen an mich heran. Auch in meiner Familie ist der Austausch rund ums Thema Geld rege, und dadurch, dass wir vier Generationen in den unterschiedlichsten Lebenssituationen sind, sind die jeweiligen Fragestellungen unserer Familienmitglieder sehr breit gefasst. All diese Fragen und die später daraus hervorgehenden Entscheidungen und Erfolgserlebnisse haben mich dazu motiviert, die wichtigsten Antworten zusammenzufassen und zu teilen.

Zum Beispiel fragt mich einer meiner Brüder nach einer sicheren, aber wertsteigernden Anlagemöglichkeit für seine Altersvorsorge, ein anderer möchte möglichst schnell seinen Studienkredit abbauen und meine Schwiegermutter findet es höchst ungerecht, dass ihre Hausbank ihr aufgrund der Zinspolitik der EZB die Kosten der Negativzinsen weiterreichen will und sie damit ihrer Ansicht nach für ihre langjährige Spardisziplin auch noch bestraft.

In jeder Situation und Lebenslage lohnt es sich, die eigene Ausgangsposition zu kennen, zu durchleuchten und zu beurteilen. Um eine erfolgreiche Finanzstrategie für dich selbst zu entwickeln, musst du dir einige Fragen stellen. Bei diesem Prozess soll dir der Finanzcoach helfen. Du sollst mit geringem Aufwand in die Lage versetzt werden, eigene, kluge Finanzentscheidungen zu treffen. Entscheidungen, die zu dir und deiner Lebenssituation passen.

Sobald du dein Basiswissen besitzt, genügen meiner Erfahrung nach sogar homöopathische Dosen an aktuellen Informationen, um finanztechnisch up to date zu bleiben. In manchen Fällen genügt die Investition einer Stunde pro Jahr, um weiter sorglos zu leben (wie das geht, erkläre ich an anderer Stelle im Kapitel *ETFs*).

Natürlich ist diese Dosis je nach Interesse unbegrenzt steigerbar. Am wichtigsten ist erst mal das Motto: „Egal was du tust, tu was!"

Wie ist also deine aktuelle finanzielle Situation? Was ist deine persönliche Geldaufgabenstellung? Welche sind deine Challenges? Wie sehen deine Lösungsansätze aus? Und wie gehst du diese an? Der Finanzcoach hilft dir beim Beantworten all dieser Fragen und begleitet dich auf dem Weg zu den richtigen Entscheidungen.

Kürzlich kamen mir zwei ebenso simple wie effektive Sinnbilder für die uns umgebende, doch recht komplexe Finanzwelt und unsere Rolle darin in den Sinn:

Das erste betrifft unsere Zusammenarbeit: Wie im Fitnessstudio der Trainer übernimmt dieses Buch die ersten Schritte an deiner Seite. Du merkst schnell, was dir liegt, was dir gefällt, was dir leicht von der Hand geht und wo du schnelle Fortschritte und Erfolge erzielst. Wir erarbeiten sozusagen dein finanzielles Sixpack und deine finanzielle Grundkondition, die allgemeine „finanzsportliche Fitness".

Da jeder das Training mit unterschiedlichen Voraussetzungen beginnt, muss auch jeder sein eigenes Tempo finden. Wichtig ist, dein jeweiliges Ziel vor Augen zu haben. Ist dieses Ziel dann erreicht, heißt es dranbleiben! Der Löwenanteil jedoch ist dann getan.

Dein Bedürfnis nach finanzieller Unabhängigkeit wiederum kann mit dem Hungergefühl verglichen werden, das wir von Zeit zu Zeit verspüren. Wir möchten etwas essen und trinken, machen uns auf den Weg in den Supermarkt, stehen plötzlich vor der Fleischtheke oder dem Obst- und Gemüsestand und fragen uns, was das wohl alles ist, was da vor uns liegt, wie man es zubereitet und ob man in der Lage sein wird, in angemessen kurzer Zeit zu einem fairen und bezahlbaren Preis satt zu werden.

Hier hilft ein Einkaufszettel, damit du dich nicht verzettelst oder ausschließlich impulsgetrieben einkaufst – du weißt ja, Hunger ist ein schlechter Einkäufer. Außerdem ist es sehr hilfreich, wenn du weißt, was du noch an Lebensmitteln zu Hause hast und also nicht noch mal zu kaufen brauchst. Beim Thema Geld ist das gleichbedeutend mit einer Bestandsaufnahme deiner finanziellen Situation, also: Was kommt an Geld rein, was geht raus und welche Ersparnisse und Vermögensgegenstände besitzt du? Auch das kann meist schon auf einem kleinen Stück Papier oder in einer App notiert werden, die sogar weniger Platz braucht als ein Einkaufszettel.

Der Finanzcoach hilft dir dabei, dein „Hungergefühl" etwas zurückzustellen. So kannst du als Erstes einen Einkaufszettel schreiben und dir vor Augen führen, was du noch zu Hause hast und welche Produkte es gibt, die zwar alle wichtig sind, die du aber nicht alle benötigst.

Warum Finanzbildung?

Auch wenn die Welt der Finanzen für manche scheint, als sei sie Teil eines eigenen, weit entfernten und unerreichbaren Universums, bedarf es oft nur der richtigen Herangehensweise, um zu merken, dass Finanzbildung für jeden von uns zugänglich und viel näher an unserem täglichen Leben ist, als wir oft denken. Dass Wissen in diesem Bereich im täglichen Umgang mit Geld und beim Haushalten der eigenen Finanzen essenziell ist. Und dass es dir ein sicheres Gefühl gibt, wenn du weißt, wo du mit deinen Finanzen gerade stehst: Wie viel Geld ist aktuell auf meinem Girokonto? Welche Versicherungen habe ich, welche brauche ich wirklich? Welche finanziellen Verpflichtungen habe ich regelmäßig und welche außerplanmäßigen Kosten kommen auf mich zu, wie sorge ich sinnvoll und angemessen für das Alter vor und in welchem Umfang? Und wie bewerkstellige ich das alles, ohne jeden Cent umdrehen zu müssen?

Natürlich gibt es unterschiedliche Lebensphasen, in denen die Anforderungen an das eigene Finanzwissen und die damit verbundenen Herausforderungen ebenfalls sehr unterschiedlich sind. Beispielsweise geht es als Teenager um das erste selbst verdiente Geld zur Taschengeldaufbesserung. Dann während der Ausbildung oder des Studiums, um die finanziellen Spielräume, die trotz eventueller Nebenjobs durch höhere Ausgaben immer noch ziemlich eng sind. In den ersten Jahren im festen Job dann verändern sich oft die Bedürfnisse, Wünsche und privaten Planungen: Kann ich mir jetzt ein Auto leisten? Will ich mir irgendwann eine Immobilie kaufen? Kann ich so was bezahlen und wie spare und investiere ich mein Geld überhaupt am sinnvollsten?

Es ist schön, sagen zu können: Familienplanungen, Auslandsaufenthalte, Berufsperspektiven und persönliche Präferenzen in Einklang zu bringen ist möglich und gar nicht so kompliziert, wie du vielleicht denkst.

Hierfür, aber auch für spätere Lebensphasen, in denen man vielleicht schon Kinder bekommen oder eine Immobilie erworben hat und in denen es um steuerliche Vorteile, gute Vermietung oder Schenkungen an Kinder oder Enkel geht, ist dieses Buch ebenfalls ein guter Einstieg, um die eigenen Gedanken zu ordnen, zu strukturieren und Antworten auf die eigenen, aktuellen Fragen zu finden.

Themenbereiche sind alle, die unseren täglichen Umgang mit Geld beinhalten, also zum Beispiel „klassische" Geldanlage, mieten, wohnen, Immobilien, aber auch Versicherungen, Konsumverhalten und der Umgang mit Geld im Allgemeinen.

Wie funktioniert das Buch?

Der Finanzcoach will Hilfe zur Selbsthilfe leisten. Ein Werkzeugkasten sein, um dir ein Grundverständnis und einen Überblick über alle relevanten Themen, Fragen und Strategien zu vermitteln.

Um das zügig und praxisnah zu erreichen, beginnt jedes Kapitel mit der Schilderung einer Ausgangslage. Es folgt eine kurze Erörterung der damit zusammenhängenden Fragen und Problemstellungen und schließlich ein Angebot von Lösungsansätzen oder Handlungsempfehlungen für dein weiteres Vorgehen.

Jedes Kapitel fasst zum Ende noch einmal das Wichtigste zusammen und du kannst direkt zur Tat schreiten. Manche Fragestellungen werden mit Beispielrechnungen und Grafiken vertieft, manchmal werden auch Vor- und Nachteile gegenübergestellt. Wichtig ist, dass du dir ein paar eigene Notizen machst, also stets Stift und Papier parat hast, um mitzuschreiben und gleich ans Eingemachte zu gehen. So vertiefst du das Gelesene schneller und hast mehr Spaß an der Umsetzung.

Das Buch ist übrigens so konzipiert, dass du nicht alles detailliert lesen musst, um für dich handeln zu können. Die einzelnen Themen und ihre Teilaspekte (Kauf von Aktien, Erwerb einer Immobilie etc.) sind in sich schlüssig und separat bearbeitbar. Du kannst dir die für dich relevanten Themenbereiche heraussuchen und dich intensiv mit ihnen beschäftigen.

II. Geld und Glaubens- sätze

Faszination Geld

Geld ist eine verrückte, faszinierende und vor allem mächtige Sache. Es ist Teil unseres täglichen Lebens und beeinflusst Gesellschaften seit Jahrtausenden. Morde wurden und werden für Geld begangen, Freundschaften geknüpft und beendet, Ehen geschlossen und Königreiche gestürzt.

Als ich Teenager war, lebten meine alleinerziehende Mutter und ich unter dem, was heute als Armutsgrenze bezeichnet wird. Geld bekam somit für mich erst mal eine negative Konnotation: Nix vorhanden, nix mit Faszination. Die kam erst später.

Diese existenzielle Verlustangst tat etwas mit mir – denn statt wie meine Freunde, meine Peergroup, mit Markenklamotten rumzulaufen, trug ich Jeans und Pullover aus der Spende der ortsansässigen katholischen Gemeinde. Dieser mangelnde finanzielle Spielraum zu Hause führte zu einem starken Schamgefühl und zu der Erkenntnis, dass ich an diesem Zustand unbedingt etwas ändern musste und wollte.

Ein kluger Mensch, nämlich meine Mutter, sagte mal: „Ohne Geld ist alles nichts." So weit würde ich persönlich nicht gehen, schließlich heißt es im Volksmund auch: „Geld allein macht nicht glücklich." Eine Tatsache, die wir jedoch sicher alle schon einmal beobachten konnten – an jemand anderem oder gar an uns selbst –, ist, dass der Besitz von Geld sehr wohl mit Glücksgefühlen einhergehen kann.

Diese werden nicht durch das Material selbst ausgelöst, sondern durch die Aussicht des Besitzers auf den potenziellen Gegenwert: eine Tasse Kaffee, eine Massage, eine neue Brille, ein Paar Sneakers, ein gutes Essen, ein freier Abend, endlich den Kredit abbezahlen können, Urlaub, ein Auto, das Traumhaus … Das „Glück" kommt also in Gestalt finanzieller Freiheit, Unabhängigkeit, Sicherheit und des Vermögens, sich kleine und große Dinge leisten zu können, also der Verfügbarkeit von Gütern, Dienstleistungen und Services. Geld kann glücklich machen, wenn man es richtig einsetzt.

Geld und Gesellschaft

Auf unsere Gesellschaft, aber auch auf jeden Einzelnen als Individuum, wirkt sich die Macht des Geldes unmittelbar aus und bestimmt nicht selten die Motive unseres Handelns und unserer Entscheidungsfindung. Mit wem umgeben wir uns? Welcher gesellschaftlichen Schicht gehören wir an, welche Bildung genießen wir, welchen Status haben wir und letztlich: Was treibt uns an?

Selbst in Deutschland, wo es gute staatlich finanzierte Schulbildung und Universitäten gibt, die kaum Gebühren kosten, werden berufliche Karrieren und Gehaltsgefüge doch oft dadurch geprägt, aus welchem „Stall" man kommt, also wie viel Geld und Bildung man von seinem ersten Netzwerk – dem Umfeld, in dem man aufgewachsen ist – mitbekommen hat.

Als halber US-Amerikaner denke ich auch an den sogenannten „amerikanischen Traum" … vom sprichwörtlichen Tellerwäscher zum Millionär, jeder kann es schaffen, kann Geld ansammeln, um dann hoffentlich zufrieden und glücklich zu sein. Als Philanthrop und Humanist kommt mir die Gerechtigkeitsdebatte, die augenblicklich in Deutschland geführt wird, in den Sinn. Wie viel Geld darf der Vorstand eines DAX-Unternehmens verdienen? Was ist verglichen mit dem durchschnittlichen Verdienst eines Angestellten desselben Unternehmens fair?

Was ist überhaupt gerecht? Was ist ein „gerechter Lohn"? Wie entwickelt er sich im Zeitalter der Digitalisierung? Soll es ein bedingungsloses Grundeinkommen geben? Zusammenhänge und Wechselwirkungen zu verstehen und für sich zu nutzen ist eine spannende Herausforderung und eine wichtige Aufgabe zugleich. Eine Fähigkeit, die man seinen Kindern als eine der Säulen des Lebens mitgeben sollte – ähnlich wie Lesen und Schreiben und moralische Wertvorstellungen. Wer schon früh über ausreichend Finanzbildung verfügt, wird sich beispielsweise niemals über Altersarmut Gedanken machen müssen. (Wer sich an ein paar sehr grundlegende Regeln hält, im Übrigen auch nicht, aber dazu später.)

Speziell Frauen sind leider in Sachen Gehalt und Bezahlung ihrer Arbeit noch immer massiv benachteiligt. Im Durchschnitt verdient eine Frau im Schnitt 21 % weniger in der Stunde als ein Mann. Was dieses wichtige Thema angeht, ist in den letzten Jahren ein großer Pool an empfehlenswerter Finanzliteratur entstanden, die sich speziell an Frauen richtet und detailliert auf spezifische Themenbereiche eingeht. Wichtige Lösungsansätze, die du hier im Finanzcoach findest, sind zum Beispiel Methoden, die dir bei künftigen Gehaltsverhandlungen helfen.

Der Einfluss, den Geld auf unseren – gefühlten und tatsächlichen – Platz in der Gesellschaft hat, ist enorm. Das habe ich in vielen Phasen meines Lebens auf dem langen Weg von der Armutsgrenze bis zu den oberen 10 % der Einkommensstatistik[1] deutlich zu spüren bekommen. Seither weiß ich: Geld allein macht nicht glücklich – aber kein Geld eben auch nicht.

Der (Stellen-)Wert des Geldes

Ganz pragmatisch: Wenn du kein Geld hast, um deine Miete, deine Lebensmittel oder ganz einfach deine Rechnungen zu bezahlen, dann belastet dich das. Die finanziellen Probleme nehmen einen immer größeren Raum in deinem Leben ein, und ehe du dich versiehst, dreht sich alles nur noch ums Geld. Das führt, wie ich aus eigener Erfahrung und der meines Familien- und Freundeskreises weiß, unweigerlich zu Frustration, Wut und schließlich zum Unglücklichsein.

Aber auch wenn es nicht um unbezahlte Rechnungen oder Luxusanschaffungen geht, sondern schlichtweg um einen gesellschaftlich verantwortungsvollen Lebensstil, spielt Geld eine

---

[1] Um zu den oberen 10 % der Einkommensstatistik in Deutschland zu gehören, bedarf es im Übrigen keiner Millioneneinnahmen im Jahr, wie man vielleicht meinen könnte. Für Singles liegt die Grenze bei einem Nettojahreseinkommen von 41 280 € und bei einer vierköpfigen Familie sind es 86 676 €.

entscheidende Rolle. Ökostrom, Bioprodukte vom Bauernhof um die Ecke und fair produzierte Klamotten sind einfach teurer als Fleisch vom Discounter und der Pulli von H&M. Einen respektvollen Umgang mit Lebensmitteln und Ressourcen und das gute Gefühl, das damit einhergeht, muss man sich leisten können, und bedauerlicher-, aber verständlicherweise setzen viele Verbraucher ihre Priorität aus finanziellen Gründen auf andere Bereiche ihres Lebens. Es mag erst mal paradox klingen, aber ein eigenes Vermögen, auch wenn es ein kleines ist, kann demnach auch für die Gesellschaft von großem Wert sein. Vorausgesetzt natürlich, man setzt es richtig ein.

Bei allem Arbeiten daran, genügend finanziellen Puffer für die eigenen Bedürfnisse zu erwirtschaften oder zu sparen, sollte jedoch Geld den Stellenwert „Mittel zum Zweck" nicht verlieren. Ähnlich wie beispielsweise bei Schulnoten sollten wir (und das habe ich auch erst lernen müssen) unseren Kontostand nicht darüber entscheiden lassen, wie groß unser Selbstwertgefühl ist. Auch wer ausschließlich sehr gute Noten in der Schule oder Universität bekommt, ist deswegen kein wertvollerer Mensch als jemand, der augenblicklich weniger erfolgreich ist. Die Gründe für den Misserfolg können vielfältig sein und sind mit angemessenem Einsatz und den richtigen Entscheidungen überwindbar.

Mittlerweile jedenfalls rate ich jedem dazu, Geld auf das Wesentliche zu reduzieren, um profund und zielgerichtet damit umgehen zu können. Die eigentliche Faszination übt für mich heute nicht das Geld selbst aus, sondern das Wissen, wie ich mit Geld umgehen muss, damit ich ein erfülltes und glückliches Leben habe. Und genau das möchte ich mit dir teilen.

III. Sparen + Vermögens- aufbau vs. Bedarf im Leben

Und los gehts! Wie im Fitnessstudio geht es jetzt zu Beginn erst einmal darum, deinen Fitnessgrad zu bestimmen – nur in diesem Fall ganz ohne zu schwitzen. ☺

Dazu solltest du ein paar Vorabinformationen zusammentragen, anhand derer wir deinen „Trainingsplan" konzeptionieren und sehen können, wie fit du im Bereich Finanzen schon bist. Denn damit dir beim Umgang mit Geld in den unterschiedlichen Lebenssituationen zukünftig keine gravierenden Missgeschicke (mehr) unterlaufen, wie beispielsweise Versicherungen doppelt oder einen überteuerten Handytarif zu haben oder dein mühsam erspartes Geld „tot" auf deinem Sparbuch zu bunkern, brauchst du jetzt einen ersten, groben Überblick über deine finanzielle Gesamtsituation.

Dazu zählen deine Einnahmen und deine Ausgaben, dein Vermögen und deine Verbindlichkeiten (Schulden), aber auch dein Wissensstand in Sachen Finanzprodukte, also Tagesgeld- und Girokonten, Fonds, ETFs, Aktien, Immobilien und auch Versicherungen. Wichtig ist zudem, dass du versuchst, deinen bisherigen Umgang mit und deine Einstellung zu Geld zu überprüfen und eventuell sogar zu hinterfragen.

Dabei unterstütze ich dich mit einem kleinen Fragenkatalog und einem Bild aus der Natur: dem „Glücksklee".

Aufgabe ✏

Bitte nimm einen Stift und ein Blatt Papier zur Hand und beantworte kurz die folgenden Fragen. Solltest du die Möglichkeit haben, deine Angaben mittels eines Computers oder eines Tablets noch genauer nachzuschauen, mach davon bitte zusätzlich Gebrauch.

Es gilt, deinen „Finanz-Fitness-Zustand" zu analysieren:

Einnahmeseite (bitte per Hand notieren)

Wie hoch ist dein regelmäßiges monatliches Nettoeinkommen in Euro?

Welche weiteren Einnahmen hast du regelmäßig, zum Beispiel durch gelegentliche Jobs, Mieteinnahmen aus Immobilien oder Untervermietung beweglicher Gegenstände (Fahrrad etc.)?

Bitte rechne hierbei Dinge, die nur zwei- bis dreimal im Jahr vorkommen, auf den Monat um.

Vermögensseite – Vermögensgegenstände

Besitzt du Vermögensgegenstände, zum Beispiel in Form von Geld auf Sparbüchern, Tagesgeldkonten, Gold, zum Beispiel als Münzen oder Schmuck in einem Schließfach/Tresor, Wertpapiere, Fonds, Aktien, Immobilien, direkte Beteiligungen an Unternehmen oder vielleicht Kunstwerke wie Bilder oder Skulpturen?

Ausgabenseite

Wie hoch sind deine monatlichen Nettoausgaben in Euro?

Als Stichpunkte dienen:

- Ausgaben für Wohnen, Miete oder Immobilienkredit, Umlagen
- Pendlerkosten zur Arbeit (Auto, Sprit, Bahn, Parkplatz)
- Versicherungen (Kranken-, Haftpflicht-, Lebens- und Berufsunfähigkeitsversicherung etc.)
- Lebenshaltungskosten (Lebensmittel, Drogerieartikel)
- Hobbys und Vereine
- Urlaub und Reisen
- Bücher, Kunst, Kultur, Unterhaltung, Ausgehen
- Kleidung und Schuhe

Für unregelmäßige Ausgaben notiere wie oben beschrieben einen monatlichen Durchschnitt. Damit erfasst du auch unregelmäßige Dinge wie zum Beispiel den zweimal im Jahr stattfindenden Reifenwechsel beim Auto.

Verbindlichkeiten – Schulden

1. Hast du eine Hypothek (Kredit) auf deiner Wohnung oder deinem Haus und wenn ja, wie hoch war oder ist sie aktuell? Bist du mit deinem Girokonto im Minus? Hast du weitere Kreditschulden, zum Beispiel durch den Kauf eines Autos oder einen Urlaub?

Aufgabe ✐

Notiere die Beträge in einer kleinen Tabelle. Links oben notierst du deine monatlichen Einnahmen, links unten dein Vermögen, nach rechts oben schreibst du deine monatlichen Ausgaben und nach rechts unten deine Verbindlichkeiten.

EINNAHMEN

- GEHALT, MIETEINNAHME
- DIVIDENDEN + ZINSEN
- NEBENJOBS
- KINDERGELD
- UNTERHALT
- PENSIONEN + RENTEN

AUSGABEN

- WOHNEN (MIETE, KREDIT)
- MOBILITÄT (AUTO, BAHN)
- KV + VERSICHERUNGEN
- DISPO-/NEGATIVZINSEN
- HANDY + HOBBYS
- URLAUBE + GESCHENKE
- LEBENSMITTEL / HAUSHALT

SALDO ?

POSITIV
⇨ ÜBERSCHUSS

NEGATIV
⇨ UNTERDECKUNG

VERMÖGEN

- SPARBUCH
- GIROKONTO
- AKTIENDEPOT / FONDS
- IMMOBILIEN VERMIETET
- KUNST / GEMÄLDE
- OLDTIMER

VERBINDLICHKEITEN

- SELBSTGENUTZTE IMMOBILIE
- KREDIT
- DISPOLINIE
- HANDYVERTRAG
- UNTERHALT
- STEUERVERPFLICHTUNG

Im Anschluss daran trägst du die Zahlen in eine Finanz-Fitness-Vorlage ein. Beispiele dafür, wie das aussehen kann, findest du in den folgenden Abschnitten.

Die Finanz-Fitness-Typen oder die vier Blätter des Glücksklees

Wie du ja schon mitbekommen hast, finde ich alles rund ums liebe Geld wirklich spannend und faszinierend. Seit Jahren unterhalte ich mich mit Freunden und Familienmitgliedern sowie mit Kolleginnen und Kollegen über Erfahrungen, Mythen und irreführende Glaubenssätze zu dem Thema. Die Vielfalt und die Vielschichtigkeit im Umgang mit Geldthemen, egal ob beim Börsenprofi oder beim Laien, sind erstaunlich. Die einen interessieren sich für Immobilien und legen sich ins Zeug, um diese umzubauen, die anderen legen ihr Geld ganz gezielt in nachhaltigen Investments und Start-ups an. Da ich einfache Schemata liebe, habe ich mir etwas ausgedacht, das einen super Einstieg und von dort aus einen tollen Fortschritt zu einem besseren, weil effizienteren Umgang mit Geld ermöglicht. Dieses Konzept nenne ich das „Finanz-Glückskleeblatt".

Ein Glückskleeblatt hat vier Blätter. Analog dazu habe ich vier Personen aus meinem Umfeld mit verschiedenen Finanzsituationen ausgewählt, deren Lebensweg kurz skizziert und ihren jeweiligen Finanz-Fitness–Zustand analysiert. Ich möchte betonen, dass die Beschreibung der unterschiedlichen finanziellen Situationen meiner Protagonisten keinerlei Wertung ihrer Persönlichkeiten oder Lebenswege darstellt. Es geht mir darum, dir die Vielfalt unterschiedlicher Lebenswirklichkeiten aufzuzeigen und ein Bewusstsein dafür zu schaffen, dass jede Lebensphase von unterschiedlichen Wünschen, Anforderungen und Konsequenzen begleitet wird. Je nachdem wo du im Leben stehst, wirst du dich mal mehr in der einen, mal mehr in der anderen Lebenssituation wiederfinden.

In meinem Konzept steht jedes Blatt für einen bestimmten Finanz-Fitness-Zustand:

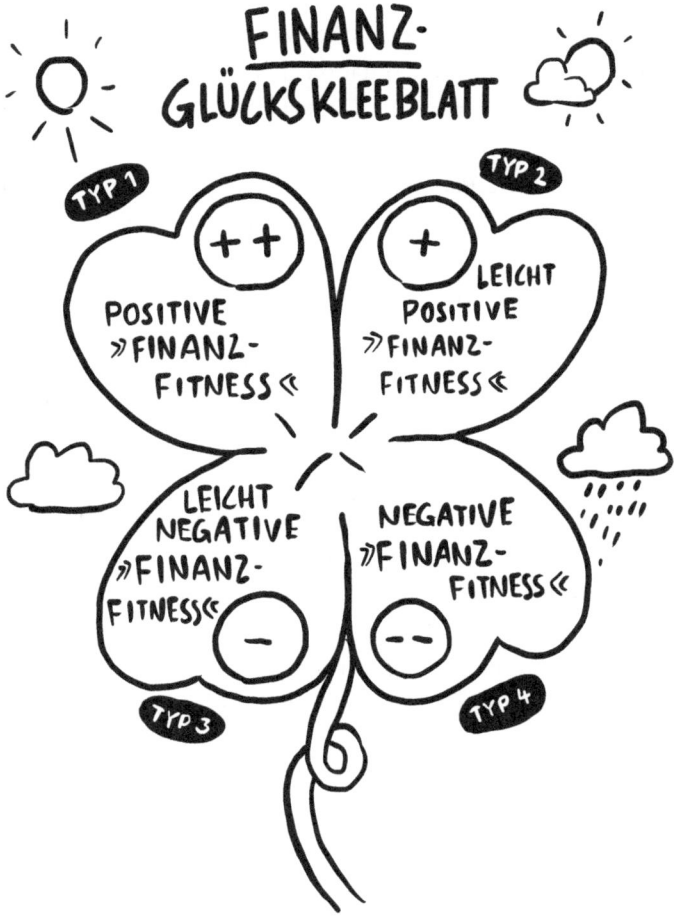

Typ 4: Steffi, 39, „die Freelancerin", Finanz-Fitness-Zustand negativ
Meine gute Freundin Steffi ist 39, hat nach der Schule eine Ausbildung zur Bürokauffrau gemacht und dann in unterschiedlichen Unternehmen als Assistentin oder Sachbearbeiterin gearbeitet. Allerdings fehlte ihr in ihrem Job etwas Kreatives, er wurde auf Dauer zu einseitig für sie. Parallel zu ihrem letzten Angestelltenverhältnis

in einer Spedition ließ sie sich deshalb auf dem zweiten Bildungs-weg zur Grafikdesignerin ausbilden. Beendet hat sie die Weiter-bildung mit Ende zwanzig.

Mit 32 Jahren heiratete sie und wurde ziemlich bald Mutter. Aufgrund ihrer beruflichen Situation entschieden sie und ihr Mann sich dafür, dass Steffi nach der Geburt des Sohnes zunächst halb-tags weiter als Assistentin arbeiten solle. Als sich allerdings ab-zeichnete, dass ihre Perspektiven mit einer 50-%-Stelle und den damit verbundenen Aufstiegschancen begrenzt waren, wagte Steffi den Sprung in die Selbstständigkeit als Grafikdesignerin. So erfolg-reich Steffi damit war, so schlecht entwickelte sich leider derweil ihre Ehe. Nach langem Leiden ließen ihr Mann und sie sich schweren Herzens scheiden. Trotz der Trennung kann Steffi Kind und Kar-riere auch weiterhin vereinbaren, da sich beide Eltern regelmäßig abwechselnd um den gemeinsamen Sohn kümmern.

Mit den Geldsachen der Familie hatte sich jedoch bisher haupt-sächlich Steffis Mann befasst. Natürlich beantworte ich ihre Fragen zum Thema, meist zu ganz konkreten Situationen, in denen sie nicht den Kopf hat, sich detailliert in spezielle Probleme hineinzufuchsen. Dabei stelle ich immer wieder erstaunt fest, wie viel Power sie hat, wie sie sich weiterbildet und am Ball bleibt. Dennoch ist ihre fi-nanzielle Situation noch immer schwierig. Also habe ich sie etwas genauer unter die Lupe genommen.

→ Beim Blick auf ihren Finanz-Fitness-Zustand ergab sich folgen-des Bild:

Das gemeinsame Haus, das während der Ehe gekauft wurde, ge-hört Steffi zu 50 %. Es gab keinen Ehevertrag, die andere Hälfte ge-hört also Steffis Mann. Um dem Sohn nicht sein Zuhause zu neh-men, haben die beiden beschlossen, das Haus zu behalten, ohne dass einer den anderen ausbezahlen musste. Steffi zog aus und mie-tete eine Dreizimmerwohnung an, um neben Wohn- und Schlaf-zimmer auch ein eigenes Zimmer für ihren Sohn zu haben. Die

Warmmiete hierfür beträgt monatlich 1350 € inklusive Telefon- und Internetkosten.

Allerdings liegt noch eine Hypothek, also eine Kreditverbindlichkeit, in Höhe von 320 000 € auf dem Haus, also für jeden der beiden 160 000 € plus anfallende Zinsen von 2,8 % pro Jahr. Auch wenn sie momentan nicht in dem Haus wohnt und die Kreditraten nur teilweise bezahlt (Zinsen 373 €/Monat auf ihren Anteil), da ihr Ex-Mann den Löwenanteil übernimmt, müsste sie im Fall eines Verkaufs diese Summe aus ihrer eigenen Tasche an die Gläubigerbank begleichen. Aufgrund von Lage und Zustand des Hauses dürfte der Verkauf kaum mehr als die aktuellen Schulden einbringen.

Als selbstständige Grafikerin verdient Steffi im Schnitt 2800 € netto pro Monat. Sie arbeitet oft von zu Hause und kann sich ihre Zeit flexibel einteilen.

Einnahmen: 2800 € durchschnittlich + 204 € Kindergeld monatlich
= 3004 €/Mon = 36 048 €/Jahr

Vermögen: Sparbuch   3880 €   (Ø Zinsen 0,07 %)
Tagesgeldkonto   1350 €   (Ø Zinsen 1,25 %)
Saldo   5430 €

Ausgaben: 2900 €, davon 1350 € Warmmiete neue
Wohnung + 373 € Zinsen Haus
Schulgeld + Hort für den Sohn: 250 €/Mon + 298 €
Pkw-Kredit

Steffi hat einen Autokredit. Einen etwas teureren, da das Auto für die Kundenakquise und entsprechende Termine repräsentativ sein muss, und als Selbstständige leider mit schlechteren Zinskonditionen.

Verbindlichkeiten
Immobilienkredit   160 000 € mit 2,80 % Zinsen/Jahr
Autokredit: 14 900 € mit 6,49 % Zinsen
Saldo: 174 900 €

→ Steffis Finanz-Fitness-Zustand, der Saldo, der sich aus Vermögen und Verbindlichkeiten ergibt, beläuft sich auf −169 470 € und wird von mir unter diesen Umständen als negativ eingestuft.

Einordnung

Vor allem der Wunsch, dem eigenen Sohn das Zuhause nicht zu nehmen, ist für Steffi eine schwere Bürde, die sich negativ auf ihre Finanzen auswirkt. Das „unverkäufliche" Haus lastet auf ihren Finanzen und schränkt sie ein. Sie kann in der aktuellen Lebensphase nicht einfach eine kleine Wohnung für sich kaufen. Dagegen spricht neben den Schulden auf dem Haus auch ihre berufliche Selbstständigkeit. Diese wird seitens ihrer Hausbank mit einer geringeren Bonität eingestuft als beispielsweise ein unbefristetes Angestelltenverhältnis oder eine Stelle als Beamtin. Auch der beim Haus gestiegene aktuelle Verkehrswert von ca. 40 % ist nur ein Anstieg auf dem Papier. Aktiv nutzen kann Steffi ihn nicht.

Handlungsbedarf besteht bei Steffis recht teurem Autokredit. Welche Schritte dabei auf sie zukommen, erkläre ich später.

Obwohl ich Steffis Finanz-Fitness-Zustand als negativ beurteilen muss, ist sie für mich die heimliche Heldin dieses Buchs. Ihre monatlichen Belastungen sind hoch und ihre Schulden nicht auf die Schnelle abbaubar, aber sie gibt nicht auf, hat den Handlungsbedarf erkannt und glaubt wie ich daran, dass es auch für ihre Situation Lösungen gibt.

Typ 3: Deniz, 26, „der Berufsanfänger", Finanz-Fitness-Zustand leicht negativ

Deniz hat nach der Realschule ein Freiwilliges Soziales Jahr in einer Kita absolviert. Zunächst hatte er den Wunsch, Erzieher zu werden, entschied sich dann aber aufgrund der sehr langen Ausbildungszeit dagegen und für den Beruf des Kinderkrankenpflegers. Seine Arbeit erfüllt ihn, ist aber auch anstrengend. Es gibt nicht genug Personal auf der Station, und wenn Kollegen krank werden, wird es stressig.

Als Ausgleich treibt er viel Sport, spielt unter anderem Fußball, wo wir uns auch zum ersten Mal über den Weg gelaufen sind. Deniz' Finanz-Fitness-Zustand findest du hier:

Einnahmen: 1800 € Nettogehalt + Ø 325 € sonstige Einnahmen
monatlich = 2125 €/Mon = 25 500 €/Jahr

Vermögen: Sparbuch   5200 €   (Ø Zinsen 0,01 %)
            Tagesgeldkonto   850 €   (Ø Zinsen 1,25 %)
            Saldo   6050 €

Ausgaben: 2380 €, davon sind 980 € Warmmiete für seine 2,5-Zimmer-Wohnung, 150 € werden für die finanzielle Unterstützung seiner Großeltern fällig.

Verbindlichkeiten
Autokredit: 9350 € mit 4,99 % Zinsen
Dispokredit: 1900 € mit 11,25 % Zinsen
Saldo: 11 250 €

→ Deniz' Saldo aus Vermögen und Verbindlichkeiten beläuft sich auf −5200 €, sein Finanz-Fitness-Zustand ist also leicht negativ.

Einordnung

Deniz ist ein ganz „normaler" Typ, der durch ein vor vielen Jahren von seinen Eltern für ihn gestartetes Sparbuch ein kleines, aber feines Polster auf selbigem hat. Allerdings bekommt er dort nur 0,01 % Zinsen, bei einer Geldentwertung (Inflation) von aktuell 1,6 % im Jahr. Sein Geld verliert also an Kaufkraft und somit an Wert.

Beim näheren Betrachten fällt dir bestimmt auf, dass sein Vermögen mit 6050 € geringer ausfällt als seine Verbindlichkeiten („Schulden": 11 250 €). Vor allem nervt ihn sein Dispokredit, denn diese geduldete Überziehung seiner Bank beansprucht er schon seit seinem letzten Urlaub vor fünf Monaten.

Ein weiteres Problem ist, dass er über seine Verhältnisse lebt und mehr Geld ausgibt, als er momentan verdient: 2225 € Einnahmen zu 2380 € Ausgaben pro Monat. Ebenso könnte sein Handytarif mal ein Update gebrauchen, genauso wie seine Versicherungen und der Vertrag mit dem Stromanbieter.

Dieser leicht negative „Vermögens-Verbindlichkeits-Saldo" ist einer meiner „Finanz-Fitness-Indikatoren", der zeigt, dass gerade jetzt für Deniz genau der richtige Zeitpunkt ist, sich seine Finanzsituation mal genauer anzuschauen.

Auf meine grundlegende Frage zu seiner Haltung zu Geld gab er mir zu verstehen, dass es ihm bei der Wahl seines Berufes nicht so sehr ums Geldverdienen ging. Geld insgesamt ist ihm persönlich auch nicht so wichtig. In seinem Job als Kinderkrankenpfleger verdient er laut seiner Aussage gut und „es war und ist ja immer genug da", sogar ein paar Ersparnisse. Leider ist Deniz' Einschätzung diesbezüglich nicht ganz richtig – die Zahlen sagen nämlich etwas anderes. Sein Guthaben auf dem Sparbuch hat ihm das Gefühl gegeben, Reserven zu haben, und ihn sogar dazu ermutigt, einen Kredit für sein zweites Auto aufzunehmen, den er noch 48 Monate lang mit gut 135 € pro Monat zurückzahlen muss.

Typ 2: Liam, 33, „der Familienplaner", Finanz-Fitness-Zustand leicht positiv

Liam arbeitet als Pädagoge in einer Kita und lebt mit seiner Freundin Leyla seit ungefähr drei Jahren in einer Mietwohnung in der Stadt. Weil es in Sachen Beziehung langsam ernster wird und der Wunsch nach einem dauerhaften gemeinsamen Leben für ihn auch Familie und Eigenheim beinhaltet, hat das Paar beschlossen, sich auf dem freien Immobilienmarkt mit all seinen Herausforderungen des aktuellen Marktumfeldes nach etwas Passendem umzusehen.

Liam jobbte während des Studiums und gab Gitarrenunterricht. Gleichzeitig nutzte er in seinen gut acht Arbeitsjahren fast jede Gelegenheit, um zu sparen und sich gleichzeitig einen recht zurückhaltenden Lebensstil anzugewöhnen. Dadurch konnte er einiges an Geld ansparen. „Geparkt" hat er dieses Geld in einem Sparplan der ortsansässigen Sparkasse, der zum Zeitpunkt des Abschlusses noch gut verzinst war, und auf einem Tagesgeldkonto. Vor einigen Wochen wurde ihm dieser Vertrag seitens der Sparkasse einfach gekündigt. Zusätzlich bekam er von seinen Eltern ein Aktiendepot mit fünf verschiedenen Unternehmen aus dem DAX und einem ETF auf den MSCI-World-Index mit reinvestierenden Ausschüttungen geschenkt. Dazu mehr im Kapitel *ETF und Aktien*. Diese Rücklagen möchte er als Anzahlung oder Sicherheit zurückhalten und für seinen großen Traum vom Eigenheim einsetzen. Dazu kommen noch einige Ersparnisse seiner Freundin Leyla.

Da in den kommenden drei bis fünf Jahren auch die Familienplanung ansteht und er dann mindestens ein, vielleicht sogar zwei Jahre Elternzeit beanspruchen möchte, rechnet er für diese Zeit mit einem Gehaltsausfall von rund 24 Monaten, vielleicht auch mehr.

Ein Blick auf seinen Finanz-Fitness-Zustand verrät:

Einnahmen: 2370 € Nettoeinnahmen im Monat + Ø 120 € monatlich durch Gitarrenunterricht
= 2490 €/Mon = 29 880 € netto/Jahr

Vermögen: Depot   21 500 €   (ETF Ø 5 % Rendite)
Tagesgeldkonto   3350 €   (Ø Zinsen 1,50 %)
Saldo   24 850 €

Ausgaben: 1400 €, davon sind 620 € Mietanteil
150 € Monatskarte ÖPNV

Verbindlichkeiten
Studienkredit: 1700 € (3,95 % Zinsen)
Konsumentenkredit (E-Bike):   1990 € (4,79 % Zinsen)
Mietkaution (Mutter):   2100 € (4,90 % Zinsen)
Saldo: 5790 €

→ Liams Überschuss aus Vermögen und Verbindlichkeiten beläuft sich auf 19 060 €, die Differenz aus Einnahmen und Ausgaben ist ebenfalls positiv.

Einordnung

Liam hat wie beschrieben noch eine gute Handvoll privater Pläne und Veränderungen auch in Sachen Job vor sich. Durch seinen bewussten Umgang mit Geld und die Bildung von Rücklagen hat er dafür die ersten notwendigen Grundlagen geschaffen. Sein Finanz-Fitness-Zustand ist leicht positiv. Allerdings hat er durch seine privaten Planungen auch ein paar Herausforderungen vor sich, die es zu bewältigen gilt.

In der kommenden Zeit plant er, an ein paar Webinaren in den Bereichen Steuern und Immobilien teilzunehmen. Parallel habe ich ihm einen sehr guten Steuerberater und Wirtschaftsprüfer als Partner empfohlen. Die Kosten, die eine professionelle Steuerberatung mit sich bringt, sind gut angelegtes Kapital und werden mittel- bis langfristig dazu führen, dass Liam am Ende die Investitionssumme sogar wieder „rausholt" – Finanzbildung- und Finanzplanung sei Dank.

Typ 1: Kathrin, 47, „die Finanzaffine", Finanz-Fitness-Zustand positiv

Kathrin ist 47 Jahre alt, verheiratet und Mutter von zwei Kindern. Nach ihrem BWL-Studium mit Schwerpunkt Marketing blieb sie zunächst in ihrer Studienstadt Marburg und arbeitete dort im Marketingbereich einer Stiftung, in der sie schon während des Studiums in den Semesterferien ausgeholfen hatte. Als Angestellte, damals 25 Jahre jung, war es vor allem die flache Hierarchie in der Stiftung, durch die sie schon früh viel Eigenverantwortung tragen und eigene Entscheidungen treffen konnte. Ihr damaliger Chef übertrug ihr vielfältige und spannende Aufgaben. Diese Vielfalt sowie die erworbenen Fach- und Kommunikationskompetenzen führten dazu, dass Kathrin innerhalb weniger Jahre die Leitung aller Marketingbelange der Stiftung innehatte. Eine Kommunikationsagentur aus Frankfurt wurde dadurch auf sie aufmerksam und machte ihr ein sehr gutes Angebot. Mit ihrem Umzug stand Kathrin nun vor der Frage, ob sie zur Miete oder in einer Eigentumswohnung wohnen wollte. Sie entschied sich tatsächlich für beides – wie genau sie das vereinbarte, erfährst du im Kapitel *Immobilien*.

Innerhalb einer Dekade stieg Kathrin zur zweiten Geschäftsführerin der Agentur auf, heiratete, bekam zwei Kinder und entschied, sich beruflich noch ein weiteres Mal zu verändern. Sie arbeitet nun als Head of Marketing bei einem der größten Automobilzulieferer Deutschlands in der Nähe von Frankfurt. Die Familie lebt dort in einem eigenen, noch nicht abbezahlten Haus.

Einnahmen: 8800 € Nettogehalt + 2825 € Bezüge durch einen Sitz im Aufsichtsrat einer Sportfirma + passives Nettoeinkommen durch Mieteinnahmen, Kredittilgung für Immobilien 3179 €

= 14 675 €/Mon = 176 100 €/Jahr

Vermögen:

Aktien/ETF-Depot:	498 334 €	(Onlinebroker)
Immobilien vermietet:	2 786 890 €	(14 050 € ME)
Tagesgeld:	54 100 €	
Saldo:	3 339 324 €	

Ausgaben: 10 871 € brutto für Immobilienkredite (vermietete Immobilien, Einnahmen brutto 14 050 €), davon 7 333 € Tilgung (4 %) und 3 538 € Zinsen (1,93 %) Lebenshaltungskosten + Leasingrate Pkw + Privatschule der Kinder 6250 €, eigener Hauskredit (Tilgung 4 % = 2851,25 € und 2,09 % Zinsen = 1489,75 €) = 4341 €

Zusammen: 10 591 €/Mon = 127 092 €/Jahr

Verbindlichkeiten

Selbst bewohntes Haus:	355 380 € mit 2,09 % Zinsen
Immobilienkredite/Vermietung:	2 200 190 € mit 1,93 % Zinsen
Saldo:	2 555 570 €

➜ Kathrins Überschuss aus Vermögen und Verbindlichkeiten beläuft sich auf 783 754 €, ihr Finanz-Fitness-Zustand ist also positiv. Ihr Einkommensüberschuss beträgt 4084 € im Monat.

Typ 5: Mia, 22, „das unbeschriebene Blatt"

Einführung

Ich werde oft gefragt, wann der richtige Zeitpunkt ist, sich mit Geld und allem, was dazugehört, zu beschäftigen. Meine Antwort darauf lautet: „So früh wie möglich!"

Ich bin selbst Vater von drei Kindern und ihre „Finanzausbildung" hat jeweils im Alter von vier oder fünf Jahren begonnen, also in dem Augenblick, als sie Zahlen aktiv und bewusst kennenlernten – zum Beispiel beim *Mensch ärgere Dich nicht* oder später beim *Monopoly*. Über die spielerischen Elemente entsteht mit fortschreitendem Alter ein Bewusstsein für Begriffe wie *teuer, billig, wertig* etc. und die Kompetenz, solche Beurteilungen selbst sicher zu treffen. Das sind die Grundsteine, die man braucht, um sich später im Gelddschungel der Welt und des eigenen Umfelds zurechtzufinden.

Die Schule spielt im Umgang mit Zahlen und Zahlenräumen eine große Rolle, speziell das Fach Mathematik. Sie bereitet uns jedoch nicht ausreichend auf die Anforderungen vor, die ein sicherer Umgang mit Geld im späteren Leben an uns stellt. Es gibt im allgemeinen Regelunterricht kein Schulfach, das sich im Schwerpunkt mit dem Thema „Geld und Finanzen im Alltag" befasst. Studien belegen das und legen Änderungen nah. Das Kultusministerium Hessen will sich beispielsweise in Zukunft näher und intensiver mit Wirtschaftsthemen befassen. Allerdings mahlen die bildungspolitischen Mühlen sehr langsam. Ein Grund mehr, alternative Wege der Finanzbildung zu beschreiten. Die ist nämlich genauso wichtig wie die Fahrausbildung beim Erwerb eines Führerscheins.

Der Einstieg in die eigene Geldfreiheit

Wer kennt das nicht: Du bist fertig mit der Schule, beginnst eine Ausbildung oder ein Studium und willst zu Hause ausziehen. Du willst dein Leben leben und deine Zukunft gestalten. Mit deinem Schulabschluss hast du zwar den Haupt- oder Realschulabschluss oder die Allgemeine Hochschulreife – aber nicht wirklich eine allgemeine Lebensreife oder gar eine „Finanzen-Bewältigungs-Reife". Das kann schnell zum Problem werden. Denn von jetzt auf gleich sollst du ein eigenes Girokonto haben, einen eigenen Smartphonevertrag, eigene Versicherungen, Mietverträge und so weiter. Dabei hast du dich im Normalfall nie zuvor selbst um solche Dinge gekümmert, geschweige denn alle Verträge samt dem Kleingedruckten erklärt bekommen. Worauf musst du achten, wie vergleichst du Angebote, welche Fallen gilt es zu vermeiden? Die wenigsten können gleich nach der Schule von sich behaupten, für die neuen Herausforderungen im Umgang mit dem eigenen Geld gut gewappnet zu sein.

Genau so erging es Mia bei ihrem Start ins eigene selbstbestimmte Leben. Sie kontaktierte mich über mein E-Mail-Kontaktformular, schilderte mir ihren Fall und bat um Hilfe. Diesen Fall teile ich mir dir, da ich glaube, dass viele von uns sich darin sehr gut wiederfinden.

Mias aktuelle Finanzsituation

Mia ist eine „typische" Studentin. (In den Jahren 2018/2019 waren in Deutschland übrigens insgesamt gut 2,87 Mio. Studierende immatrikuliert.) Sie lebt und studiert in der hessischen Stadt Marburg und sitzt gerade an ihrer Bachelorarbeit im Studiengang Interkulturelle Betriebswirtschaftslehre. Angefangen hatte sie mit Kulturanthropologie, dann aber einen wirtschaftlichen Schwerpunkt setzen wollen und deswegen „umgesattelt".

Die Studiengebühren betragen pro Semester gut 340 €. Mia wohnt mit vier Kommilitoninnen in einer WG und bezahlt 250 € Miete + Umlagen von anteilig 65 € im Monat. Aufgrund der finanziellen Voraussetzungen ihrer Eltern und mangels eigenen Einkommens bezieht sie 676 € BAföG pro Monat. Am Ende des Studiums werden sich ihre Schulden auf insgesamt rund 6100 € belaufen. Krankenversichert ist Mia über ihre Eltern.

Mia und ihr bisheriger Umgang mit Geld

In Sachen Finanzbildung war und ist Mia noch ein relativ unbeschriebenes Blatt. Rücklagen hat sie bis heute keine gebildet. Das Geld, über das sie bisher selbst verfügen konnte, schien ihr hierzu zu wenig und wurde auch ohnehin schnell wieder ausgegeben.

Mias Eltern haben bisher mit ihrem Einkommen den Großteil der Kosten ihrer Kinder – Mia hat einen Bruder – bestritten, wie Kleidung, Urlaube, Essen, Schulausflüge und Geschenke für Klassenkameraden. Jedoch gibt es seit sie denken kann eine Familienregel: Über Geld spricht man nicht. Weder wussten Mia und ihr Bruder, was ihre Eltern verdienten, noch, welche finanziellen Verpflichtungen oder Rücklagen die Familie hatte.

Mias Bruder Ben absolvierte erfolgreich eine Lehre als Mechatroniker und hängte später den Meister dran. Um sich den zu finanzieren, arbeitete er auch neben der Ausbildung und schraubte in seiner Freizeit an Autos. Sein Umgang mit Geld wurde von einem Vorbild geprägt, seinem Kfz-Meister im Betrieb. Dessen Umgang mit Finanzthemen war offen und sachlich. Sein Chef erkannte in Ben einen wissbegierigen Auszubildenden, der eine schnelle Auffassungsgabe mitbrachte. Seine Tipps und Anregungen halfen Ben, schon bald auf eigenen Beinen stehen und sich mittelfristig seinen Traum vom Meister verwirklichen zu können.

Auch Mia verspürte irgendwann den Wunsch nach finanzieller Freiheit und Selbstbestimmtheit. Leider war es nicht realistisch, in ihrer Familie auf Tipps und Hilfe zu hoffen. Über Geld wurde ja nicht gesprochen und obendrein lagen negative Glaubenssätze in der Luft, die Mia eher kritisch gegenüber Reichtum und Wohlstand machten. Vor allem ihr Vater war der Auffassung, dass Geld den Charakter verderbe und dass Reichtum unmoralisch und meist überhaupt nur durch Erbschaften oder nur halb legale Geschäfte erreichbar sei.

Negative Glaubenssätze als Bremsklotz finanzieller Freiheit

Als mich Mia kontaktierte, sprachen wir relativ schnell über ihre Glaubenssätze und ihre Einstellung zu Geld. Durch den Umgang mit diesem Thema innerhalb der Familie hatten sich bestimmte Haltungen in ihrem Unterbewusstsein verfestigt: Reichtum ist unmoralisch, über Geld spricht man nicht etc. Du kennst sicher auch einige dieser weit verbreiteten Grundsätze. Ich fragte sie, ob sie bettelnden Menschen manchmal Geld gebe. Immer dann, wenn sie etwas übrig habe, sagte sie, und ich merkte ihr an, dass sie das gerne tat. Für mich eine prima Vorlage, denn ich konnte daraus eine ganz logische Schlussfolgerung ziehen: Je mehr Geld du übrig hast, desto mehr Geld kannst du für das ausgeben, was du für richtig hältst. Als gutes Beispiel für großen Reichtum dienen mir Bill Gates und seine Frau Melinda samt ihrer gleichnamigen Stiftung. Sie gehören zu den reichsten Menschen des Planeten und nur deswegen waren und sind sie in der Lage, sehr viel Geld für humanitäre Zwecke einzusetzen.

Nicht falsch verstehen, nicht jeder muss so reich sein wie die Gates, um Gutes zu tun, aber dieser Fall zeigt, dass Reichtum auch viel Gutes bewirken kann. Mia jedenfalls gefiel mein Beispiel und durch unsere Gespräche und meine Anregungen konnte sie ganz langsam und Stück für Stück ihre negativen Glaubenssätze in positive umkehren. Angefangen haben wir mit drei Glaubenssätzen, die sie für sich ausprobieren wollte. „Geld bewirkt viel Gutes", „Geld gibt mir viele Möglichkeiten" und: „Geld bedeutet Freiheit."

Logisch dauert es eine Weile, bis man es schafft, sich selbst „umzuprogrammieren". Es ging mir auch so, denn auch in meiner Familie hatte Geld immer eine negative Konnotation. Wie ist das bei dir? Sprichst du in deiner Familie und mit Freunden über Geld? Welche sind deine persönlichen Glaubenssätze? Hast du mehr positive oder negative? Welche der negativen könntest du in positive umkehren?

Zwischenfazit des Beispiels Mia

Mia hat mit der bewussten Auseinandersetzung mit ihren Glaubenssätzen zum Thema Geld einen wichtigen ersten Schritt getan. Sie spricht nun sogar regelmäßig mit ihren WG-Mitbewohnerinnen über Finanzen und erzählte mir, dass das Thema ideologisch und moralisch immer weniger negativ besetzt sei. Im Laufe des Buches wird sie in anderen Kapiteln wieder auftauchen und sich in Sachen Geld und Finanzen weiterentwickeln. Spannend bleibt, in welche Richtung.

Aufgabe für dich anhand der vier Beispiele ✎

Ergründe deinen eigenen Finanz-Fitness-Zustand. Nutz die Beispieltypen als Vorbild. Welche Salden ergeben deine Notizen?

Selbst wenn du dich aktuell bei Typ 3 oder Typ 4 wiederfindest, ist das kein Grund, den Kopf in den Sand zu stecken! Allerdings gibt es dann keine Ausrede mehr dafür, einen positiven Lebenswandel im Umgang mit Geld und Finanzen weiter hinauszuzögern. „Time is money", heißt es doch, „Zeit ist Geld", also packen wir's an!

Wenn du noch am Anfang deines eigenen selbstbestimmten Lebens stehst und noch gar keiner der vier beschriebenen „Typen" bist, ist es völlig offen, wohin du dich entwickelst und wohin deine Finanzreise geht. Vielleicht bietet dir ja Mias Geschichte eine gute Vorlage dafür, durch ein paar Gedankenspiele den Einstieg ins Thema Geld zu finden.

Einkommensverteilung in Deutschland – wer, wo, wie viel?

Ein wirklich interessanter *Spiegel-Online*-Artikel aus dem Jahr 2019[2] verrät die Einkommensverteilung in Deutschland, gibt Aufschluss

---

[2] https://www.spiegel.de/wirtschaft/soziales/einkommen-so-stehen-sie-im-vergleich-zu-ihrer-bevoelkerungsgruppe-a-1280747.html

über die eigene Einordnung und macht einen Vergleich möglich, der beispielsweise auf der eigenen Peergroup basiert oder auf Kriterien wie „Geschlecht", „Erwerbsstatus" und „Alter".

Jedes Haushaltsmitglied erreicht den Lebensstandard eines Singles mit einem monatlichen Nettoeinkommen von **2.800 €**

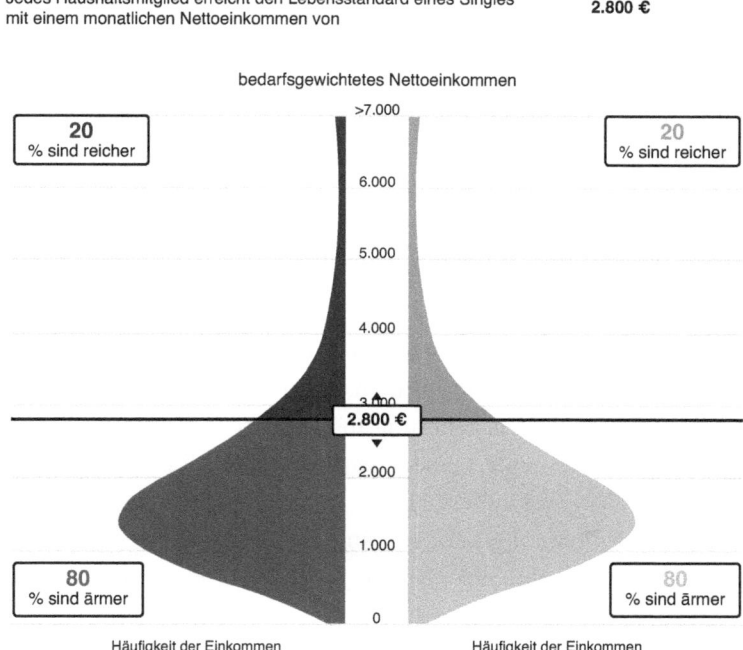

bedarfsgewichtetes Nettoeinkommen

Über die Kunst, mit Geld umzugehen

Jetzt, da du weißt, welcher Finanztyp du bist, und angefangen hast, eigene Einnahmen und Ausgaben, Vermögen und Verbindlichkeiten näher aufzuschlüsseln, kommt der nächste Schritt im Umgang mit Geld: Es gilt, näher zu beleuchten, welche Ausgaben du hast, wofür genau du dein Geld ausgibst und wie sinnvoll und preiswert die Dinge sind, die du kaufst und konsumierst. Bitte nicht falsch verstehen, ich werde bestimmt nicht beim Shoppen neben dir stehen und mit der Moralkeule wedeln, aber ein Blick auf dein

Konsumverhalten ist bei der Vermeidung unnötiger Kosten Gold wert.

Fixe Kosten und kleine Geldfresser

Wie App-Abos, Versicherungen, Smartphonetarife und Co. dir ein Loch ins Portemonnaie brennen

In Mias Fall:
Du hast es geschafft! Schule oder Ausbildung beendet, erste eigene Wohnung, erster richtiger Job, tolle Freunde – kurzum, deinem selbstbestimmten Leben steht nichts mehr im Wege. Nun kommt die Freiheit, einfach nur Freiheit. Also nichts wie los und spätestens jetzt ein eigenes Girokonto eröffnen, einen eigenen Mietvertrag und eine eigene Krankenversicherung abschließen und ohne schlechtes Gewissen konsumieren, ohne dass der elterliche Rat wie ein Echo durch dein Kinderzimmer hallt.

In dieser Phase des Lebens kommen jeden Tag neue Entscheidungen auf dich zu: Was will ich studieren, welche Ausbildung machen, in welcher Stadt wohnen? Allein oder mit jemandem zusammen? Will ich mein Singleleben genießen oder lieber einen Partner an meiner Seite? Und schon stürzt du dich ins Leben – und das kostet vor allem Geld. Geld fürs Wohnen, für Lebensmittel, Urlaube und Hobbys und die kleinen Annehmlichkeiten des Lebens wie Kunst und Kultur, Lernen und Freunde.

In allen anderen Fällen:
Du hast es geschafft! Dein finanzieller Istzustand ist dir nun bekannt und bewusst. Von hier aus kannst du weitergehen und mit dem arbeiten, was du hast. Oder eben nicht hast, aber haben könntest.

Bei all dem, was so tagtäglich auf uns hereinprasselt, ist es nicht verwunderlich, dass sich in deine regelmäßigen Verbindlichkeiten auch Ausgaben einschleichen, für die du dich spontan und ohne viel Recherche, doppelte Überprüfung oder einen Vergleich unterschiedlicher Angebote und Anbieter entschieden hast.

Dafür gibt es jetzt hier eine kleine Checkliste mit Dingen, die dir vielleicht bekannt vorkommen – kleine Geldfresser, die ganz leicht zu verhindern sind und dir mehr Geld auf dein Konto spülen:

Wohnen

1. Check mal deinen Mietvertrag auf die Quadratmeterzahl und überprüfe sie. Vielleicht bezahlst du Miete und Nebenkosten für 50 m² Wohnfläche, wohnst aber nur auf 46,5 m².
2. Nebenkostenabrechnungen: der Klassiker. Du solltest unbedingt deine Nebenkostenabrechnung überprüfen, vor allem wenn eine Nachzahlung ansteht, denn laut dem deutschen Mieterbund sind fast 50 % der Betriebskostenabrechnungen fehlerhaft.

Ein paar weitere Dinge, auf die du in diesem Zusammenhang achten solltest:

   a. Leer stehende Wohnungen und deren Anteil an den Umlagen werden auf die Mieter verteilt.
   b. Einzelne Posten werden manchmal doppelt abgerechnet.
   c. Unnötige Mülltonnen müssen abgeschafft werden.
   d. Gibt es eine Rubrik „Sonstiges", ist das sehr auffällig und unzulässig, denn jeder Posten muss exakt benannt sein.
   e. Wasserverbrauch. Bist du oft nicht zu Hause, nutzt keine Waschmaschine, duschst oft nach dem Sport im Fitnessstudio, dann könnte auch hier zu viel Abwasser berechnet sein.

Versicherungen

Immer ein heikles Thema, für wen welche Versicherung die richtige ist. Welche Versicherungen du brauchst, verändert sich im Laufe des Lebens, basierend auf deinen Lebensumständen. Berufseinsteigern und Singles rate ich immer zu folgenden Versicherungen, die Gebühren für alle restlichen kannst du dir eigentlich sparen:

1. Privathaftpflicht: Absolut sinnvoll, denn sie deckt Sach- und Personenschäden ab, falls aus Versehen Rotwein über das Handy des Tischnachbarn im Restaurant läuft oder du beim Radfahren einen Personenschaden mit Langzeitbehandlung verursachst. Ohne diese Versicherung sähst du da ganz schön alt aus, denn gerade Personenschäden können sehr kostspielig werden.

2. Krankenversicherung: Eine absolute Pflichtversicherung. Grundsätzlich sind alle Angestellten bis zu einem Bruttomonatseinkommen von zurzeit 4687,50 € in der gesetzlichen Krankenkasse versichert (Beitragsbemessungsgrenze). Eine Behandlung beim Arzt oder im Krankenhaus ist ohne diese Versicherung nur in akut lebensbedrohlichen Situationen und bei Schwangerschaften möglich. Im Falle einer Behandlung ohne Versicherung zahlst du die Behandlungskosten und die nicht bezahlten Krankenkassenkosten zusätzlich nach. Bei der gesetzlichen Krankenversicherung, GKV, richtet sich der Beitrag nach deinem Einkommen, bei der privaten Krankenversicherung, PKV, nach deinem Gesundheitszustand bzw. Gesundheitsrisiko. Eine private Krankenkasse muss dich nicht aufnehmen.

3. Berufsunfähigkeitsversicherung: Dein Einkommen durch den Job ist für dich wahrscheinlich die größte Einnahmequelle. Kannst du deinen Job nicht mehr ausüben, sieht es finanziell ganz schnell ganz trübe aus. Deswegen solltest du diese Versicherung unbedingt abschließen. Die Beitragshöhe richtet sich nach deinem Beruf.

4. Hausratversicherung: Ich halte den vierten „Versicherungsmusketier" für wirklich sinnvoll, denn deine Wohnungseinrichtung samt Laptop, Smartphone etc. kostet nicht wenig Geld und da willst du im Schadensfall geschützt sein. Ich erinnere mich noch an einen Blitz vor meinem Küchenfenster, während ich am Rechner saß. Ich war froh, dass die Versicherung sogar die Rettung der alten Festplatte zahlte.

TIPP: Wenn du dir unsicher bist, was Versicherungen betrifft, empfiehlt sich immer der Anruf bei einer Verbraucherzentrale

in deiner Nähe oder in Sachen Miete zum Beispiel der Mieterbund. Die Gebühren, die dich eine Beratung ab und zu kostet,
sind absolut gut investiert und bewahren dich im Zweifelsfall
vor teuren Rechnungen.

Stromtarife

Eine Folge der Liberalisierung des Strommarktes im Jahr 1998, die
ich sehr schätze, ist das Schaffen von Konkurrenz auf dem Markt.
Der positive Nebeneffekt für uns Verbraucher sind Preiskämpfe
der Konzerne und damit günstigere Stromtarife. Es hat sich in
meiner Familie so eingebürgert, dass wir alle ein bis zwei Jahre
den Stromanbieter wechseln, um sicherzustellen, dass wir auch
den günstigsten Tarif nutzen. Als Hilfestellung dienen mir Vergleichsportale im Internet, wie Check24 (www.check24.de) und
Verivox (www.verivox.de). Etwas in Verruf geraten sind die Porta-
le, weil sie nicht alle Angebote widerspiegeln, die es auf dem Markt
gibt, sondern nur die, deren Anbieter dem Portalbetreiber eine
Gebühr zahlen. Was auch manchmal ein bisschen verwirrend sein
kann, sind die Neukundenbonuszahlungen der Anbieter und andere versprochene Zahlungen. Diese sind teilweise von Faktoren
wie der Vertragslaufzeit abhängig, also Achtung, Kleingedrucktes
lesen!

Smartphonetarife

Smartphones sind aus unserer Realität kaum noch wegzudenken.
Sie sind unsere Wegbegleiter und Schnittstelle zur Welt, zu unseren
Freunden und Kollegen.

Ein wahrer Tarifdschungel wird da angeboten, mit Datenvolumen, Vertrag oder Prepaid, mit und ohne Handy, oftmals mit
einer unbegrenzten Zahl SMS und Flatrates innerhalb Deutschlands und Europas. Die Preisunterschiede sind vor allem von Faktoren wie Datenvolumen und Datengeschwindigkeit abhängig. Bei
der Auswahl kann man durch genaues Hinsehen viele unnötige
Kosten einsparen. Natürlich sollte man bei der Tarifwahl auch

immer an die Netzabdeckung denken. Dort, wo man wohnt oder das Smartphone am meisten nutzt – an der Uni, auf der Arbeit, beim Partner.

TIPP: Eigenes Nutzungsverhalten anhand der Rechnungen über ein paar Monate analysieren und entweder über Telekommunikationsgesellschaften (Telekom, O$_2$ etc.) direkt recherchieren oder wieder die Vergleichsportale bemühen, um richtig zu sparen.

Lebensmittel und Drogerieprodukte

Als Jugendlicher habe ich selbst die allseits bekannten Prospekte mit den Angeboten der Supermärkte ausgetragen. Ich bekam für 1000 ausgetragene Prospekte rund 65 €. Damals wusste ich allerdings noch nicht, dass diese kleinen bunten Heftchen wirklich hilfreich sein können. Insgesamt haben solche Angebotsheftchen nichts von ihrem Charme eingebüßt und bieten bei einer breiten Palette an Produkten günstige Kaufgelegenheiten. Wer es digital bevorzugt, für den gibt es natürlich auch hier Apps, die über Schnäppchen im heimischen Supermarkt informieren. kaufDA, Marktguru und Sparpionier sind nur einige von ihnen. Natürlich haben alle Märkte und Discounter auch eigene Websites und Apps, mit denen sie auf Angebote hinweisen. Also auch hier herrscht enormes Einsparpotenzial.

Fazit – oder Geld sparen 4.0

Fassen wir zusammen: Die von mir angesprochenen fünf Kategorien, also Wohnen, Versicherungen, Strom, Smartphonetarife und Lebensmittel, sind optimale Gradmesser und Anhaltspunkte, um dir über deine regelmäßigen Ausgaben genauer und dezidierter Gedanken zu machen. Das Vergleichen und das bewusste Einordnen von Angeboten hilft dir, signifikant Geld zu sparen. Denn reich wird nicht zwangsläufig derjenige, der am meisten Geld verdient, sondern oft der, der am meisten von seinem verdienten Geld behält. Sich das zu vergegenwärtigen, ist wichtig und notwendig auf dem Weg zur finanziellen Selbstbestimmtheit.

Geldfresser Dispokredit – zähme das Biest!

Jetzt mal Hand aufs Herz: Wie hoch ist dein Dispo? 500 €? 1500 €? Hast du mit dem Kundenberater deiner Bankfiliale das Zwei- bis Dreifache deines Nettoeinkommens vereinbart? Als Absicherung für Unvorhersehbares? Das ist meiner Erfahrung nach der Durchschnitt der Dispohöhe der meisten Bankkunden. Auch wenn nicht, bist du sicher schon mal mit den Angeboten deiner Bank zu dem Thema in Berührung gekommen. An dieser Stelle wollen wir uns den Dispositionskredit oder auch „eingeräumten Verfügungsrahmen", den Banken gewähren, mal zur Brust nehmen.

Was ist ein Dispositionskredit?

Das Wort Disposition kommt vom lateinischen Wort „dispositio" und bedeutet so viel wie „Aufteilung", „Zuweisung" oder auch „Verfügung". Der Dispositionskredit steht für einen mit der Bank vereinbarten zusätzlichen finanziellen Verfügungsrahmen, der es dir ermöglicht, dein Girokonto bis zu ebendiesem Geldbetrag zu überziehen. Es gibt also eine Obergrenze. Die Einrichtung erfolgt normalerweise, nachdem die Bank einige Monate nach Kontoeröffnung auf deinem Konto regelmäßige Geldeingänge festgestellt hat, wie zum Beispiel deine Gehaltszahlungen.

Der Dispositionskredit, in der Umgangssprache meist ganz harmlos zum „Dispo" verniedlicht, ist Fluch und Segen gleichermaßen:

Wenn, wie man so schön sagt, am Ende des Geldes noch viel Monat übrig ist oder – wie bei 18 Millionen der über 18-jährigen Deutschen[3] – im Januar Weihnachtsgeschenke, die Kfz-Steuer und der Winterurlaub ein Loch in das Finanzpolster des Girokontos geschlagen haben, kann der Dispo Abhilfe leisten. Auch ist er flexibel, du kannst also den Verfügungsrahmen variieren und nach oben oder unten abändern. Vorausgesetzt, die Bank trägt die Anhebung

---

[3] YouGov-Umfrage für das Kreditvergleichsportal SMAVA. https://www.presseportal.de/pm/65820/4162851

mit. Diese Flexibilität ist jedoch teuer, was vor allem an den sehr hohen Zinsen deutlich wird.

Zudem gibt es weitere versteckte Kosten, Tücken und Fallen, auch wenn das Angebot zunächst verlockend klingt. Das Schlimmste daran ist, dass sich nur 5 %[4] der Befragten darüber im Klaren sind, wie hoch die Zinsen für diese Überziehung tatsächlich sind.[5] Was das angeht, will ich versuchen, ein wenig Licht ins Dunkel zu bringen. Ich erläutere dir die Punkte, auf die du beim Thema Dispokredite achten solltest, und sag dir, was du tun kannst, wenn du bereits in die Geldfresserfalle getappt bist.

Die Konditionen für Dispokredite variieren zurzeit stark und sind mit Zinsen zwischen gut 4 und 12,75 % bzw. bis zu 18,75 % für geduldete Überziehungen sehr teuer. Zum Vergleich: Zinsen für Raten- oder Immobilienkredite bewegen sich in einem Bereich ab 0,9 % (Immobilienkredit) bis 2,1 % (Raten- oder Konsumentenkredit). Der Dispositionskredit ist in der Regel der teuerste Kredit, den eine Bank gewährt.

Manche Girokonten inkludieren diese Zinsen in die Kontoführungsgebühren – einer von mehreren Kniffen, die uns Kunden den Überblick über unsere genauen Ausgaben erschweren. Bei einem Girokonto der Skatbank (Flatkonto) wird beispielsweise bei regelmäßigem Gehaltseingang (ab 1250 €) ein „automatischer" Dispo von 2500 € gewährt.[6] Sobald du allerdings dein Konto mit einem Plus von mehr als 1000 € führst, bezahlst du „Strafzinsen", und zwar 0,50 % pro Jahr. Und bei einer „geduldeten Überziehung", also einer Überziehung über deinen erlaubten Dispokredit hinaus, sogar 4,11 % pro Jahr. Wer soll da noch den Durchblick behalten?

Bei den meisten Girokonten erfolgt die Abrechnung der Sollzinsen – das sind die Zinsen, die berechnet werden, wenn du im Minus bist – beim Dispokredit nur vierteljährlich. Das kann dazu führen, dass der Kontoinhaber irgendwann die Übersicht über die

---

[4] https://www.presseportal.de/pm/65820/4162851
[5] YouGov-Umfrage für das Kreditvergleichsportal SMAVA.
[6] https://www.skatbank.de/privatkunden/girokonten/kontomodelle/flatkonto.html

Kosten verliert. Dadurch dass wir als Kunden nur alle drei Monate sehen, was uns der Kredit wirklich an Sollzinsen kostet, fällt es schwer, einen realen Bezug zur Überziehung unseres Kontos herzustellen. Um vom Gehirn ein „Achtung, aufpassen, du rutschst in die Miesen"-Signal zu bekommen, braucht man einen regelmäßigen Überblick über die eigene Kontosituation.

Nun kannst du einen kleinen persönlichen Check vornehmen: Hast du einen Disporahmen? Weißt du, wie hoch deine Dispozinsen sind? Und zu welcher Gruppe gehörst du eigentlich, wenn es um das Thema Dispositionskredit geht?

Um dir bei der Bestandsaufnahme und der Einordnung deiner eigenen Situation etwas zu helfen, anbei ein paar Daten und Fakten. Sie sollen dich dabei unterstützen, das Thema etwas besser „greifen" zu können.

Kosten und Konditionen des Dispokredits
Werfen wir einen Blick auf die Studie der ING-DiBa aus dem Jahr 2017 zur Nutzung des Dispos:

- **56,4 %** der Befragten gaben an, ihren Dispo noch nie in Anspruch genommen zu haben. Das ist die Mehrheit aller Bankkunden und zeigt, dass die meisten sich der lauernden Kostenfalle bewusst sind.
- **22,5 %** nutzen ihren Dispo wenige Male im Jahr. Das sind zum Großteil die „Big Steps", die eine Nutzung für einen kurzen Zeitraum nötig machen.
- **8,8 %** nutzen ihn jeden Monat. Ab hier beginnt die Nutzung des Verfügungsrahmens Geld zu kosten, denn Sollzinsen fallen an mehreren Tagen im Monat an – immer dann, wenn das Konto im Minus geführt wird.
- **6,9 %** befinden sich permanent im Disporahmen. Das kann richtig teuer werden.
- **5,4 %** gaben keine Antwort auf die Frage. Dass dieser Prozentsatz recht gering ausfällt, zeigt, dass die Bereitschaft dafür, über Geld und Finanzen zu sprechen, ganz klar vorhanden ist.

Die folgende Übersicht zeigt die Geldbeträge, die beim Dispositionskredit in Anspruch genommen werden. Musstest du den Dispo schon mal in Anspruch nehmen? Und wenn ja, in welcher Größenordnung bewegst du dich?

Prozentsatz	Überziehungsbetrag in Euro
28,5 %	< 150 €
17,5 %	150 bis 300 €
17,7 %	300 bis 500 €
17,6 %	500 bis 1500 €
11,8 %	Mehr als 1500 €
6,9 %	Keine Antwort

Warum wir trotzdem den Dispo nutzen können

Der Grund dafür, dass so viele eine „Überziehungslinie", wie der Dispositionskredit auch genannt wird, einrichten, ist schnell gefunden: Immer wieder im Leben stehen große und kleine Veränderungen an, die finanzielle Verpflichtungen nach sich ziehen. Manche geplant, manche ungeplant. Solche Veränderungen schreien oft nach einer Anpassung der finanziellen Spielräume. Und der einfachste Weg dahin ist häufig der Dispositionskredit. Ich persönlich kenne kaum jemanden, der ihn nicht schon mal in Anspruch genommen hat, wenngleich die oben genannte Studie belegt, dass dies weniger als die Hälfte der Bankkunden (rund 44 % der über 18-Jährigen) wirklich tun. Das ist gleichzeitig die gute Nachricht.

Wenn du dich also in einer Situation wiederfindest, in der du deinen Dispo in Anspruch nehmen musst, tu es **so lange wie zwingend nötig und so kurz wie irgend möglich!** Nicht, dass daraus deine persönliche „Kontoüberziehungskomfortzone" wird. All diejenigen, die den Dispo dauerhaft nutzen, sollten sich die Ursachen dafür bewusst machen und sich folgende Fragen stellen:

Ist mein Lebensstandard generell zu hoch? War es eine einmalige finanzielle Notlage, die mich so stark ins Minus gebracht hat? Wie komme ich schnellstmöglich wieder da raus?

Zu Beginn ist es also essenziell, einen Überblick über die Fakten zu bekommen. Gebe ich mehr Geld aus, als ich einnehme? Das Wo und Warum ist das Zentrum der ersten Einnahmen-Ausgaben-Analyse, die du vornehmen solltest. Meine Empfehlungen: Notier deine Ausgaben! Genau so, wie der Fitnesscoach dich zunächst auffordert, dein Essverhalten in einer Art Tagebuch aufzuschreiben, wenn du abnehmen möchtest. Wenn du den Entschluss gefällt hast, deine Finanzen unter Kontrolle zu kriegen, hast du schon mal einen Riesenschritt getan. Beim Wie helfe ich dir gerne, hier meine Vorschläge für den Weg aus dem Dispo:

Der kleine Retter Haushaltsbuch

- Kontrolliere mithilfe eines Haushaltsbuches deine monatlichen, regelmäßigen Ausgaben! Finde und eliminiere unnötige „Geldfresser", wie zum Beispiel App-Abos, Cloud-Services deines Internetproviders, nicht benötigte oder doppelte Versicherungen oder Stromkosten, die durch einen Anbieterwechsel reduziert werden könnten.
- Spare effektiv beim Einkaufen. Ich habe mir beim Einkaufen – egal ob Lebensmittel oder Produkte des täglichen Bedarfs – zudem angewöhnt, nach Aktionen und Sonderangeboten Ausschau zu halten. Mit drei Kindern eine Notwendigkeit und es macht sogar Spaß, auf Schnäppchenjagd zu gehen.
- Check deine Tarife! Schau in regelmäßigen Abständen bei deinem Handyprovider nach besseren und kostengünstigeren Tarifen, denn auch das spart Geld und schont dein Konto.

Umschuldung

Solltest du merken, dass du dem „Geldfresser" aus eigener Kraft nicht mehr entkommst, weil deine Einnahmen nicht ausreichen, keine Gehaltserhöhung in Sicht ist oder du feststellst, dass du auf keine deiner monatlichen Ausgaben verzichten kannst, könnte eine Umschuldung helfen. Dafür informiert man sich bei verschiedenen Banken über deren Ratenkredite und ersetzt seinen teuren Dispokredit durch einen günstigeren Ratenkredit. Eine sehr gute Nachricht ist, dass die EZB nicht daran zu denken scheint, die Zinsen kurz- und mittelfristig anzuheben. Wenn man den Ausführungen der EZB-Präsidentin Christine Lagarde Glauben schenken kann, ist bis auf Weiteres auch 2020 keine Zinswende in Sicht – das macht den Ratenkredit außergewöhnlich günstig.

Die Angebote der Banken reichen von 12-monatigen Laufzeiten bis hin zu Laufzeiten von 96 Monaten, manchmal sogar darüber hinaus. Die Konditionen sind günstiger und variieren je nach Laufzeit zwischen im Durchschnitt 0,68 % und 4,99 % Zinsen p. a., also pro Jahr. Deine Kreditwürdigkeit spielt bei der Höhe der Zinsen eine Rolle. Je mehr Sicherheiten du beispielsweise hast, umso geringer sind die Zinsen, die pro Jahr anfallen. Auch wenn jemand für dich bürgt, also garantiert, dass er einspringt, falls du nicht zahlen kannst, kann das einen Einfluss haben.

Ein Bankenwechsel kann sich lohnen, wenn es um die Kosten und Konditionen geht, ist aber mit viel Aufwand verbunden. Du musst Daueraufträge neu einrichten und deinen Gläubigern, Vertragspartnern (Handy, Arbeitgeber etc.) deine neuen Kontodaten mitteilen. Andererseits bieten manche Banken sogenannte Umzugsservices an, die dir dabei behilflich sind. Deshalb mein **TIPP:** Einen Bankenwechsel sollte man sich gut überlegen, er kann sich aber finanziell lohnen. Um dir den Einstieg in diese Überlegung zu erleichtern, habe ich auf Seite 59 die Kreditzinsen einiger großer Banken miteinander verglichen.

PaTrick – oder was ich mir selbst in Sachen Kontoüberziehung geraten habe:
Ganz konkret zum Thema Dispo habe ich mir selbst eine rote Linie auf meinem Girokonto verordnet, eine eigene Überziehungslinie,

wenn du so willst. Diese Patrick-Dewayne-Dispolinie liegt bei einem Kontostand von +1000 €.

Jedes Mal, wenn ich also auf meinem Girokonto in die Nähe des Standes von 1000 € komme, sagt der kleine „Finanzkontrollfreak" in mir: „Patrick, diesen Monat kein Kino, kein Restaurant mehr, sondern auf die Bremse treten und sparen."

Als weiteren positiven Anreiz dafür, raus aus der „Schuldenfalle Dispo" zu kommen, also dein „Mindset" zu ändern, verrate ich dir im Kapitel *ETF und Fonds,* wie attraktiv es ist, wenn du, statt in die Miesen zu gehen, in die Vollen gehen kannst, dein Erspartes in einen ETF oder einen Aktienfonds investierst und dein Geld nicht für die Bank, sondern für dich arbeiten lässt.

Jetzt wirds deep

Für diejenigen, die gerne noch tiefer in das Thema eintauchen würden, habe ich auf den folgenden Seiten noch ein paar Daten, Zahlen und Fakten zusammengetragen. Außerdem habe ich eine Formel aufbereitet, mit der du Konditionen von Zinsen selbst berechnen und den Schiffbruch in Sachen Finanzen in Zukunft vermeiden kannst. Viel Spaß dabei! ;-)

Dispositionskreditkosten verschiedener Banken (Auszug Stand Mai 2019):

Die Konditionen beziehen sich auf einen Ratenkredit mit einer Kreditsumme von bis zu 7500 € und einer Laufzeit von bis zu 96 Monaten.

Direktbanken	Dispozins	Ratenkredit	Geschäftsbanken	Dispozins	Ratenkredit
ING DiBa:	6,99 %	3,99 %	Postbank:	8,68 %	3,7 %
Comdirect	6,50 %	3,50 %	Commerzbank	9,75 %	2,95 %
1822direkt	7,43 %	ab 0,8 %	Sparda Bank	11,40 %	4,99 %

Jetzt möchte ich die realen Kosten der Dispositionskredite bei jeweils einer Direktbank und einer Geschäftsbank vergleichen sowie den deutlich günstigeren Ratenkredit direkt gegenüberstellen.

Zinsformel allgemein:	
$Z = K \times p/100 \times t/360$	**Z:** Zinsbetrag / **K:** Kapital /
	p: Zinssatz (%)
Jahreszinsen Zeitfaktor:	Verzinsungszeit (in Tagen)

1. Berechnung des Dispos der Comdirect-Bank zu 6,5 % p. a. mit Nutzung des Disporahmens an 15 Tagen pro Monat mit durchschnittlich 500 €:

$$\text{Berechnung des Zinsbetrags: } \frac{500\,€ \times 6,5\,\% \times 15\,\text{Tage}}{36\,000} = 1,35\,€\ \text{Zinsen}$$

Das bedeutet, dass dich der Dispo 1,35 € im Monat kostet. Nach drei Monaten werden dir 4,05 € vom Konto abgezogen und im Jahr entsprechend 16,20 €.

Bei der Sparda-Bank wären es zum Vergleich bei 11,40 % p. a. 2,37 €, nach drei Monaten 7,11 € und im Jahr 28,44 €.

Für die Kontoüberzieher, die dauerhaft (30 Tage pro Monat) im Minus unterwegs sind, betragen die Zinsen somit bis zu 57 € pro Jahr. Diese Summe entspricht einem 2.-Klasse-Zugticket hin und zurück von Frankfurt nach Köln mit dem ICE.

Noch deutlicher schlägt der „Geldfresser" bei den 11,8 % der Menschen zu, die ihren Dispo mit 1500 € pro Monat überziehen. Da belaufen sich die Kosten für eine Überziehung an 15 Tagen im Monat bei der Comdirect auf monatlich 4,06 €, vierteljährlich 12,18 € und jährlich 48,74 €.

Diejenigen, die den Dispokredit 360 Tage im Jahr nutzen, also 30 Tage pro Monat, zahlen dafür 97,48 €.

Bei der Sparda-Bank werden für eine Überziehung 7,12 € im Monat berechnet, 21,37 € im Quartal und 85,50 € im Jahr. Die Dauerüberziehung – also 360 Tage im Jahr – kostet hier 171 €. Das ist eine hübsche Summe Geld, die ein zusätzliches Loch in die Finanzen reißt.

Eine Gegenüberstellung

Ein Ratenkredit über 1500 € hätte dich bei der Comdirect zu 3,5 % Zinsen p. a. „nur" 52,50 € pro Jahr gekostet.

Ein Ratenkredit der Easy Credit über 1500 € bei 4,99 % Zinsen immer noch deutlich weniger als der teurere Dispokredit, der „versteckte Geldfresser" der Comdirect, zu 6,5 %. Der Easy Credit kostet nämlich 74,85 € statt 97,48 € (Comdirect-Dispokredit) bzw. 171 € (Sparda-Bank-Dispokredit).

FAZIT: Vor- und Nachteile Dispo auf einen Blick

<u>Was sind die Vorteile des Dispositionskredites?</u>
1. Er bietet kurzfristig und unbürokratisch einen finanziellen Spielraum zur Überbrückung.
2. Er ist ab Gewährung dauerhaft nutzbar und nicht zweckgebunden.
3. Man kann ihn jederzeit zurückzahlen.
4. Es werden keine gesonderten Sicherheiten benötigt.

<u>Was sind die Nachteile des Dispositionskredites?</u>
1. Er ist sehr teuer.
2. Der Kunde wird dazu verleitet, ihn dauerhaft zu nutzen.
3. Die Kosten sind intransparent und schwer ersichtlich.
4. Bei Dauernutzung droht eine Schuldenfalle.
5. Die Bank kann bei wichtigem Grund die sofortige Rückzahlung verlangen.

Deine persönliche Checkliste: Was sind die „next Steps"?

→ Nutze ich den Dispokredit meiner Bank? Wenn ja, wie oft und in welcher Höhe?

→ Habe ich einen guten Überblick über meine Ein- und Ausgaben? Wenn nicht, Haushaltsbuch anlegen!

→ Habe ich zu viele „Geldfresser", die ich nicht schnell loswerde? Dann sollte ich das Problem längerfristig und günstiger mit einer Umschuldung durch einen Ratenkredit lösen!

Mithilfe der Beschreibung der vier Finanz-Fitness-Typen, Mia sowie deiner ersten Selbstanalysen in Sachen Geldfresser und Fixkosten hast du jetzt einen guten Gesamtüberblick gewonnen und damit einen sehr guten Einstieg in dein neues, selbstbewusstes und selbstbestimmtes Leben geschafft. Du hast deine Lebenshaltungskosten und deine Kontokosten im Griff und damit enormes Geldsparpotenzial.

Doch was kommt danach? Was tun mit deinem Geld? Wie anlegen? Welche Anlagemöglichkeiten gibt es überhaupt? Wie legst du ertragreich an, ohne das Risiko aus dem Blick zu verlieren? Die Hauptbausteine dafür erläutere ich in den folgenden Kapiteln. Wir werden uns mit Immobilien, Aktien, ETFs und Fonds beschäftigen und uns sogar ansehen, welche Rolle KI, also künstliche Intelligenz, bei den Anlageentscheidungen der Zukunft spielen wird.

WICHTIG!

In diesem Buch teile ich mein Wissen und meine Erfahrungen mit dir und möchte dich dazu motivieren, dir ein eigenes Maß an Finanzbildung anzueignen. Einschätzungsvermögen und Entscheidungskompetenz sind wichtige Faktoren, die dein künftiges Verhalten im Umgang mit Geld prägen werden. Wie schon mal gesagt, ist es richtig und wichtig, dass du neben diesem Buch auch immer wieder andere Finanzbildungsangebote wie Finanzblogs, Webinare oder Podcasts für dich nutzt und nicht aufhörst, Informationen zu hinterfragen und mit deinem Wissen abzugleichen. Gerade in den folgenden Kapiteln werden wir Themen behandeln, die ein hohes Maß an Eigenverantwortung erfordern. Um optimale Anlage- entscheidungen zu treffen, ist es essenziell, dass du meine Vorschläge und Ratschläge (und auch die anderer) auf keinen Fall nur kopierst und damit die Verantwortung an jemand anderen abgibst. Es ist wichtig, dass du deine eigene Finanzfitness immer weiterentwickelst und dein Wissen und deine Kompetenzen erweiterst und vertiefst.

Dazu gehört meiner Ansicht nach auch, sich (frühzeitig) Ge- danken über die nahe und ferne Zukunft zu machen. Wie willst du wo leben? Wie stellst du dir dein (weiteres) Berufsleben vor? Bist du angestellt oder selbstständig? Wie wichtig ist dir deine Work- Life-Balance? Lebst du allein oder zu zweit, mit oder ohne Kinder? Wirst du mal deine Eltern pflegen, wenn die Zeit gekommen ist, oder tust du das bereits?

Je nachdem wie du dein weiteres Leben planst, bringt dies sehr unterschiedliche Konsequenzen in Sachen Geld, Vermögensaufbau und Investitionen mit sich. Ich habe mich für Familie und Kinder entschieden, wohne im eigenen Haus und habe mein Wissen nut- zen können, die Konsequenzen dieser Entscheidungen schon früh einzuordnen und rechtzeitig Vorbereitungen und Planungen für mein gewähltes Leben zu treffen. Damit du ebenfalls eigene selbst- bestimmte Entscheidungen treffen kannst, vertiefe ich das Thema in den nun folgenden Kapiteln, auch anhand unserer Beispiele Deniz, Liam, Kathrin, Steffi und Mia.

IV. Die Immobilie

Kommen wir nun zum vielleicht emotionalsten Thema dieses Buchs – der Immobilie. Das Wort „Immobilie" stammt aus dem Lateinischen und bedeutet „unbeweglich", also „nicht mobil". In wirtschaftlichen Kontexten wird die Immobilie auch häufig „Liegenschaft" genannt.

Dass dieses Thema so emotionsgeladen sein kann, hat einige wesentliche Ursachen, positive wie negative.

Positiv besetzt sind häufig Begriffe wie „Heimat" und „zu Hause". Eine Immobilie kann eng mit der eigenen Identität verbunden sein und einen Teil der eigenen Persönlichkeit ausmachen. „Zu Hause" ist da, wo du aufgewachsen und in den Kindergarten oder die Grundschule gegangen bist. Für viele ist das der Ort, an dem noch ein Teil der Familie wohnt und an dem man oft oder ab und zu die großen Feiertage verbringt. Bei meiner Familie und mir ist das so, wir halten es mit dem alten Sprichwort: „My home is my castle", mein Zuhause ist meine Burg.

Negative Emotionen dagegen entstehen vor allem durch immer weiter steigende Mieten, mittlerweile weit über die Grenzen der großen Städte hinaus. Mietpreisbremsen und das gruselige Wort „Enteignung" machen nicht nur in den Print- und TV-Medien die Runde, sondern sind auch in sozialen Netzwerken ein beherrschendes Thema.

Ein Grund für die steigenden Mieten ist das Geld in- und ausländischer Investoren, die – auf der Suche nach günstigen Anlagemöglichkeiten in deutschen Städten – einheimische Käufer mit für sie unerreichbaren oder inakzeptablen Kaufpreisen abhängen. Wut und Ärger sind die Folge, sowohl bei betroffenen Mietern als auch bei potenziellen privaten Käufern, die von einem Eigenheim träumen. Da, wo das nunmehr zinsarme Sparbuch ausgedient hat, investieren immer mehr Anleger in Immobilien, kaufen und renovieren und hoffen auf lukratives Weiterverkaufen oder Vermieten.

Anders als in unseren Nachbarländern sind in Deutschland nur knapp jede zweite Wohnung und jedes zweite Haus im eigenen Besitz – laut dem Statistischen Bundesamt ca. 47 %. Der Rest ist vermietet. Innerhalb des Landes ist ein Unterschied zwischen Ost- und Westdeutschland zu verzeichnen. Das hat historische und politische Gründe, ist aber auch durch die Einkommensunterschiede bedingt: Gut 50 % der Westdeutschen, aber nur 38 % der Ostdeutschen sind Immobilienbesitzer.

➜ Good to know: Mit zunehmender Haushaltsgröße steigt der Anteil der Immobilieneigentümerinnen und -eigentümer. Knapp 31 % der Einpersonenhaushalte hatten Anfang des Jahres 2018 Haus- und Grundbesitz. Bei Haushalten mit 2 Personen und solchen mit 3 Personen betrugen die Quoten 55 % beziehungsweise 60 %. Von den Haushalten mit 4 sowie 5 und mehr Personen besaßen 71 % beziehungsweise 70 % Häuser oder Grundstücke.[7]

Die Gründe dafür sind schnell gefunden: Wer jung ist und sich noch in der Ausbildung oder im Studium befindet, dem fehlt es naturgemäß oft am nötigen Kapital für eine eigene Wohnung. Ein Haus wiederum wird (noch) nicht benötigt. Außerdem liegt der Fokus auf Job oder Ausbildung – beides verlangt oft ein hohes Maß an Flexibilität. Eine Mietwohnung ist in dieser Lebensphase einfacher zu handhaben. Hinzu kommt, dass Arbeitsverträge vor allem zu Beginn des Berufslebens oftmals zeitlich befristet abgeschlossen werden und eine langfristige Lebensplanung erschweren.

#Immobilienboom – lohnt sich der Einstieg?

Auf den folgenden Seiten werde ich versuchen, einige Vergleiche anzustellen, um dir die Unterschiede zwischen dem Kauf einer Bestandsimmobilie und dem Bau eines eigenen Hauses zu zeigen. Welche Vorzüge und Nachteile gibt es? Außerdem möchte ich einen Vergleich zu Mietimmobilien ziehen. Denn nicht immer lohnt der Besitz einer

---

[7] https://www.stb-web.de/news/article.php/id/20531

eigenen Immobilie. Manchmal empfiehlt es sich auch, eine Immobilie zu kaufen, um sie weiterzuvermieten, also als Kapitalanlage.

Auf den nächsten Seiten besprechen wir die Entwicklungen und Trends in Sachen Immobilien und Mieten und was es jeweils zu beachten gibt. Damit du die Steigerungen der Immobilienpreise, die vor allem in großen Städten sehr ausgeprägt sind, verstehst, brauchst du ein paar Hintergrundinformationen. Auch die steigenden Mietpreise sind nämlich die unmittelbare Folge der größten Immobilienkrise der jüngsten Geschichte.

Historischer Exkurs in die Immobilienkrise der USA und ihre globalen Auswirkungen

Damit du verstehst, warum so manche Zeitung oder manche Wirtschaftssendung von einer Immobilienblase in Deutschland spricht, folge mir auf einen kleinen historischen Exkurs in die Immobilienwelt des Jahres 2008 und die Jahre danach.

Vielleicht erinnerst du dich noch an das Jahr 2008? Was hast du in dem Jahr gemacht, wo lebtest du damals? Hoffentlich nicht als Wohnungsbesitzer in den USA – denn das war das Jahr, in dem die größte Immobilienblase der jüngeren Geschichte platzte. Es war die Blase der sogenannten Subprime-Immobilienkredite, also solcher Kredite, die mit wenig bis gar keinem Eigenkapital der betroffenen Hausbesitzer gedeckt waren. Das zog eine fatale Kettenreaktion nach sich. Auch die Pleite der Investmentbank Lehman Brothers war eine der schlimmen Konsequenzen des Platzens dieser Blase, die mit der Vernichtung von rund 5 Billionen US$ einherging.

Menschen verloren nicht nur ihre Häuser, sondern auch ihre Jobs und landeten nicht selten obdachlos auf der Straße. Vor allem in den USA, aber auch rund um den Globus sorgte die Krise für einen Finanz- und Kapitalmarktcrash, der sich auch auf die internationalen Börsen erstreckte und das Einschreiten mehrerer Regierungen nötig machte. Begriffe wie „systemrelevant" und „alternativlos" bevölkerten für viele Jahre auch in Deutschland die Medien und prägten die Finanz- und Kapitalmärkte.

Vorausgegangen war dieser Blasenbildung am Immobilienmarkt in den USA die Senkung der Leitzinsen im Land durch den damaligen US-Notenbankchef, Alan Greenspan. Ab dem Jahr 2001 bis zum Jahr 2005 wurden diese Leitzinsen sukzessive von 6,5 % bis auf 1 % heruntergesetzt, um die wirtschaftlichen Folgen der Anschläge vom 11. September 2001 in New York und den Abschwung der Wirtschaft nach dem Platzen der sogenannten Dotcom-Blase abzumildern. Durch diese Zinssenkungen „verbilligte" Greenspan das Schuldenmachen drastisch. In Kombination mit der damaligen Politik des 43. US-Präsidenten George W. Bush jr. führte das bei vielen zu dem Trugschluss, jeder könne ein Häuschen haben. Oder zwei oder drei.

Mit dem „billigen Geld" kauften sich immer mehr Menschen Häuser und Wohnungen – ausschließlich mit dem Ziel, am Immobilienmarkt schnelle Gewinne zu erzielen. Sie finanzierten diese Immobilien sehr kurzfristig durch Kredite mit kurzen Laufzeiten (1 bis 5 Jahre), weil sie darauf spekulierten, sie schon innerhalb kürzester Zeit zu höheren Preisen wieder verkaufen zu können. Die kürzeren Laufzeiten waren niedrig verzinst, längerfristige Laufzeiten höher beziehungsweise teurer für den Immobilienkäufer.

Das Ganze war offen gestanden ein ziemliches Schneeballsystem, das unterstützt durch die Deregulierung vor allem der amerikanischen Administration von Gier und Gewinnwachstum getrieben war und mit dem Wunsch nach den eigenen vier Wänden lange nichts mehr zu tun hatte. Rund um die Kredite bildeten sich neue Investment- und Anlageklassen, die sie bündelten und zusammenfassten. Sie hatten so schöne Namen wie CDO (Collateralized Debt Obligation) und MBS (Mortgage Backed Securities), zu Deutsch hypothekenbesicherte Wertpapiere. Die ganz „schlauen" Banken entwickelten immer verrücktere Produkte, wie synthetische CDOs, und brachten damit das gesamte Finanzsystem an den Rand einer weltweiten Katastrophe. Retten konnten es im Endeffekt nur die Notenbanken der Welt und die Politik. Die Bankenwelt jedoch war erst einmal ganz wild auf diese „Kreditwertpapiere" und handelte rege damit.

Notwendigerweise waren diese Wertpapiere mit Ratings versehen, also Bewertungen, um sie nach möglichen Kreditausfallrisiken einzuordnen. Diese wurden im Wesentlichen von den drei größten Ratingagenturen der Welt vorgenommen, Moody's, Standard & Poor's und Fitch Ratings. Diese drei Ratingagenturen machten allein 95 % des gesamten Rating- und Verbriefungsmarktes der Welt aus. Wie sich später herausstellen sollte, waren diese Ratings nicht immer unter ganz objektiven Maßstäben zustande gekommen. Das lag vor allem an der Masse an Verbriefungen, das heißt der Bestimmung und Einstufung der Qualität entsprechender Kredite, die in der Spitzenzeit der Immobilienblase von den Banken in Auftrag gegeben wurden. Aufgrund der daraus entstehenden Wettbewerbssituation wurden die eigentlich bestehenden Ratingkriterien nicht selten sehr vage interpretiert und angewandt.

Kleiner Exkurs in die Bewertungsstandards und Einstufungen

Moody's

Zusätzlich zu den Buchstaben, die das Rating, also die Bewertung, angeben, gibt es noch numerische Angaben (1, 2, 3), die anzeigen, in welchem Drittel sich die Einstufung befindet, also 1 für das obere Drittel, 2 für die Mitte und 3 für das untere Drittel.

Anlagewürdig
Aaa – zuverlässige und stabile Schuldner höchster Qualität
Aa – gute Schuldner, etwas höheres Risiko als Aaa
A – wirtschaftliche Gesamtlage ist zu beachten
Baa – Schuldner mittlerer Güte, die momentan zufriedenstellend agieren

Spekulativ
Ba – sehr abhängig von wirtschaftlicher Gesamtlage

B – finanzielle Situation ist notorisch wechselhaft

Caa – spekulativ, niedrige Einnahmen auf Schuldnerseite

Ca – in der Regel liegen hier bereits Zahlungsstörungen vor

C – in Zahlungsverzug

Moody's		S&P		Fitch		
Aaa		AAA		AAA		Schuldner höchster Bonität, Ausfallrisiko auch längerfristig so gut wie vernachlässigbar
Aa1		AA+	A-1+	AA+	F1+	
Aa2	P-1	AA		AA		Sichere Anlage, Ausfallrisiko so gut wie vernachlässigbar, längerfristig aber etwas schwerer einzuschätzen
Aa3		AA-		AA-		
A1		A+	A-1	A+	F1	Sichere Anlage, sofern keine unvorhergesehenen Ereignisse die Gesamtwirtschaft oder die Branche beeinträchtigen
A2		A		A		
A3	P-2	A-	A-2	A-	F2	
Baa1		BBB+		BBB+		
Baa2	P-3	BBB	A-3	BBB	F3	Durchschnittlich gute Anlage. Bei Verschlechterung der Gesamtwirtschaft ist aber mit Problemen zu rechnen
Baa3		BBB-		BBB-		
Ba1		BB+		BB+		Spekulative Anlage. Bei Verschlechterung der Lage ist mit Ausfällen zu rechnen
Ba2		BB		BB		
Ba3		BB-	B	BB-	B	
B1		B+		B+		Hochspekulative Anlage. Bei Verschlechterung der Lage sind Ausfälle wahrscheinlich
B2		B		B		
B3		B-		B-		
Caa1	Not Prime	CCC+		CCC+		Nur bei günstiger Entwicklung sind keine Ausfälle zu erwarten
Caa2		CCC	C	CC	C	
Caa3		CCC-		C		Moody's: in Zahlungsverzug
Ca		CC				Standard & Poor's: hohe Wahrscheinlichkeit eines Zahlungsausfalls oder Insolvenzverfahren beantragt, aber noch nicht in Zahlungsverzug
		C				
C		SD	/	RD	/	Teilweiser, begrenzter oder vollständiger Zahlungsausfall
		D		D		

Gesamttabelle der Ratingagenturen mit Einstufungen

Wie es zum Platzen der größten „Finanzblase" der Neuzeit kam

In den großen Investmentbanken (Lehman, Deutsche Bank, Merrill Lynch, Bear Stearns etc.) der damaligen Zeit herrschte in den Jahren 2005 bis 2008 wahrlich Goldgräberstimmung. Astronomische Renditen, also Gewinne, lockten, und die Berücksichtigung der Bonität eines Schuldners, also der Fähigkeit, seine Schulden zurückzuzahlen, trat in den Hintergrund. Es hatte bis dahin keine Immobilienkrise in den USA gegeben und alle Beteiligten hätten niemals mit dem Ausfall von Hypotheken in einer solchen Größenordnung gerechnet. Bis zum Kollaps war das Ganze eine sich selbst speisende, eierlegende Wollmilchsau. Wer nicht dabei war, musste dämlich sein.

Es gibt mehrere tolle Kinofilme zu dem Thema: *Margin Call*, *The Wolf of Wallstreet*, *The Big Short*, um nur ein paar zu nennen. Letzterer ist wohl der unmittelbarste. Was waren und sind bis heute die Folgen für die Finanz- und Kapitalmärkte? Eine Krise führte zur nächsten, unter anderem zur sogenannten Staats- und Finanzkrise 2012, die ganz besonders Griechenland, Portugal und Irland betraf. Dieser Mix aus Verkettungen zwang die Notenbanken, das weltweite Finanzsystem zu „retten" – mit noch mehr „billigem Geld" und noch niedrigeren Zinsen. Dafür ernteten sie immer häufiger Kritik. In Europa traf diese den ehemaligen EZB-Präsidenten Mario Draghi.

Immobilienblasen in deutschen Städten – Mario Draghi sei Dank

Als Folge der Krisen wurden die Zinsen in den Jahren nach 2008 weltweit kontinuierlich gesenkt. Man hoffte, die amerikanische Autobranche, die deutsche Bankenbranche und einige andere retten zu können. Finanzielle „Rettungsschirme" wurden mithilfe von Steuergeldern über Unternehmen aufgespannt und große Konzerne wurden mit Staatsgeld vor der Insolvenz geschützt. Ihre wirtschaftliche Relevanz für die Gesellschaften der jeweiligen Länder und ihre Bedeutung für die Ökonomien waren zu groß. Diese „Schlüsselwirtschaften" und auch Banken bekamen schnell den Nimbus des „Systemischen". Wären sie insolvent gegangen, so die Einschätzung von Ökonomen und Politikern, hätte sich unser westliches Wirtschaftssystem in ernsthafter Gefahr befunden.

Die Rettung dieser „systemischen" Unternehmen und Branchen sei auch aufgrund von deren „globaler Verzahnung" alternativlos. Ohne diese Rettung wären Kettenreaktionen eine mögliche Folge gewesen, an deren Ende verheerende Insolvenzen gestanden hätten. Prominente Beispiele entschiedenen Handelns seitens des deutschen Staates waren die Rettung der Commerzbank durch eine Beteiligung des Staates und die Abwicklung der Hypo Real Estate.

Die EZB, die Europäische Zentralbank, hat seit dem 3. Juli 2008 den Leitzins in mehreren Schritten von 4,25 % auf 0,00 % im Jahr 2016 (10. März) abgesenkt. Um weiteres Geld in die Finanzmärkte zu bringen, wurden auch Staats- und Unternehmensanleihen in großem Umfang gekauft.

Ab März 2015 flossen 60 Milliarden € pro Monat und ab April 2016 bis April 2017 noch 80 Milliarden € pro Monat in die verschuldeten Staaten und Unternehmen. Insgesamt sind es mehr als 2,6 Billionen €, die diesen Weg in das Finanzsystem gefunden haben. Der Grundgedanke war der entschiedene Kampf gegen eine drohende Preisabwärtsspirale in der Eurozone ab 2015, eine sogenannte Deflation.

Die Konditionen für Kredite von Banken an Unternehmen sollten vergünstigt werden, um damit die Wirtschaft der Länder in der Eurozone anzukurbeln. Ein Nebeneffekt, der seitdem zu beobachten ist, ist der vor allem in Metropolregionen stark ansteigende Immobilienpreis.

Die Gründe sind ziemlich vielschichtig. Ein Grund ist, dass Geld sich – salopp gesagt – immer die beste, risikoärmste Anlagemöglichkeit sucht. Das sind in Deutschland momentan Immobilien, weshalb die Nachfrage so groß ist. Außerdem hat der deutsche Immobilienmarkt seit Mitte der 1990er-Jahre einen Dornröschenschlaf ohne nennenswerte Entwicklungen hinter sich.

Durch die geringen Zinsen auf Sparbücher und Tagesgeldkonten (0,01 bis 0,45 %) und die Senkung des Einlagenzinssatzes durch die EZB von −0,1 auf aktuell −0,5 % fließt immer mehr Geld in das sogenannte „Betongold", den Immobilienmarkt.

Mir geht es da wie manch anderem Immobilienbesitzer: Der Wert unseres von uns selbst bewohnten Hauses hat sich in den vergangenen 7 Jahren seit dem Erwerb nahezu verdoppelt. Im

Folgenden schlüssele ich ein paar grundlegende Überlegungen und Gedanken zur Immobilie auf, die dir helfen können, in diesem Bereich eine richtige Entscheidung zu treffen.

Was willst du?

Wenn du darüber nachdenkst, eine Immobilie zu kaufen, stellt sich als Erstes die Frage, ob du sie zur Eigennutzung kaufen möchtest oder zur Fremdvermietung als Kapitalanlage. Brauchst du Flexibilität in Sachen Wohnen oder hast du schon den richtigen Platz für deine Wohlfühloase gefunden? Willst du allein bleiben oder eine Familie gründen? Willst du in der Stadt wohnen, ohne den Zwang, ein Auto zu haben, um zu Arbeit, Schule, Kita oder sonst wohin zu kommen? Oder willst du im Grünen leben, auf dem Land, fernab vom Trubel und dem Getöse der Großstadt? All diese Überlegungen zum Thema Infrastruktur und deinem Lifestyle bestimmen die Planung beim Erwerb einer Immobilie, in der du selbst wohnen willst.

Wenn es um den Immobilienerwerb als Kapitalanlage geht, ist das Thema weniger emotional. Stattdessen geht es eher um Zahlen und Fakten, die dich in deiner Kaufentscheidung leiten sollten. Dazu später mehr im Kapitel *Immobilien als Kapitalanlage*.

Die selbst genutzte Immobilie – dein Glück in vier Wänden

Hast du deine Entscheidung getroffen und wünschst dir ein Eigenheim für dich bzw. für euch, ist der erste Schritt getan. Allerdings geht es nun direkt weiter mit den Fragen. Denn wahrscheinlich ist der Kauf einer Wohnung oder eines Hauses eine der finanziell größten Entscheidungen, die du im Leben treffen wirst. „Möchte ich ein bestehendes Haus oder eine bereits existierende Wohnung kaufen? Möchte ich selbst bauen, in der Stadt oder auf dem Land leben?" Solche Überlegungen führen dich zu den infrage kommenden Objekten und erleichtern dir die Auswahl.

Einen guten Überblick über Immobilien und Erwerbskosten an dem von dir bevorzugten Ort findest du ganz leicht im Internet auf Immobilienportalen wie immobilienscout24.de und immonet.de. Und natürlich auch auf den Websites von Maklern wie Engel & Völkers, Von Poll Immobilien und century21, um nur einige zu nennen.

Natürlich soll dir dein künftiges Zuhause gefallen, keine Frage. Aber darüber hinaus gibt es eine Vielzahl an Überlegungen, die beim Immobilienerwerb eine wichtige Rolle spielen. Die wichtigsten Fragen habe ich dir hier zusammengestellt.

Was du unbedingt beachten solltest

Stift und Zettel sind mal wieder gefragt. Beantworte folgende Fragen ✏

- Wie teuer darf deine Wunschimmobile sein?
- Wie hoch dürfen die Erwerbsnebenkosten, Notar, Grunderwerbssteuer, notwendige Renovierungen und Umbauten sein?
- Wie viel Eigenkapital bringst du mit?
- Wie hoch wird die Kreditsumme sein, die dir eine Bank gibt?
- Hast du einen Bausparvertrag als zusätzliches Finanzierungsmittel?
- Kaufst du eine Bestandsimmobilie oder willst du selbst bauen?
- Kaufst du mithilfe eines Maklers oder eines anderen Vermittlers (Bank)?
- Falls du schon eine Immobilie ins Auge gefasst hast: In welcher Lage befindet sie sich und wie alt ist sie?
- Wie ist ihr allgemeiner Zustand?

Dinge, die du überprüfen solltest

- Dach, Heizung, Dämmung, Wasserleitungen, Schimmel, Verglasung und Elektrik
- Welchen technischen und Umweltstandards entspricht die Immobilie?

- Ist die Immobilie für das Alter barrierefrei oder dahingehend umbaubar?
- Wie viel Grundstücks- und Wohnfläche möchtest und brauchst du?
- Wie ist die Anbindung der Immobilie in Sachen ÖPNV? Gibt es in der Nähe Einkaufsmöglichkeiten, Schule, Kita, Kunst und Kultur, Restaurants?
- Könnte es im direkten Wohnumfeld „böse Überraschungen" wie Lärm, Abgase, Verschmutzungen geben (Autobahn, Einflugschneise etc.)?

Wohnung, Haus oder selbst bauen?

Du hast dir einen finanziellen Rahmen abgesteckt und weißt, wie teuer deine künftige Immobilie samt Erwerbsnebenkosten werden darf. Du hast all dein verfügbares Eigenkapital und deine Kreditwürdigkeit überprüft und dir einen Zeitrahmen gesteckt, in dem du den Kredit für die Immobilie zurückbezahlt haben willst. Du hast recherchiert, welche Bank für eine möglichst lange Laufzeit die günstigsten Konditionen anbietet. Falls nicht, findest du gängige Finanzierungsrechner im Internet.[8] Später gibt es hierzu auch noch ein Beispiel. Nun stellt sich die Frage: Kaufen oder doch selbst bauen? Im Folgenden habe ich ein paar Überlegungen zusammengetragen, die dir bei deiner Entscheidung helfen können.

---

[8] www.testsieger-bauzinsen.de oder www.interhyp.de/peroenlicher-zinsrechner

Kriterien	Wohnung	Bestehendes Haus	Neubau
Lage	oftmals zentral	freie Lagenwahl	Randlagen Stadt/ Land
Infrastruktur	sehr gut	je nach Erschließung	muss erschlossen werden
Anschaffung	anteilig Grundstück + Gebäude	Grundstück + Gebäude + Makler + Grundsteuer Gebäude + Notar	Grundstück + Gebäude + Grundsteuer Architekt
Kostenrisiko	gut kalkulierbar	gut kalkulierbar	Kosten können höher sein
Unterhaltskosten	tragen Eigentümer anteilig	tragen Eigentümer allein	tragen Eigentümer allein
Gestaltungs- freiheit	sehr eingeschränkt	Umgestaltung machbar	größtmögliche Freiheit
Änderungen	beschränkt machbar	machbar	machbar
Zeitaufwand Instandhaltung	Hausmeister + Handwerker	selbst	selbst
Bewegungs- freiheit	gemeinsam mit an- deren Eigentümern	alleinige Nutzung	alleinige Nutzung
Zeitfaktor	Suche (nicht absehbar)	Suche (nicht absehbar)	Bau (absehbar)
Belastungsfaktor	Besichtigung	Besichtigung	Planung + Baustress

Kriterien für Eigentumswohnung, Bestandsimmobilie und Hausbau

Haus- oder Wohnungserwerb vs. bauen – Zwischenfazit

Sowohl der Kauf einer Immobilie – egal ob Wohnung oder Haus – als auch ein Neubau ist mit einer intensiven Investition von Zeit verbunden. Das kann von der ersten Idee bis zum Spatenstich zwei Jahre und länger dauern. Viele Häuslebauer erbringen zusätzlich Eigenleistungen, arbeiten also öfter selbst am Bau mit, vor allem um die finanzielle Belastung zu verringern. Das geht nicht selten zusätzlich an die Substanz. Im schlimmsten Fall auch an die des Partners oder gar der ganzen Familie. In meinem eigenen Umfeld gibt es hierfür genug Beispiele. Vor einiger Zeit kaufte sich ein be- freundetes Paar ein wunderschönes Haus. Im Zuge des teuren und anstrengenden Umbaus, der sich noch dazu lange hinzog, lebten sich die beiden auseinander, trennten sich und zogen im Endeffekt niemals in ihr gemeinsames Haus ein.

Auch beim Kauf einer Wohnung solltest du dir das nähere Umfeld genau anschauen, zum Beispiel die Nachbarn. Schließlich hast du vor, künftig Tür an Tür mit ihnen zu leben.

Was kannst du dir wirklich leisten?

Vielen dient ja bei der Frage, ob sie sich eine Immobilie auch leisten können, die eigene Monatsmiete als Grundlage für die Berechnung. Getreu dem Motto: Was du als Miete zahlen kannst, kannst du doch auch in deine eigenen vier Wände stecken. Aber stimmt das denn auch?

Die Idee ist grundsätzlich nachvollziehbar – dennoch ist sie nur der Beginn der Überlegungen dazu, was du dir **wirklich** leisten kannst. Im Gegensatz zu einer Mietwohnung trägst du nämlich als Besitzer sämtliche Instandhaltungskosten. Auch die jährliche Grundsteuer und entsprechende, teilweise verpflichtende Gebäudeversicherungen kommen auf dich zu. Dafür bedarf es einiger Vorsorge.

Wie unerwartet teuer der Kauf einer Bestandsimmobilie sein kann, hat Liam aus unserem „Glückskleeblatt" entdecken müssen:

Liam und seine Freundin Leyla haben einige Monate nach dem passenden Haus gesucht. Ihnen war ein guter Schnitt wichtig, dazu ein nicht zu großes Grundstück, trotzdem mit schönem Garten, eine gute Infrastruktur in der Gegend, die Nähe zu Kindergarten und Schule und obendrein eine kinderreiche Nachbarschaft. Schließlich wurde es eine Doppelhaushälfte in der Nähe eines kleinen Baches, in die sich die beiden verliebt hatten. Um neben dem Kaufpreis auch die anderen Kosten des Kaufs zu überblicken, erstellten sie eine Übersicht. Dabei berücksichtigten sie einen Kaufpreis von 550 000 €, ihren Eigenkapitalanteil von 75 000 € (ca. 13,65 %) und Erwerbsnebenkosten (*) wie folgt:

Beispiel Doppelhaushälfte	Liam		
Effektiver Zinssatz	1,48%	Monatsrate	2055 €
Tilgungsrate	3%	Sollzinsbindung	20 Jahre
Kaufpreis	550 000 €	*Grunderwerbsteuer	33 000 €
+ Modernisierung	35 000 €	*Notar + Grundbuch	11 000 €
+ Nebenkosten	76 725 €	*Maklergebühr 5,95%	32 725 €
- Eigenkapital	75 000 €		76 725
= Darlehensbetrag	551 725	Restschuld 20 Jahre	167 159 €

Finanzierungssituation
nach 20 Jahren:

Summe aller Raten			493 242
gezahlte Zinsen			108 676
getilgter Betrag			384 566
Restschuld			167 159

Einordnung

Würde Liam mit 34 Jahren die Immobilie kaufen, liefe im Alter von 54 Jahren die erste Zinsbindung ab, das ist ein fester Zinssatz über eine gewisse Zeit. Zu diesem Zeitpunkt betrüge die Restschuld auf das Haus noch immer rund 167 000 €. Um im Renteneintrittsalter schuldenfrei zu sein, blieben dann noch circa 10 bis 15 Jahre Zeit, um die Restschuld abzubezahlen.

Um objektiv beurteilen zu können, ob das Paar mit der eigenen Immobilie letztlich ein gutes Investment tätigen würde, muss eine Vielzahl an Faktoren betrachtet werden. Darunter die Instandhaltungskosten, die Vergleichsmietpreise in der Wohnsiedlung, die Immobilienpreisentwicklung und die Entwicklung der Zinsen in den vorausgegangenen 20 Jahren. Schließlich jedoch ist es natürlich auch eine Herzensentscheidung und ein wichtiger Schritt in Liams und Leylas gemeinsamem Leben.

Damit du ein Gefühl dafür bekommst, ob ein Preis gerechtfertigt ist oder nicht, empfehle ich dir, weitere Immobilien in der Umgebung anzuschauen. In Immobilienportalen oder natürlich auch durch einen persönlichen Besuch kannst du Preise, Ausstattung, Zustand und weitere wichtige Kriterien miteinander vergleichen.

Ob du lieber weiter Mieter bleibst oder doch Eigenheimbesitzer werden möchtest, kannst du auch mithilfe eines Vergleichs zwischen Mietpreis und Immobilienpreis entscheiden.

So berechnest du das Kauf-Mietpreis-Verhältnis

Immobilienfachleute sprechen von „relativ günstigen" Immobilien, wenn das Verhältnis zwischen Kaufpreis und Nettojahresmiete um den Faktor 20 liegt. Wenn dieser „Kaufpreisfaktor" über 25 ist, gilt er als unattraktiv und „zu teuer", da die erwirtschaftete Rendite zu gering wäre.

Rendite: 1/20 = 5 (entspricht 5 %)
Rendite: 1/25 = 4 (entspricht 4 %)

Beispiel
Deine Wunschimmobilie, ein Haus mit 175 m², kostet, wie im obigen Beispiel, 550 000 €. Ein vergleichbares Objekt erzielt eine Kaltmiete von 2250 € pro Monat. Das sind rund 12,85 €/m², hochgerechnet auf das Jahr ergibt sich eine Jahresmiete („JM") von 27 000 €. Der Kaufpreis („KP") entspricht in etwa dem 20,4-Fachen.

Rechnung: „KP" 550 000 € / „JM" 27 000 € = 20,37 = Kaufpreisfaktor
Im Vergleich zum Mieten ist Kaufen hier also relativ günstig.

Läge die erzielbare Miete im gleichen Gebiet bei nur 10 €/m², ergäbe sich daraus eine Kaltmiete von 1750 € pro Monat bzw. 21 000 € pro Jahr. Nach unserer Rechnung ergibt sich aus diesem Beispiel folgender Kaufpreisfaktor:
„KP" 550 000 € / „JM" 21 000 € = 26,2

Einordnung
Im ersten Beispiel wäre also tatsächlich Kaufen attraktiver als Mieten. Die Rendite einer Investition beläuft sich beim Faktor 20 auf 5 %

im Jahr, bei Werten über 20 liegt sie darunter. Investoren nehmen diese 5 % als Benchmark, also als Richtwert für ihre Investitionsentscheidung. Zumal man auch bei fremdvermieteten Immobilien die Instandhaltung berücksichtigen sollte.

PaTrick: Was du als Mieter noch beachten solltest

Wenn du mieten und kaufen einer Immobilie für dich miteinander vergleichst, solltest du unbedingt daran denken, in die Kalkulation zur Option „mieten" eine alternative Geldanlage zum Vermögensaufbau einzuplanen. Denn der Eigenheimbesitzer hat, sobald seine Immobilie abbezahlt ist, diese als Kapitalanlage. Er kann sie verkaufen, vermieten oder einfach selbst zu den „realen Kosten" darin wohnen, also Umlagen wie Strom, Wasser, Müll etc. Dazu kommen natürlich noch die anfallenden Instandhaltungskosten (vorausgesetzt, du hältst die Wohnung in Schuss). Für den Fall, dass sich die Immobilienpreise in den kommenden 20 Jahren stabil entwickeln, hast du als Immobilienbesitzer den Wert der Immobilie, abzüglich der Kosten für Renovierungen und Instandhaltung, als Vermögen „auf der hohen Kante".

Die Einsparung bei Mietzahlung statt Hypothekenzahlung beträgt in unserem obigen Beispiel (Kaltmiete 10 €/m^2) 500 € im Monat und 6000 € im Jahr. Diese Summe kannst du in eine alternative Anlageform investieren, um für das Alter vorzusorgen. Im Hinblick auf eine drohende „Versorgungslücke" im Rentenalter wäre es fatal und folgenschwer, diesen Weg nicht frühzeitig einzuschlagen.

In den 20 Jahren, in denen ein Hauseigentümer seine Immobilie abbezahlt, kann ein Mieter mit einer alternativen Anlage, bei einer Durchschnittsrendite von 5 % pro Jahr, einen Kapitalertrag von rund 203 729 € erzielen, und das bei einer angesparten Summe von 120 000 €, der Rest sind angelaufene Zinsen. Voraussetzung hierbei ist, dass er mögliche Mietsteigerungen durch sein hoffentlich auch ab und an steigendes Gehalt bezahlen kann oder notfalls in eine günstigere Wohnung umzieht.

Der Kredit: Welche Varianten gibt es und was musst du beachten?

Du hast dein Lieblingsobjekt gefunden, Preise verglichen, ein Gefühl für das Preisniveau durch das Kauf-Mietpreis-Verhältnis bekommen und dein Eigenkapital genau im Blick. Was dir jetzt noch fehlt, ist ein passender Kredit. Dabei ist wichtig zu wissen, dass eine Bank vor allem an risikoarmen Hypothekarkrediten interessiert ist, also eher Geld an Kunden verleiht, bei denen sie davon ausgehen kann, dass sie es in der vereinbarten Zeit auch zurückbezahlen können. Da es jedoch immer wieder zu Kreditausfällen kommt, kalkuliert die Bank einen Risikoabschlag in ihre Finanzierungskalkulationen ein. Dieser Abschlag dient der Bank als Puffer für den Fall, dass du den Kredit nicht zurückbezahlen kannst – beispielsweise weil du deinen Job verlierst oder krank wirst. Zusätzlich lässt sich die Bank als dein Gläubiger, dem du das Darlehen schuldest, vom zuständigen Notar in das Grundbuch eintragen, um für den Fall, dass du den Kredit nicht zurückzahlen kannst, mögliche Ansprüche geltend machen zu können.

Ein anderes Werkzeug, mit dem die Bank ihr Risiko abfedert, ist ein höherer Zins auf das Darlehen. Neben einem „Ausfallrisiko" wird auch berücksichtigt, in welcher Branche du arbeitest. Besonders Beamte haben eine gute Bonität, da ihr Job als gesichert gilt und sie, laut Statistik, als nicht sehr risikofreudig gelten.

Kreditvarianten – Eigenkapital und „Eigenleistungsbooster"

Wenn du bei der Immobilienfinanzierung eigenes Geld mitbringst, also Eigenkapital, sieht das die Bank sehr gerne, denn ihr Risiko schwindet mit jedem Euro, den du selbst bezahlst. Je mehr Eigenkapital du mitbringst, desto besser werden die Kreditkonditionen, die Zinsen fallen niedriger aus.

Gerade beim Hausbau erkundigt sich der Kreditberater auch nach deinen Eigenleistungen am Haus, also welche Handwerkertätigkeiten oder Hilfsarbeiten am Haus du selbst übernehmen und dadurch Handwerkerkosten einsparen kannst. Ich habe viel in und an unserem Garten gemacht und die Auffahrt aus eigener Kraft zu einem Bruchteil der Kosten eines Handwerkers bauen können. Meine Ersparnis betrug damals laut Kostenvoranschlag des Gartenlandschaftsbauers sage und schreibe 18 000 €. Diese Summe trägt der Bankberater dann zum Beispiel in sein Kalkulationsblatt ein. All dies wirkt sich auf das bereitgestellte Darlehen aus.

Es gibt aber auch Fälle, in denen dir vor allem die hohen Erwerbsnebenkosten einen Strich durch die Rechnung machen und du 100 % oder sogar 110 % des Immobilienwertes finanzieren musst. Wenn die Bank deine Bonität positiv bewertet, ist auch eine solche Finanzierung möglich, allerdings zu wesentlich schlechteren Konditionen.

Nicht selten wird in solchen Fällen ein Aufschlag zwischen 0,3 % und 1,0 % fällig oder die Rate steigt bei gleicher Laufzeit, wie in unserem Fallbeispiel Liam. Die Folge ist nicht nur eine größere Zinslast, also höhere Zinsen, sondern auch eine höhere Restschuld zum Laufzeitende der Zinsbindung, in Liams Fall nach 20 Jahren.

Liams Finanzierung ohne Eigenkapital:

Beispiel Doppelhaushälfte	Liam		
Effektiver Zinssatz	1,67 %	Monatsrate	2434 €
Tilgungsrate	3 %	Sollzinsbindung	20 Jahre
Kaufpreis	550 000 €	*Grunderwerbsteuer	33 000 €
+ Modernisierung	35 000 €	*Notar + Grundbuch	11 000 €
+ Nebenkosten	76 725 €	*Maklergebühr 5,95 %	32 725 €
= Darlehensbetrag	626 725		76 725

Finanzierungssituation
nach 20 Jahren:

	mit „EK"	ohne „EK"	Differenz
Summe aller Raten	493 242	584 108	90 866
gezahlte Zinsen	108 676	138 491	29 815
getilgter Betrag	384 566	445 616	61 050
Restschuld	167 159	181 109	13 950

Einordnung

Liam würde ohne Eigenkapital höhere Monatsraten für den Kredit bezahlen, mehr Geld für Zinsen aufwenden müssen und hätte am Ende der 20 Jahre auch noch zusätzlich eine höhere Restschuld auf seinem Haus. Es empfiehlt sich also wirklich, mit so viel Eigenkapital wie möglich in den Immobilienerwerb hineinzugehen. Dafür lohnt es sich, frühzeitig Geld zurückzulegen – und zwar nicht auf das Sparbuch, sondern in Anlageformen, die dir eine durchschnittliche Rendite von 5 % und mehr pro Jahr einbringen. Aufgrund ihres guten Risiko-Chance-Verhältnisses eignen sich hierfür verschiedene Anlagemöglichkeiten wie Indexfonds, ETFs und Co., zu denen ich im Kapitel VI noch ausführlicher komme.

„Die Spezialisten" oder „Deine künftigen Partner beim Hauskauf"

Du bist jetzt einigermaßen gut vorbereitet in Sachen Hauskauf und -bau. Kommen wir nun zu ein paar sehr wichtigen Menschen, die dir bei deinem Unterfangen mit Rat und Tat zur Seite stehen sollten. Natürlich sind im besten Fall deine Freunde und deine Familie wichtige Unterstützer, aber ganz ohne ein paar richtige Profis wirst du nicht auskommen. Welche ich meine und was sie für dich tun können und sollten, fasse ich im Folgenden zusammen.

Architekt: Für den Fall, dass du dich für einen Neubau oder eine großzügige Umbaumaßnahme an deiner Immobilie entschieden hast, empfehle ich dir unbedingt, einen Architekten auszuwählen, der als „Oberaufseher" über die sach- und fachgerechte Umsetzung deines Bau- bzw. Umbauvorhabens wacht. Er bespricht und bewertet mit dir deine Wünsche und Visionen, prüft die Umsetzbarkeit deiner Ideen und koordiniert die Facharbeiter und Handwerker. Kurzum, alle funktionalen, technischen und wirtschaftlichen Aufgaben sind beim Architekten in guten Händen.

Die Kosten für Architekten sind in der „Honorarordnung für Architekten und Ingenieure" geregelt, kurz HOAI. Ihre Arbeit ist in sogenannte Leistungsphasen aufgegliedert und wird je nach Erfüllung fällig. Zu diesen Phasen gehören die Grundlagenermittlung, die Vorplanung, die Genehmigungsplanung, später dann die Objektüberwachung, die Überprüfung der korrekten Arbeitsabläufe etc. Auch beim Kauf älterer Bestandsimmobilien ist eine professionelle Bewertung von großem Wert, vor allem in den Bereichen, in denen man während der Instandsetzung häufig auf Schwierigkeiten stößt: Aus- oder Umbau, Dachgestaltung, Elektroinstallationen, Heizung, Wasserleitungen, Entdeckung von Asbest oder Schimmel, um nur einige zu nennen.

Für den Bau eines Einfamilienhauses mit einem Architekten gilt die grobe Faustregel: 12 bis 15 % der Kosten sollten auf die Baukosten kalkuliert werden, nicht auf den Grundstückspreis. Erfahrene Architekten amortisieren die Kosten für ihre eigene Arbeit quasi selbst, dadurch dass sie durch ihre Expertise die Baukosten so gering wie möglich halten und dir böse finanzielle Überraschungen ersparen.

Fazit: Beim Hausbau würde ich in vier von fünf Fällen zu einem Architekten raten – es sei denn, du hast selbst fundierte Kenntnisse in den betreffenden Bereichen.

Bankberater: Sie sind bei der Einholung von Kreditangeboten und als persönliche Ansprechpartner ein wichtiger Bestandteil des Immobilienerwerbs. Oftmals besprechen sie sich je nach Fall mit einem Fachberater innerhalb ihrer Bank, der dich dann zu den Themen Baufinanzierung, Findung der notwendigen Darlehensdauer, Kreditzinsen und allen weiteren Rahmenbedingungen berät.

Du solltest jedoch nicht aus den Augen verlieren, dass Bankberater Angestellte und deshalb ihrem Arbeitgeber verpflichtet sind, der Bank. Oftmals gibt es zu erfüllende Abschlussquoten, somit tendieren sie im Zweifelsfall eher zu einem Abschluss – auch wenn das einen etwas schlechteren Zinssatz für dich bedeuten könnte. Alternativ zum persönlichen Gespräch kannst du auch in den gängigen

Immobilienportalen sowohl online als auch offline mit Spezialisten sprechen.

Baufinanzierungsspezialist: Es gibt sie in Banken sowie in unabhängigen Immobilienberatungsunternehmen. Allerdings gibt es in dieser Branche leider keine einheitlichen Qualitätsstandards. Jeder, der einen Gewerbeschein nach § 34c der Gewerbeordnung besitzt, darf als Fachberater auftreten und Immobiliengeschäfte vermitteln.

Bausachverständiger: Sachverständige erstellen ganz unterschiedliche Arten von Gutachten, abhängig davon, was du gerade benötigst. Beim Hausbau helfen sie, Baupfusch zu entlarven. Sie erstellen aber auch Verkehrswertgutachten (zum Beispiel den Markt- oder Beleihungswert einer Immobilie) und Schadensgutachten (zum Beispiel Baumängel, Bauschäden, Feuchtigkeitsschäden oder Schimmelbefall). Die **Kosten** variieren bei Verkehrswertgutachten zwischen 0,5 und 1 % des geschätzten Marktwerts der Immobilie. Mancher Sachverständige wirbt sogar damit, dass er die Kosten seiner Beschäftigung durch die Einsparung beim Hauskauf gleich selbst wieder „reinholt".

Die Beschäftigung und der Rat eines Sachverständigen lohnen sich aber tatsächlich durchaus, denn die Kosten im Schadensfall können schnell höher ausfallen als dessen Honorar. Darüber hinaus können Experten auch durch eventuelle Ersparnisse bei Mängeln und Beanstandungen deine Ausgaben um einiges senken.

Fazit: Auch wenn du dir eine Wohnung in einer Bestandsimmobilie mit zum Beispiel 20 Parteien kaufen möchtest, lohnt meines Erachtens die Einbeziehung eines Bausachverständigen oder Architekten. Denn ob der Kaufpreis der Wohnung gerechtfertigt ist, hängt nicht nur von der Lage, dem Schnitt und Zustand der Wohnung, sondern auch davon ab, in welchem Gesamtzustand sich die Immobilie befindet und ob eventuell in Kürze große Dach- oder Fensterreparaturen, Dämmungs- oder energetische

Sanierungsmaßnahmen durchzuführen sind. Häufig stehen solche Dinge in den jährlichen Protokollen der Wohneigentümerversammlungen, die du beim Makler oder Vorbesitzer anfordern solltest (mindestens die Protokolle der letzten drei Jahre!). Darin siehst du auch, wie bisher gewirtschaftet wurde, wie hoch die laufenden Instandhaltungskosten sind und welche Rücklagen die Eigentümergemeinschaft für Reparaturen gebildet hat. Tauchen weitere Fragen auf, kann der Bausachverständige auch die Bauakte des Objekts im Bauamt einsehen und tiefere Einblicke in die Geschichte des Hauses bekommen (besonders beim Altbau sinnvoll). Die Kosten einer solchen Begleitung des Fachmanns bei einer Besichtigung des Objekts im Vorfeld der Kaufentscheidung sind oft Verhandlungssache. Manche berechnen nur den tatsächlichen Zeitaufwand nach Stunden. Insbesondere dann, wenn nicht ein ausführliches Gutachten erstellt werden muss, sondern der Experte aufgrund seines geschulten Blicks gleich den Daumen senkt oder eben hebt.

Handwerker: Sie sind die Profiteure des nationalen Bau- und Immobilienbooms. Egal ob aus der Privatwirtschaft oder aus öffentlicher Hand, Aufträge und Anfragen für Handwerker gibt es momentan in Hülle und Fülle. Dieser Umstand führt nicht selten dazu, dass Handwerksarbeiten nicht mit der nötigen Sorgfalt vorgenommen werden. Meine jüngste Erfahrung in dieser Richtung musste ich beim Kauf unserer neuen Heizung machen. Wiederholte Mängel und handwerkliche Fehler beim Einbau wurden vonseiten der Stadt (Gasanschluss) und des Schornsteinfegers (Abzug) bemängelt und schließlich von Letzterem behoben. Besonders bei Neubauten arbeiten viele Bauträger mit einem ganzen Tross unterschiedlicher Handwerker und Subunternehmen zusammen. Vor allem wenn du in Eigenregie ohne Architekt agieren möchtest, ist das nicht selten mit Herausforderungen und Verzögerungen verbunden.

Kosten: Unbedingt mit verbindlichen Kostenvoranschlägen (KV) arbeiten, denn diese sind preisbindend für beide Seiten und erlauben eine realistische Kalkulation der Handwerkerarbeiten und deren Anteil an deinen Gesamtkosten.

Fazit: Du kannst nicht ohne Handwerker ein Haus bauen oder restaurieren. Viele davon sind zuverlässig, arbeiten zügig und rechnen korrekt ab. Jedoch gibt es – wie überall – schwarze Schafe und auch der beste Betrieb kann Fehler machen. Achte deshalb unbedingt darauf, dass du dir schriftliche Angebote einholst, ein Gefühl für die Menschen bekommst, die für dich arbeiten, und ihnen auch ganz klar verdeutlichst, was du von ihnen und ihrer Arbeit erwartest. Ein professioneller, aber bestimmter Umgang ist aus den oben beschriebenen Gründen angebracht und trägt eher zu einer erfolgreichen Zusammenarbeit und einem einwandfreien Ergebnis bei als nicht kommunizierte Erwartungen und Zweifel.

Immobilienmakler: Durch den Bau- und Immobilienboom hat auch das Berufsbild des Immobilienmaklers an Bedeutung gewonnen. Dessen Ruf ist eher schlecht, denn die Bezeichnung „Makler" ist nicht geschützt. Dementsprechend gibt es viele ungelernte Quereinsteiger, die als eigentlich Fachfremde Immobilien vermitteln. Ein weiteres Negativbeispiel für diesen Berufsstand geben diejenigen Makler, die teilweise Massenbesichtigungstermine für ein Objekt vereinbaren, mit dem sie sich vorab nicht beschäftigt haben. Nichtsdestotrotz finde ich es wichtig, ein vertrauensvolles und professionelles Verhältnis zum eigenen Makler zu haben. Seine Expertise und der Wissensvorsprung sind für uns Laien unsagbar wertvoll. Gerade wenn du dir mit Immobilien als Geldanlage ein passives Einkommen aufbauen willst, ist es wichtig, einen sehr gut informierten Makler an deiner Seite zu haben. Er steckt dir besondere Angebote auch mal bevorzugt zu, berät dich proaktiv bei der Objektsuche und kennt nach einer Weile deine ganz persönlichen Vorstellungen und Wünsche.

Kosten: Die Kosten für einen Makler variieren je nach Bundesland. Momentan liegen sie bei 5,95 % des Immobilienkaufpreises in Hessen und Bremen, bei 5,95 % in Mecklenburg-Vorpommern, wovon der Verkäufer 2,38 % und der Käufer 3,57 % bezahlt, bei 6,25 % in Hamburg, 7,14 % in Berlin und Brandenburg (jeweils Käufer) und bei 7,14 % in den anderen Bundesländern, wo gleichmäßig zwischen Käufer und Verkäufer aufgeteilt wird.[9]

Fazit: Wer in seinem Leben nur eine Immobilie kauft oder verkauft, kann Glück oder Pech bei der Wahl des Maklers haben. Im heutigen Marktumfeld, gerade in sehr beliebten Lagen, ist es allerdings nicht leicht, als Käufer ganz um einen Makler herumzukommen. Wer als Käufer mehrfach mit Maklern konfrontiert ist, tut gut daran, sich eine langfristig gut funktionierende Geschäftsbeziehung aufzubauen.

Notar: Er setzt den Immobilienkaufvertrag auf. Grundsätzlich gibt es dabei drei Stufen: das Vorgespräch, den Vorvertrag und die Beurkundung. Der Notar ist für die formellen und rechtlichen Einzelheiten des Immobilienkaufvertrags zuständig, kümmert sich aber nicht um die wirtschaftlichen Aspekte des Vertrags, prüft also nicht, ob der Kaufpreis zu hoch oder zu niedrig ist. Auch ist es nicht seine erste Pflicht, die Bonitäten der Vertragsparteien zu prüfen. Allerdings kann er vertraglich sicherstellen, dass dem Verkäufer der Immobilie bei Nichtzahlung des Käufers keine Nachteile entstehen.

Im Vorgespräch bekommt der Notar in der Regel alles vom Verkäufer angezeigt, was durch den Kauf auf den Käufer übergeht, inklusive der bestehenden Sachmängel an der Immobilie. Als Käufer musst du also alle Beanstandungen dokumentieren und in den Kaufvertrag einfließen lassen – später angezeigte Mängel und Reklamationen können sich nicht mehr kaufpreismindernd auswirken. Dem Notar muss ebenso mitgeteilt werden, wer als Käufer ins Grundbuch eingetragen wird und künftig als Gläubiger gilt. Wie, wann und wo der Geldübergang erfolgt, sollte genauso erläutert

---

[9] Quelle: Immonet/Immowelt, eigene Recherche, Stand Dezember 2019

werden wie eventuell bestehende Mietverhältnisse (falls in einem Mehrfamilienhaus Wohnungen vermietet waren und bleiben). Der Vorvertrag, den Käufer und Verkäufer dann zugesandt bekommen, sollte genau geprüft werden. Hab keine Angst, wenn du viele Fragen hast oder weitere Termine nötig werden – der Preis, den du als Käufer für den Notar bezahlst, ist nicht abhängig von der Anzahl eurer Termine, sondern vom Wert der Immobilie. Schlussendlich gibt es bei der Beurkundung nochmals die Gelegenheit, letzte Änderungen vorzunehmen.

Bei der Vertragsunterzeichnung sind in der Regel alle Beteiligten anwesend: Käufer und Verkäufer, Makler und Notar sowie eventuell beratende Anwälte und Dolmetscher. Jede Partei bekommt ein Vertragsexemplar, das nochmals auf seine Aktualität geprüft werden sollte, und unterzeichnet dann gemeinsam mit dem Notar den Vertrag. Dieser ist rechtswirksam und bindend.

Kosten: Inklusive der Grundbuchkosten rund 1,5 bis 2 % des Kaufpreises der Immobilie. Bezahlt wird der Notar vom Käufer der Immobilie. Zur Erinnerung: Bei Liam belief sich der Preis auf rund 11 000 €.

Fazit: Am Notar kommst du beim Haus- oder Wohnungskauf nicht vorbei. Die Kosten dafür solltest du unbedingt in dein Kaufbudget einrechnen. Sie fallen unter die Erwerbsnebenkosten.

Nutze die beiden ersten Notartermine unbedingt dafür, alle offenen Fragen zu klären! Dann erlebst du bei der Beurkundung keine Überraschungen, sondern kannst den Kaufvertrag für dein neues Zuhause mit einem guten Gefühl unterschreiben.

Verbraucherzentrale: Die Verbraucherzentralen in Deutschland sind unabhängig und richten sich mit ihrem Beratungsangebot an uns alle. Ich habe schon bei unterschiedlichsten Fragen zu verschiedenen Themen ihr Informationsangebot in Anspruch genommen. Ob bei juristischen Fragen, beispielsweise zu Verträgen, für Auskünfte zu Unternehmen oder bei Fragen zu Geld und Versicherungen bzw. Immobilien – die Verbraucherzentralen beraten neutral und sind damit ein guter Anlaufpunkt, um erste und auch fundierte Informationen zum jeweiligen Thema zu bekommen. Auch Anwälte und geschultes Fachpersonal, das öffentlich finanziert ist, beraten am Telefon oder persönlich. Oft gibt es schon auf den jeweiligen Websites einige Antworten auf die meistgestellten Fragen. Außerdem lohnt es sich, das Angebot an Büchern zu den für dich wichtigen Themen zu durchforsten.

Kosten: Persönliche Beratung gibt es bei der Verbraucherzentrale in Immobilienfinanzierungsfragen zum Thema „selbst genutzte Immobilie" für 150 € pro 90 Minuten. Einzelfragen können auch in 30 Minuten zu 50 € geklärt werden. Außerdem gibt es die Möglichkeit, für 1,75 € pro Minute Telefontermine zu vereinbaren.

Fazit: Ich rate dir auf jeden Fall zu einem Gespräch mit der Verbraucherzentrale, mindestens aber zum Besuch der Website. Selbst wenn es nur Kleinigkeiten sind, die du nachlesen oder verstehen möchtest, sind die Verbraucherzentralen durch ihre Unabhängigkeit so etwas wie ein „Mentor", eine Beratungsinstanz. Sie können dir helfen, einen klaren Überblick über die vielen Facetten deines Vorhabens zu bekommen und früh die richtigen Entscheidungen zu treffen.

Grunderwerbs- und Grundsteuer – der Staat nimmt, was er kann

Es fiel ja bereits der Begriff „Erwerbsnebenkosten". Teile davon gehen für Makler und Notar drauf, andere, wie beispielsweise die Grunderwerbssteuer, bekommt der Staat – und du als Käufer eine satte, meist fünfstellige Rechnung darüber vom Finanzamt. Die Höhe der Grunderwerbssteuer hängt vom Bundesland ab. In

Bayern und Sachsen ist sie mit 3,5 % am niedrigsten, in Hamburg liegt sie bei 4,5 %, in Baden-Württemberg, Bremen, Niedersachsen und Sachsen-Anhalt bei 5 %, in Berlin, Hessen und Mecklenburg-Vorpommern bei 6 % und in den restlichen Bundesländern bei 6,5 %. Liam, der in Hessen lebt, hat 6 % gezahlt, also auf den Kaufpreis von 550 000 € 33 000 € Grunderwerbssteuer. In Bayern wären es „nur" 19 250 € gewesen.

Es gibt zwei Fälle, in denen man die Steuer *nicht* bezahlen muss. Der eine Fall ist der Kauf der Immobilie durch einen Verwandten ersten Grades. Der zweite Fall ist, wenn sich ein Ehepaar trennt und ein Ehepartner dem anderen die Hälfte der Immobilie abkauft, um die Immobilie allein zu besitzen.

Es gibt zwei auch die Möglichkeit, den Grundstückskauf und den Hausbau zeitlich getrennt voneinander abzuwickeln. In diesem Fall fällt in der Regel lediglich die Grunderwerbssteuer für das zuerst gekaufte Grundstück an. Andere Steuerminderungsgründe sind gewerblich genutzte Immobilien oder bewegliches Zubehör, wie Einbauküchen, Saunen oder ein Kamin. Du kannst deine Berechnungsgrundlage um diese Beträge reduzieren. In Liams Fall macht das, dank seiner Einbauküche im Wert von 10 000 €, einiges aus: 540 000 € anstelle von 550 000 €. Das ergibt eine Grunderwerbssteuer von 32 400 €, also eine Ersparnis von 600 €.

Wenn du hierzu weitere Informationen suchst, findest du sie ebenfalls bei den Verbraucherzentralen oder erstmal im Internet. Du kannst natürlich auch deinen Steuerberater fragen.

Grundsteuer – das Hickhack mit dem Verfassungsgerichtsurteil

Die Grundsteuer ist der Teil des Steuerkuchens, den sich die Kommunen bei den Hausbesitzern holen. Die Berechnung erfolgt anhand von drei wesentlichen Bestandteilen:

1. Dem „Einheitswert" der Immobilie oder des Grundstücks, der vom Finanzamt mitgeteilt wird.

2. Der Grundsteuermesszahl, beträgt 2,6 oder 10 ‰. Diese Zahl entnehmen Immobilienbesitzer ihrem Grundsteuerbescheid, den sie von der Gemeinde erhalten.
3. Dem sogenannten Hebesatz der jeweiligen Gemeinde. Eine Prozentangabe, die den Multiplikationsfaktor angibt, mit dem die Gemeinde Grundsteuer und Gewerbesteuer berechnet. Von Bundesland zu Bundesland differieren die Hebesätze zwischen 340 % und 1050 %.

Die frühere, aber nicht mehr verfassungskonforme Regelung sah vor, dass man in Westdeutschland, Stand 1964, und Ostdeutschland, Stand 1935, die Grundsteuer anhand des Einheitswerts der Immobilie berechnete.

Beispielrechnung
50 000 € (Immobilieneinheitswert) × 3,5 ‰ (Steuermesszahl) = 175 € (Grundsteuermessbetrag)

Anschließend multipliziert man den Grundsteuermessbetrag mit dem Hebesatz der Gemeinde, zum Beispiel:
175 € × 400 % = 700 € im Jahr

Im November 2019 hat der Bundesrat der Grundsteuerreform zugestimmt. Ab 2025 tritt das Gesetz in Kraft und von da an können die Kommunen eigenständig entscheiden, ob sie eigene Berechnungsgrundlagen zur Grundsteuererhebung anwenden oder auf das Bundesmodell zurückgreifen. Aktuelle Entwicklungen dazu kannst du der Presse entnehmen.

Die Immobilie als Kapitalanlage – dein Weg zu passivem Einkommen
Bisher haben wir uns ja auf die Grundlagen der eigengenutzten Immobilie konzentriert, Faktoren benannt, die bei Immobilienkauf

und Hausbau wichtig sind, und dargestellt, mit welchen Partnern und Institutionen du es bei dieser deiner Herzensangelegenheit zu tun hast. So weit, so gut – aber was ist, wenn du lieber flexibel bleiben möchtest in Sachen Lebensstandort, weil du gerne auch in anderen Ländern leben, vielleicht für eine Hilfsorganisation oder Google arbeiten möchtest oder dich im Ausland verliebt hast? Du bleibst zwar vielleicht auf ewig Mieter, kannst dir aber eine Wohnung oder ein Haus als Kapitalanlage kaufen. Oder zwei oder drei im Laufe deines Lebens, um dir damit im Alter ein sogenanntes passives Einkommen zu sichern.

Wenn du mit diesen Gedanken spielst, gibt es neben den Fakten, die bei Immobilien eine grundlegende Rolle spielen, noch ein paar besondere Einflussfaktoren, die du berücksichtigen solltest.

Beim Immobilienkauf wird das Geld verdient – Schnäppchen Part I

Rechnerisch ist die Sachlage ganz einleuchtend und dir auch völlig klar: Wenn du mit einer Immobilie Geld verdienen möchtest, musst du sie günstig kaufen und später teurer verkaufen. Da unterscheiden sich Immobilien nicht von gängigen Handelsgütern. Doch die Frage ist, was ist billig oder preiswert und wie gelingt es dir, trotz der steigenden Immobilienpreise in deutschen Städten von der Situation zu profitieren? Der Skeptiker in dir wird sagen: „Geht nicht, zu spät, der Zug ist abgefahren." Der Optimist in dir gibt dem Ganzen zumindest eine Chance.

Eine wichtige Erkenntnis hat mich gelehrt: Nicht zwangsläufig der Immobilienmarkt bestimmt, ob du ein Schnäppchen machst oder nicht. Es hängt in großem Maße von deinem Wissen und deiner Finanzbildung ab, ob du in der Lage bist, Schnäppchen zu erkennen und nüchtern und sachlich Kaufgelegenheiten beim Schopf zu packen. Denn die gibt es immer wieder – von den meisten oft unentdeckt oder gemieden, weil noch ein ganzes Stück Arbeit darin steckt. Das kann dein Glückstreffer sein!

Lage, Lage, Lage – mit Erfahrung und Sachverstand zu Werke gehen

Du erinnerst dich noch an die finanzaffine Kathrin aus dem vorigen Kapitel? Sie hat ja einen ziemlich großen Bestand an Immobilien. Insgesamt sind es über 2,7 Millionen € an Immobilienwert beziehungsweise Verbindlichkeiten von gut 2,2 Millionen €. Mit ihren Immobilieninvestitionen hat sich Kathrin neben ihrem Beruf ein solides passives Einkommen aufgebaut. Im Monat sind es rund 3179 €, die auf ihr Konto fließen. Wie hat sie das geschafft und was kannst du davon für dich und deine Pläne mitnehmen?

Aller Anfang ist schwer – oder doch nicht?

Kathrin finanzierte sich Ende 1996, im Alter von 23 Jahren, in Frankfurt am Main ihre erste eigene Immobilie. Ziel war vorerst eine Fremdvermietung, später dann eventuell Eigennutzung. Begriffe wie „passives Einkommen" und die Idee, sich weitere Immobilien zu kaufen, waren ihr damals fremd.

Im Jahr 1996 waren die Immobilienpreise im Vergleich zu heute wirklich erschwinglich. Frankfurts Einwohnerzahl schrumpfte, die Arbeitslosenzahlen stiegen, die gesamtwirtschaftliche Lage und auch die Stimmung in der Immobilienwirtschaft waren eher unterdurchschnittlich.

Wirtschaft und Immobilien 1996 und 2018 – ein Vergleich

Ein paar Kennzahlen	1996	2018
BIP Deutschland (%) BIP absolute Zahl	+0,8 % 1921 Mrd.	+1,5 % 3344 Mrd. € (+74,07 %)
Einwohnerzahl Frankfurt	647 000	753 000 (+16,38 %)
Erstbezugsmieten (kalt)	16,50 DM (8,43 €)	13,04 € (+54,68 %)
Arbeitslosenzahl BRD Arbeitslosenquote BRD	4 Mio. 1996 11,5 % Jahresschnitt	2,28 Mio. 5,0 % Jahresschnitt
Arbeitslosenzahl Frankfurt Arbeitslosenquote Frankfurt	28 494 Schnitt 10,3 %	21 584 Schnitt 5,4 %

Für Kathrin war somit das Timing recht günstig. Es gab keine große Konkurrenz, schon gar nicht von privatwirtschaftlichen Immobilien- und Wohnungsbauunternehmen wie der Vonovia AG oder der Deutsche Wohnen AG. Auch russische und chinesische Investoren, die heutzutage in erster Linie Geld „parken" wollen und dabei teilweise viel Leerstand produzieren, waren noch nicht so präsent. Allerdings, das sei hier ebenfalls erwähnt, waren die Zinskonditionen alles andere als einladend.

Auf der Suche nach einer geeigneten Immobilie erkannte Kathrin einen Trend: den Trend zum Singlehaushalt. Junge Erwachsene wollten nach ihrer Ausbildung oder dem Studium unbedingt zu Hause ausziehen, wurden in ihrer Berufswahl mutiger und zogen in Städte – weit weg von zu Hause. Zudem gab es eine Wanderungsbewegung von Ost- nach Westdeutschland und von Norden nach Süden. Die Einwohnerzahl Frankfurts stieg dadurch nicht absolut, aber die Zusammensetzung der Stadt änderte sich. Es gab mehr Singles, mehr junge alleinstehende Erwachsene. Also konzentrierte Kathrin sich bei der Suche nach einer passenden Immobilie auf junge aufstrebende Stadtteile und Gegenden, in denen die Mieten noch erschwinglich waren. Gleichzeitig achtete sie auf das Angebot an Cafés und Restaurants in der Gegend und die Nähe zu Kulturbetrieben und dem Campus.

Sie sah sich in den Stadtteilen Bockenheim, Gallus und dem Westend nach guten und noch günstigen Kaufgelegenheiten um. Ihre Suche forderte vor allem Geduld. Kathrin studierte regelmäßig die damals gängige Immobilienplattform *Das Inserat* und besichtigte gleich zu Beginn ihrer Suche ein paar zum Verkauf stehende Immobilien, um ein Gefühl für Verkäufer, Makler und Kaufinteressenten zu bekommen. Auch an Vermietungsbesichtigungen nahm sie teil, um zu sehen, in welchem der von ihr anvisierten Stadtteile die Nachfrage nach Zweizimmerwohnungen am größten war. Sie agierte besonnen und bekam durch ihre Recherchen ein immer besseres Gefühl für den Markt. Deshalb konnte sie gezielt entscheiden, sich vorerst auf nicht zu hochwertige Immobilien zu konzentrieren, die preislich erschwinglich, aber trotzdem vielversprechend waren.

Parallel begann sie damit, sich um ihren Kredit zu kümmern. Sie bat ihre Eltern um eine mögliche Bürgschaft, konsultierte ihren Bankberater und sprach mit dem damaligen Arbeitgeber. Ein unbefristetes Arbeitsverhältnis sollte ihr als Grundlage für die Finanzierung dienen und bedeutete darüber hinaus einen besseren Zinssatz. Kathrins schnelles Handeln war ausschlaggebend für den Erfolg.

Wie kannst du von Kathrins Erfahrung profitieren?

Auch du kannst schon gleich die ersten Schritte tun. Eine gute Vorbereitung hilft dir, beim Kauf einer Immobilie schnell handlungsfähig zu sein. Wenn ein gutes Angebot deinen Weg kreuzt, solltest du nicht erst nach der Besichtigung starten, dich mit der Finanzierung auseinanderzusetzen. Bis die Bank deine Anfrage bearbeitet hat, ist die Wohnung oder das Haus mit großer Sicherheit längst weg.

Wie es konkret für Kathrin weiterging

Kathrin kaufte also ihre erste Wohnung, eine Zweizimmerwohnung, im Stadtteil Bockenheim. 60 m² mit Einbauküche in einem Mehrfamilienhaus mit insgesamt vier Wohneinheiten, in Laufnähe zur Universität. Hierzu brauchte sie glücklicherweise keinen Makler. Die Verkäuferin der Zweizimmerwohnung in Bockenheim, eine ältere Dame, machte ihr einen auch für damalige Verhältnisse sehr guten Preis von 113 000 DM, also 57 776 €. Das entspricht einem Quadratmeterpreis von 1883,33 DM bzw. 962,93 €. Dass der Preis gut war, bestätigte ihr zwei Monate nach dem Erwerb das Angebot eines Immobilienspekulanten, der bereit war, 125 000 DM für die Wohnung zu bezahlen, also gute 10,6 % mehr, als sie bezahlt hatte.

Die Erwerbsnebenkosten, in diesem Fall die Kosten für die Grunderwerbssteuer, den Notar und das Grundbuchamt, verschlangen Kathrins Eigenkapital, das sie sich durch diverse Nebenjobs und einen zuteilungsreifen Sparvertrag im Laufe der Jahre beiseitegelegt hatte.

Aufgrund der guten Lage zur Uni versprach sich Kathrin gute Chancen bei der Vermietung und verzichtete wiederum auf einen Makler. Dieser hätte durch die üblichen zwei bis drei Kaltmieten Maklergebühren auch für die potenziellen Mieter nicht unerhebliche Mehrkosten bedeutet. Nach insgesamt zehn Besichtigungen war die Wohnung erfolgreich vermietet.

Als erste Kaltmiete erzielte Kathrin 12,65 DM (6,47 €) pro Quadratmeter, also 388 € Kaltmiete plus Umlagen – 475 €. Die jährlichen Mieteinnahmen beliefen sich auf 4656,85 €. Der Kredit kostete sie damals 7 % Zinsen (effektiv 7,229 %) bei 1,02 % Tilgung oder in barer Münze zu Beginn 4025,49 € an Zinsen bei gleichzeitiger Tilgung von 594,51 € im ersten Jahr. Gesamtkosten von 4620,00 €. Wie du erkennen kannst, trug sich die Immobilie bereits von Anfang an selbst, obwohl die Zinsen mit 7 % um ein Vielfaches höher waren als heute.

Kathrins „Annuitätendarlehen", so heißt dieser Kreditvertrag mit gleichbleibenden Raten, hatte eine zehnjährige Zinsbindung. Sie war froh, als dieser Vertrag auslief. Die Zinsen waren in den Folgejahren gesunken. Die ersten 10 Jahre jedoch sahen wie folgt aus:

Jahr	Schuldenstand Vorjahr	Ratenzahlungen	davon Zinsen / Gebühren	davon Tilgung	Schuldenstand am Jahresende
1	57 776,00	4620,00	4025,49	594,51	57 181,49
2	57 181,49	4620,00	3982,51	637,49	56 544,00
3	56 544,00	4620,00	3936,42	683,58	55 860,42
4	55 860,42	4620,00	3887,01	732,99	55 127,43
5	55 127,43	4620,00	3834,02	785,98	54 341,45
6	54 341,45	4620,00	3777,20	842,80	53 498,65
7	53 498,65	4620,00	3716,28	903,72	52 594,93
8	52 594,93	4620,00	3650,95	969,05	51 625,88
9	51 625,88	4620,00	3580,89	1039,11	50 586,77
10	50 586,77	4620,00	3505,78	1114,22	49 472,54

<u>Weitere Entwicklung (Grundlegendes, das dir auch hilft)</u>

Zinsen: 2007 bei Anschlussfinanzierung 4,63 %

Mietpreis: 2007 nach zweifachem Mieterwechsel
450,00 €

Tilgung: *Sondertilgung 2006 mit 12 500,00 €

Tilgung: 2007 250 €/Monat eigenes Kapital 250 €

Tilgungssumme: 2007 pro Monat   700 €

Kredit 2006:   50 586,77 € abzgl. *Sondertilgung → 38 086,77 €

Neuer Kredit ab 2007: 38 086,77 €

Die weitere Rückzahlung sah dann wie folgt aus:

Jahr	Schulden-stand Vorjahr	Raten-zahlungen	davon Zinsen / Gebühren	davon Tilgung	Schulden-stand am Jahresende
1	38 086,77	8400,00	1620,76	6779,24	31 307,53
2	31 307,53	8400,00	1300,13	7099,87	24 207,66
3	24 207,66	8400,00	964,34	7435,66	16 772,00
4	16 772,00	8400,00	612,67	7787,33	8984,67
5	8984,67	8400,00	244,36	8155,64	829,03
6	829,03	832,74	3,71	829,03	0,00

Nach insgesamt 16 Jahren gehört Kathrin die Wohnung ganz. Mittlerweile hat die Immobilie einen Wert von 345 000 € (Stand Dezember 2019) und ist damit vergleichsweise günstig. Die Kaltmiete beträgt nach einem neuerlichen Mieterwechsel 2016 mittlerweile 1150 €, also jährlich 13 800 €, und ist mit einem Kaufpreis-Miet-Verhältnis von 25 nicht zu teuer in der Vermietung. Da Kathrin weiter an eine Preissteigerung der Immobilie glaubt und ein gutes Verhältnis zu ihren Mietern hat, verzichtet sie bis 2022 auf eine Mieterhöhung. Wie sich die gesetzliche Lage entwickelt, ob es einen strengeren Mietpreisdeckel geben wird, ist momentan nicht vorhersehbar.

Bei Kathrins weiteren Immobilienkäufen im Laufe der folgenden Jahre diente ihre erste Immobilie der Bank als Sicherheit und sie konnte ihre Eltern schon bald von der Bürgschaft befreien.

Die Krux mit der Steuer

Ein Vermieter kann Sollzinsen steuerlich als sogenannte Werbungskosten geltend machen, also im Rahmen seiner Steuererklärung gegenüber dem Finanzamt angeben. Die 13 800 € jährlichen Mieteinkünfte, die Kathrin aus der „Vermietung und Verpachtung" als Einnahme erzielt, sind jedoch zu versteuern. Mieteinnahmen werden wie die anderen Einkunftsarten – also zum Beispiel Lohn und Gehalt, Renten, Pensionen etc. – in einem Gesamteinnahmentopf ermittelt, worauf dann Einkommenssteuer bezahlt wird. Damit werden Mieteinnahmen steuerlich anders behandelt als Gewinne aus Aktiengeschäften (Abgeltungssteuer) oder Immobiliengeschäften (Spekulationssteuer), sofern die Immobilie kürzer als 10 Jahre im Besitz ist.

Kleines „Wrap-up" und (d)ein Fazit

Ein abschließender Blick auf „Eigentum vs. mieten" und „Bestandsimmobilie vs. selbst bauen": Essenzielle Gradmesser für die Entscheidung sind immer deine eigenen Bedürfnisse und Wünsche. Daher gibt es keine allgemeingültige Pro-und-Kontra-Liste. Als Richtschnur können dir aber folgende Anhaltspunkte dienen:

Eigentum vs. mieten
(+)Immobilienkauf
Du solltest dir eine Immobilie zur Selbstnutzung dann kaufen, wenn du gut mit der finanziellen Belastung der Immobilie und möglichen Kosten wie Heizung, Dach, Elektrik etc. umgehen kannst.

(+)Immobilienkauf
Du solltest dir deinen Traum von der eigenen Immobilie erfüllen, wenn du dich gerne um Haus, Hof und Garten kümmerst. Ich zum Beispiel habe Kinder, die schaukeln und kicken im Garten, und liebe es, mit meinem grünen Daumen kleine Landschaftsarbeiten als Ausgleich zum Börsen- und Bürostress zu erledigen.

(+)Immobilienkauf
Du hast keine Lust, dich mit Aktienunternehmen zu beschäftigen. Du kannst „haptische Altersvorsorge" in Form einer Immobilie

betreiben, wenn Wertstabilität oder weiter steigende Mieten in deiner vermieteten Immobilie anzunehmen sind.

(+)Immobilienkauf
Wenn du schon lange mit dem Kauf einer Immobilie liebäugelst und ein Schnäppchen in deiner bevorzugten Wohnlage gefunden hast, dann greif zu. Du schaffst dir dein eigenes Zuhause.

(–)Immobilienkauf
Nachteile beim Immobilienkauf sind die Finanzbindung und die hohen Haupt-, Neben- und Instandhaltungskosten.

(–)Immobilienkauf
Wenn du nicht das Geld oder die Zeit dazu hast, deine Immobilie gut instand zu halten, rate ich vom Kauf ab. Ebenso wenn sich die Immobilie in keiner guten oder sich gut entwickelnden Lage befindet.

(–)Immobilienkauf
Ich rate vom Kauf einer selbst genutzten Immobilie ab, wenn darin deine alleinige Altersvorsorge bestehen soll. Das Instandhaltungsrisiko ist zu groß und es gibt zu viele sich möglicherweise negativ entwickelnde Faktoren.

Das spricht für (d)ein Leben als Mieter auf immer und ewig
(+)Mieter4ever
Du liebst deinen Job und viele Reisen, dafür musst du flexibel bleiben. Dein Lebensmittelpunkt ändert sich alle zwei, drei Jahre und ist zwangsläufig mit Umzügen verbunden.

(+)Mieter4ever
Du bekommst bei der Vorstellung, mehr als ein Jahresgehalt an Schulden oder dich auf Jahrzehnte festgelegt zu haben, kalte Füße.

(+)Mieter4ever
Du bist bereit, dein Kapital in Indexfonds, ETFs, Anleihen oder Aktien zu investieren, um gut gewappnet für die Ausgaben und dein Leben als Rentnerin bzw. Rentner zu sein.

(−)Mieten4Nieten
Du investierst neben deiner Miete dein Geld nicht in andere Anlageklassen, also weder in Immobilien noch Indexfonds etc.

(−)Mieten4Nieten
Du glaubst in Metropolregionen und Schwarmstädten nicht dauerhaft an die Wirkung von Mitpreisbremse und Mietendeckel.

Bauen vs. Bestandsimmobilie kaufen – (d)ein Vergleich
(+)Neubau
Der größte Vorteil liegt in der eigenen Gestaltungsfreiheit bei Größe und Schnitt des Hauses – vorausgesetzt, du baust in einem Baugebiet, in dem du durch Regularien und Vorschriften des Bauträgers nicht zu sehr eingeschränkt wirst.

(+)Neubau
Du bist der erste Bewohner, es ist wirklich dein/euer Haus.

(+)Neubau
Neueste Technik und Umweltstandards, die im besten Fall Energiekosten sparen und die Umwelt schonen.

(+)Neubau
Liegen der Erwerb des Grundstücks und der Baubeginn einige Zeit auseinander, besteht die Chance, die Grunderwerbssteuer nur auf den Grund zu zahlen.

(−)Neubau
Ein Hausbau ist oft teurer und es dauert länger, bis du einziehen kannst.

(–)Neubau
Viel Arbeit, Abstimmung, Koordination und Planung der Handwerker und Arbeiten.

(–)Neubau
Neue Umweltstandards, die du einhalten musst, verteuern eventuell den Bau.

(+)Bestandsimmobilie
Eine bestehende Immobilie ist oftmals günstiger als ein Neubau.

(+)Bestandsimmobilie
Kaufpreis flexibler, Faktoren wie Mängel und Zustand können auch Argumentationsgrundlage sein, um den vom Verkäufer avisierten Kaufpreis zu drücken und am Ende weniger zu bezahlen.

(–)Bestandsimmobilie
Aufteilung und Gestaltung der Räume eingeschränkt.

(–)Bestandsimmobilie
Mögliche, nicht sichtbare, aber wertmindernde bauliche Mängel (hier bitte an den Bausachverständigen denken!).

Nachschlag – Immobilien als Kapitalanlage
Der verborgene Handwerker in dir

Ein Freund von mir, Paul, hat einen gut dotierten Job im Einzelhandel. Er ist 33 Jahre alt und hat ein sehr außergewöhnliches Hobby zu seinem zweiten Standbein gemacht:

Er sucht sich im Umkreis von 50 Kilometern rund um seine Arbeitsstelle querbeet „runtergerockte" Immobilen – vom Bauernhof samt Stallungen über ein teilausgebranntes Mehrfamilienhaus mit noch laufendem Versicherungsverfahren bis hin zu einem Fachwerkhaus in sehr schlechtem Zustand, das unter Denkmalschutz steht. Er kauft diese Immobilien und restauriert sie in liebevoller

Eigenarbeit, gemeinsam mit ein paar ausgewählten Handwerkern und seiner Frau. Dann bietet er sie in neuem Glanz mitsamt der Vorher-nachher-Aufnahmen für ein Vielfaches des ursprünglichen Kaufpreises an. Er hat ein Auge für die Seele einer Immobilie, für ihre emotionale Ausstrahlung, die nach erfolgreicher Restauration für die Interessenten der ausschlaggebende Kaufgrund sein kann.

Seine Erfolgsbilanz ist atemberaubend. Er hat in gut acht Jahren 75 Immobilien näher untersucht, 15 gekauft und finanziert, 12 davon direkt nach erfolgreicher Renovierung wieder veräußert und nun noch 3 Immobilien mit mehreren Wohnungseinheiten mit Mietern und Gewerbetreibenden im Bestand.

Zu Beginn, sagt er, sei er naiv im Umgang mit dem Drumherum gewesen, den Handwerkern, Architekten und Bankern. Mittlerweile jedoch macht ihm keiner mehr etwas vor. Dank seiner gesammelten Erfahrungen kann er sogar an das i-Tüpfelchen denken, die Gründung einer eigenen Immobilienholding, einer besonderen Geschäftsform, die steuerlich attraktiv ist. Damit bekommt er bessere Konditionen bei Banken, kann Gewinne und Kosten aus seinen Immobiliengeschäften miteinander verrechnen und sein Team – ein Netzwerk aus Facharbeitern und Fachberatern, das er mit der Zeit um sich geschart hat – erweitern und teilweise sogar fest anstellen.

Pauls Arbeit, Fleiß und Eigeninitiative haben mir gezeigt, dass du, wenn du Lust auf etwas hast, fleißig, wissbegierig und bereit bist, dir die Hände schmutzig zu machen, deine Erfüllung finden und dir dabei finanzielle Freiheit schaffen kannst.

PaTrick: Du bist nach all den Informationen, Analysen und Geschichten bereit, dich intensiver mit dem Thema Immobilien zu beschäftigen? Sehr gut!

Wenn du, wie Mia, vielleicht noch am Anfang deiner finanziellen Orientierung stehst, mehr Eindrücke und Infos sammeln möchtest und gerne eine Haltung zum Kaufen, Vermieten und Ausbauen sowie insgesamt ein Gespür für den Markt bekommen magst, dann fang doch gleich an, dich jede Woche für ein, zwei, drei Stündchen mit dem Thema zu beschäftigen. Schau dir mal an, welche Mietwohnungen und Bestandsimmobilien es in deinem Wohnort und im Umkreis von 10 Kilometern gibt. Wie teuer sind die Mieten? Wie hoch der Quadratmeterpreis? Wie sind die Relationen? Frag dich, ob du mit deiner aktuellen Miete günstig wohnst oder eher zu teuer. Wenn du davon träumst, irgendwann in deinen eigenen vier Wänden zu wohnen, eventuell mit jemandem zusammen, vielleicht sogar mit einer Familie, empfiehlt es sich, auch wenn du noch jung bist, dich bereits jetzt gedanklich mit dem Thema auseinanderzusetzen. Vielleicht sogar in Gesprächen mit deinen Freunden und deiner Familie. Jeder bringt bei solchen Themen seine ganz eigenen Erfahrungen mit – das kann bestärken und inspirieren. Natürlich sind in so mancher Schwarmstadt und in den bevorzugten Lagen die Preise astronomisch hoch – aber wer weiß, wie sich der Immobilienmarkt in deiner bevorzugten Region entwickelt.

Falls sich die gesamtwirtschaftliche Situation verschlechtern sollte, könnte sich hier und da auch der Immobilienmarkt wieder etwas entspannen. Du erinnerst dich, für institutionelle Investoren muss auch immer die Jahresrendite stimmen. Ist das durch die Mietpreisbremse nicht der Fall oder wird der Schrei nach „Enteignungen" lauter, hat das auch Auswirkungen auf die Immobilienpreise.

Es gibt tatsächlich täglich gute Kaufgelegenheiten, trotz einer teilweise angespannten Situation für Immobilien in Ballungsgebieten. Wenn du jetzt denkst: „Wo denn? Wie erkenne ich die? Ich sehe keine", ist dein Wissen vielleicht noch nicht groß und deine Erfahrungen sind noch nicht zahlreich genug und du solltest in Sachen Finanzbildung weiter am Ball bleiben. Geh doch mal zu Immobilienversteigerungen und lern die handelnden Protagonisten, also Banker, Investoren und Schnäppchenjäger kennen. Wer agiert wie? Es gibt viel zu sehen und zu lernen, vorausgesetzt, du hast Lust darauf.

Bis dahin investierst du am besten dein erspartes Geld, denn Eigenkapital, auch in Fonds oder Aktien, ist, wie zu Beginn des Kapitels besprochen, sehr wichtig beim Immobilienkauf. Wie das geht, was Aktien eigentlich sind und worauf du dabei achten musst, erzähle ich dir im nächsten Kapitel.

V. Aktien, Börse, Kapital- markt – die Welt der Finanzmärkte

Für mich als Börsenkorrespondent und Wirtschaftsjournalist sind Aktien und die Börsen der Welt mein täglich Brot. Doch während meiner Ausbildung zum Bankkaufmann war für mich der Weg in die Welt der Börse und auf das Frankfurter Börsenparkett so etwas wie für Schauspieler der Weg nach Hollywood oder für Fußballer der in die Champions League. Die Unmittelbarkeit, mit der Aktien als Anteil an einem Unternehmen einen Einfluss auf die Wirtschaft haben, und auch umgekehrt, die Auswirkungen, die Nachrichten, politische wie wirtschaftliche, auf Aktien haben, hat mich schon immer fasziniert. Die unterschiedlichen Player an den Kapitalmärkten, wie Investoren, Analysten, Fondsmanager und Unternehmenslenker, die CEOs, entfalten eine enorme Dynamik und haben Einfluss auf ganze Gesellschaften, positiv wie negativ. Diese Zusammenhänge faszinierten mich – ich wollte schon immer ein Teil davon sein. Trotz aktuell negativer Entwicklungen wie der Coronakrise und dem Ölpreiskrieg zwischen Russland und Saudi Arabien, und meinem damit zusammenhängenden höheren Arbeitspensum, ist dies für mich eine sehr wichtige und erfüllende Zeit.

Denn auch in Krisen ist es wichtig, einen kühlen Kopf zu bewahren. Panik und Angst sind keine guten Ratgeber und ich rate dir dazu, keine emotionalen, überstürzten Entscheidungen zu treffen und Aktien, Fonds oder andere Anlagen voreilig zu verkaufen.

Ganz im Gegenteil, nach zehn Jahren Hausse an den Aktienmärkten, kann ein reinigendes Gewitter gut und sinnvoll sein. Günstigere Börsennotierungen bieten auch immer günstige Einstiegsgelegenheiten in den Aktienmarkt. Natürlich weiß niemand, wie tief die Kurse fallen werden. Aber für eine gute Rendite bei einer Langfristanlage sind Kurseinbrüche dieser Art von Zeit zu Zeit hilfreich. Mein Credo lautet: Am Ball bleiben und weiter investieren!

Später werde ich noch auf die genaueren Details eingehen. Erst mal ist es jedoch wichtig, dass du Sparpläne weiter besparst und so von fallenden Kursen sogar noch profitieren kannst.

Also: Hab keine Angst vor fallenden Börsen, sondern lerne, wie du mit dem geeigneten Handwerkszeug sogar dadurch gewinnen kannst.

Unternehmen, die wir alle kennen oder deren Produkte wir nutzen, wie zum Beispiel Apple, Samsung, Starbucks, Lufthansa, TUI und die Deutsche Telekom, sind börsennotiert und damit in den Händen von Aktionären – als solcher hast du die Chance, an ihrer Entwicklung teilzuhaben, ein Teil der Unternehmenswelt zu sein und dabei im besten Fall von den Vorzügen eines Aktionärs zu profitieren. Es gibt auch immer mehr nachhaltig wirtschaftende börsengelistete Unternehmen mit einem grünen Footprint, die in unser aller Zukunft investieren. Als Teil eines solchen Unternehmens kannst du mit gutem Gewissen von dessen Erfolg profitieren. Dem Trend in Richtung nachhaltige Investments trägt nun auch die Deutsche Börse AG als Börsenbetreiber Rechnung. Mit dem **Dax 50 ESG** sollen ökologische und soziale Aspekte sowie eine gute Unternehmensführung stärker berücksichtigt werden. Die Unternehmen setzen sich aus dem DAX, MDAX und TecDax zusammen. Weitere Details zur nachhaltigen Geldanlage findest du im Kapitel X „Die Zukunft des Investierens."

Kurzer Ausflug zur Entstehung der Börse – die erste Börse der Welt

Börsen gibt es als „Handelsplätze" von Aktien, Waren und Rohstoffen nicht erst seit der *Börse vor acht* oder dem Börsengang der Deutschen Telekom. Die erste Börse entstand um 1409 in Brügge, zu Beginn des 15. Jahrhunderts eines der führenden Handelszentren Europas. Die Kaufmannsfamilie van der Buerse hielt parallel zum Markt, auf dem alle möglichen Waren gehandelt wurden, Treffen unter – vor allem italienischen – Kaufleuten ab, um Geschäfte mit „Wechseln" und anderen üblichen Zahlungsmitteln zu initiieren. Diese Geschäfte wurden schriftlich festgehalten und die so entstandenen „Wertpapiere" untereinander getauscht.

Besondere Berühmtheit erlangte die Amsterdamer Börse, gegründet 1611, nicht zuletzt aufgrund der „Tulpenmanie" – des ersten bekannten Börsenhypes und des folgenden ersten Börsencrashs der Geschichte. Amsterdams Bürger hatten die Tulpe für sich entdeckt und begannen, sich und ihre Vorgärten damit zu schmücken. Die Nachfrage nach der aus dem Mittleren Osten eingeführten Blume und deren Zwiebeln stieg in kürzester Zeit rasant an und schließlich gingen die Preise durch die Decke. Die völlige Überhitzung der Preise für Tulpenzwiebeln ließ den Markt nach und nach zu einer riesigen „Blase" anschwellen. Auf deren höchstem Niveau boten manche Investoren für einige wenige Zwiebeln den Gegenwert mehrerer Häuser. Schlussendlich war das Platzen dieser Blase unausweichlich. Das Interesse an den schönen Blumen ließ schlagartig nach und viele Bürger blieben hoch verschuldet zurück.

Dieser Crash ist nur ein Beispiel dafür, dass es auch damals schon Gier, Übertreibungen und Kreditkäufe an der Börse gab. Durch Bauchgefühle und Emotionen in die Höhe getrieben, entbehren die Preise für manche Aktien und Finanzprodukte teilweise jeglicher Grundlage. Das jüngste Beispiel ist die Entwicklung der Kryptowährungen, also Bitcoin und Co. Innerhalb weniger Monate stieg der Wert eines Bitcoins von ein paar Hundert auf über 20 000 US$.

Damit dein künftiges Engagement an der Börse keinen Schiffbruch für dich und dein Geld bedeutet, mache ich dich mit den Basics vertraut. Mit dem, was du wissen und beachten musst, mit Tipps und Tricks und den grundlegenden Regeln und Mechanismen der Börsen und Kapitalmärkte.

Warum ich mich auf Aktien spezialisiert habe

Seit ich mit 15 Jahren ein Börsenspiel meiner heimischen Sparkasse gewann, hatte ich das Gefühl, dass sich mein Leben zum Positiven verändern könnte, wenn ich mich mit Aktien auskennen würde. Meine Motivation war Neugier, also das Verstehenwollen der „Mechanik" von Börse und Kapitalmärkten, und obendrein der Wunsch, in kurzer Zeit viel Geld zu bekommen.

Ich dachte mit knapp 20 Jahren, dass Geld mich glücklich machen würde, denn bis dahin sah es in Sachen Geld und

Finanzbildung in meinem Elternhaus recht düster aus. So düster, dass ich als 14-Jähriger bereits jobbte, um mir Geld für Kleidung und Schokocreme zu verdienen.

Ich arbeitete auf dem Bau als Hilfskraft, trug Supermarktprospekte aus, lieferte TV-Geräte für einen Elektroladen um die Ecke aus, brachte als Kurier Medikamente zu den Menschen nach Hause und gab später Nachhilfe in Englisch.

Blöderweise fehlte mir zu dieser Zeit die notwendige Verknüpfung von Geld und dem Wissen darüber. Es war ja mein erstes eigenes Geld, und so ging ich den klassischen Weg zur Bank und zahlte es auf mein Sparbuch ein. Ein weiterer Teil ging als Unterstützung an meine Mutter und den Rest gab ich für Klamotten und Co. aus.

Das Verhältnis zwischen Konsum und Sparen war dabei nicht optimal, aber auf lange Sicht sehr wichtig, um einige Dinge im Umgang mit Geld zu lernen und verschiedene Zusammenhänge zu verstehen. Ich bin ohnehin der Auffassung, dass man aus Fehlern lernt – sowohl aus den eigenen als auch aus denen anderer. Mein Fehler war damals, dass ich zu viel Geld ausgab und zu wenig „auf die hohe Kante" legte.

Aufgabe ✐

Nun zu dir und deinem Wissen über Aktien:

Notiere auf deinem Zettel, was dir zum Thema Aktien alles einfällt, und leg ihn neben das Buch. Wie sind deine Erwartungen an das Kapitel? Was kennst du schon? Besitzt du Aktien? Hast du schon mal Aktien besessen? Welche Glaubenssätze in Bezug auf Aktien und Börsen hast du? Haben Erfahrungen und Schilderungen, zum Beispiel rund um die „T-Aktie", deine Haltung beeinflusst? Kannst du für den Fall, dass es negative Glaubenssätze sind, auch positive entwickeln? Welche wären das? Bitte notiere alles auf deinem Zettel.

Ein paar gängige Glaubenssätze sind:

„Wer an der Börse spekuliert, kann auch gleich ins Casino gehen."

„Der eigene Gewinn an der Börse geht zulasten anderer."

„Die Börse ist voller Zocker, Spekulanten und anderer Verbrecher."

„Ich kenne mich mit Aktien nicht aus, deshalb investiere ich nicht."

„Am Beispiel Deutsche Telekom sieht man ja, wie man als kleiner Sparer über den Tisch gezogen wird."

Positive Glaubenssätze für dich

„Es gibt keine bessere Altersvorsorge als die aktienbasierte Altersvorsorge."

„Als Aktionär gehört mir ein kleiner Teil eines Unternehmens, ich bin ein Teil der ‚Deutschland AG'."

„Als Aktionär nehme ich meine finanziellen Geschicke in die eigenen Hände."

„Als Aktionär übernehme ich eine Verantwortung für meine spätere Altersvorsorge und bin nicht zu 100 % auf das ‚Goodwill' der Politik angewiesen."

„Wenn ich Aktien von Unternehmen kaufe, die auf nachhaltige, grüne Technologien setzen, bekenne ich mich zu diesem Ansatz und unterstütze ihn auch finanziell und dadurch ganz unmittelbar."

Was ist eine Aktie?

Eigentlich kennt sie jeder: Aktien sind Wertpapiere, die den Anteil an einer Aktiengesellschaft, einer AG, verbriefen. Die Aktiengesellschaft nutzt Aktien, um sich Eigenkapital – also Geld, das das Unternehmen nicht zurückzahlen muss wie einen Kredit – über die Börsen zu beschaffen. Sie platziert Aktien und verkauft sie an Investoren. In Deutschland ist die Deutsche Börse AG die „Hüterin" der Börsen. Das Handelssystem Xetra ist die gängige Handelsplattform und auch die „Spezialisten" spielen eine Rolle. Welche genau, das erläutere ich beim Thema Indizes.

Du wirst durch den Kauf von Aktien eines Unternehmens zu dessen Mitbesitzer. Als sogenannter Anteilseigner hast du bestimmte Rechte an einer AG. Je nachdem ob du Stammaktien oder Vorzugsaktien besitzt, unterscheiden sich diese Rechte etwas voneinander. Die Stammaktie verbrieft dein Recht, an der Hauptversammlung, kurz HV, teilzunehmen, und ist entsprechend mit einem Stimmrecht ausgestattet. Die Vorzugsaktie besitzt dieses Stimmrecht für die HV nicht, kompensiert dies jedoch mit einer höheren Dividende. Deutsche Unternehmen, die heute noch beide Aktienarten haben, sind unter anderem: BMW, Ceconomy, die Drägerwerke und Volkswagen.

Drei Aktienarten – wer ist eigentlich der Besitzer?

Es gibt drei unterschiedliche Aktienarten, die von Unternehmen ausgegebene werden. Die Unterschiede dienen der Kontrolle über die Mehrheitsverhältnisse in einem Unternehmen. Denn je nachdem wie viele Anteile ein einzelner Aktionär oder eine Investorengruppe an einem Unternehmen hält, kann er/sie die Geschicke des Unternehmens maßgeblich beeinflussen. Diesen Einfluss wollen Unternehmen absehen und kontrollieren können, weshalb sie nicht selten Namensaktien oder sogar vinkulierte Namensaktien ausgeben.

1. **Inhaberaktie**: Der Inhaber einer Inhaberaktie bleibt anonym und kann die Aktie uneingeschränkt handeln. Für die AG ergibt sich aus der Anonymität des Einzelnen der Nachteil, dass die Aktionäre nicht mit Namen im Aktienregister eingetragen sind. Die AG bekommt nicht mit, wenn ein Investor große Teile der Aktien aufkauft, um sein Mitbestimmungsrecht oder gar ein Veto gegen manche Entscheidung der Unternehmensführung geltend zu machen und auf der HV auszuüben. Mit 25,01 % der Anteile an einer AG besitzt man eine „Sperrminorität" und kann Maßnahmen wie Satzungsänderungen, die Abberufung von Aufsichtsratsmitgliedern oder eine Zustimmung zur Fusion

mit einem anderen Unternehmen verhindern. Dazu benötigt man bei der HV eine qualifizierte Mehrheit von über 75 %. In den USA sind Inhaberaktien nicht zugelassen. Dort gibt es nur Namensaktien.

2. **Namensaktie:** Eine Namensaktie ist ein Wertpapier, das auf den Namen eines bestimmten Aktieninhabers ausgestellt ist und auch dessen Geburtsdatum und Adresse enthält. Bei einem Verkauf werden diese Angaben gelöscht und die Daten des neuen Käufers in das Aktienregister eingetragen. In der Praxis machen das die Depotbanken. Durch dieses Register wissen Unternehmen immer, welche Personen Anteile an ihrer Gesellschaft besitzen.

3. **Vinkulierte Namensaktie:** Die vinkulierte Namensaktie ist ein Sonderfall der Namensaktie, bei dem das Unternehmen, dessen Aktien du besitzt, dem Verkauf erst zustimmen muss. Das Unternehmen will die volle Kontrolle über die Aktionärsstruktur behalten oder muss das sogar laut Gesetz, wie zum Beispiel Unternehmen der Luft- und Raumfahrtbranche. So soll ein Techniktransfer verhindert werden. Die Bundesrepublik Deutschland kontrolliert aktiv, dass andere Staaten durch Unternehmensübernahmen keine Schlüsseltechnologien „erbeuten".

Was ist eine AG/Aktiengesellschaft?

Eine Aktiengesellschaft ist eine besondere Form der Kapitalgesellschaft. Andere Kapitalgesellschaften sind beispielsweise eine GmbH (& Co. KG) und eine SE.

Das Grundkapital einer Aktiengesellschaft liegt bei mindestens 50 000 €. Es kann vollumfänglich in Aktien ausgegeben werden, beispielsweise 50 000 Stück zu 1 €, je nachdem in wie große Einzelstücke man die Firma aufteilen möchte. Die frei verfügbaren Geschäftsanteile, die Aktien, die man auch als „Free Float" bezeichnet, zu Deutsch „Streubesitz", können dann, beispielsweise über eine

Börse, gehandelt und allen Marktteilnehmern zur Verfügung gestellt werden. Sie können nun täglich ge- und verkauft werden.

Ein großer Vorzug der Aktienausgabe gegenüber der Kreditaufnahme als Finanzierungsinstrument des Unternehmens besteht darin, dass Aktien als Eigenkapital bilanziert werden und dementsprechend nicht wie ein Kredit zurückgezahlt werden müssen. Als Nachteil kann man anführen, dass im Gegenzug ein Stück Kontrolle der Unternehmensgeschicke an die Aktionäre fließt. Der Umfang dieser Mitbestimmung hängt von der Verteilung der Unternehmensanteile ab. Es gibt Beschlüsse, die eine einfache bzw. eine qualifizierte Mehrheit benötigen.

Als besonderes Schmankerl für die Investoren kann die Aktiengesellschaft eine Dividende ausschütten. Das sind Gewinnbeteiligungen an einer positiven Geschäftsentwicklung eines Unternehmens. Dividenden sind eine sehr lohnende Alternative zu Zinsen. Auf ihre weiteren Vorzüge komme ich noch zu sprechen.

Eine Aktiengesellschaft besitzt klar gegliederte Organisationsstrukturen. Wesentlich dafür sind drei Organe: die Hauptversammlung, der Vorstand und der Aufsichtsrat.

Der Vorstand einer AG kann aus einer oder mehreren Personen bestehen. Das zweite Organ, der sogenannte Aufsichtsrat, bestellt, also beruft und überwacht den Vorstand. Der Aufsichtsrat muss beispielsweise den Jahresabschluss überprüfen, den der Vorstand vorlegt. Die geschäftlichen Geschicke der Aktiengesellschaft werden von der Hauptversammlung gesteuert. Sie besteht aus allen Aktionären der Gesellschaft und ist das beschließende Organ. Abhängig vom jeweiligen Aktienanteil werden auf der Hauptversammlung Stimmrechte für Satzungsänderungen und andere Beschlüsse an die Aktionäre vergeben.

An der Hauptversammlung, kurz HV, eines Unternehmens kannst du jederzeit teilnehmen. Sie findet in der Regel einmal jährlich statt. Hier kannst du oder ein Vertreter deiner Anteile durch Wortbeiträge und Rückfragen auch selbst einen gewissen Einfluss auf die Geschicke des Unternehmens nehmen.

Warum gibt ein Unternehmen Aktien aus?

Ein Unternehmen betreibt die Ausgabe und die Platzierung von Aktien, um Geld „einzusammeln". Und zwar Geld, das es, im Gegensatz zu einem Kredit, nicht zurückbezahlen muss. Dieses Geld nennt man Eigenkapital.

Mit diesem Geld finanziert das Unternehmen die Geschäftsentwicklung, Forschung und Expansion, hält aber auch „den Laden am Laufen". Manchmal werden auch andere Unternehmen gekauft und für die Finanzierung neben Barmitteln und Geld bzw. Krediten auch eigene Aktien genutzt.

Um Aktien zu handeln, brauchst du übrigens neben dem nötigen (Klein-)Geld auch ein Depot, in dem die Wertpapiere verwahrt und gebucht werden. Besonders kostengünstig sind Onlinebanken ohne eigenes Filialnetz, auch Direktbanken genannt.

Handeln kannst du Aktien dort online oder über eine telefonische Auftragserteilung, eine Order. Sollte deine Bank beides nicht anbieten, heißt es persönlich antreten und die Order beim Berater aufgeben. Das war damals während meiner Lehre oft der Fall.

Das IPO

Damit die Aktien eines Unternehmens an der Börse gehandelt werden können, muss das Unternehmen ein IPO durchführen, ein „Initial Public Offering". Das bedeutet so viel wie „erstmaliges öffentliches Anbieten". An der Börse spricht man auch von einer „Neuemission".

IPOs gab es zu Zeiten des Neuen Marktes zu Beginn des Jahrtausends mitunter wöchentlich. An den Börsen herrschte eine regelrechte Goldgräberstimmung und jeder wollte dabei sein. Leider sollte in so manchem Fall der Gang an die Börse dazu dienen, schnelles Geld zu machen, und ging früher oder später schief. Die Folge war das Ende eines ganzen Börsensegments. Es blieben die

Substanzunternehmen mit innovativen Ideen und qualifiziertem Management. Augenscheinlich setzt Qualität sich doch durch. Auch heute gibt es noch IPOs als Finanzierungsinstrument. Um als Unternehmen zu wachsen und sich neue Märkte oder effizientere Produktionsmöglichkeiten zu sichern, ist eine große Menge Kapital nötig. Da macht ein IPO absolut Sinn. IPOs der jüngeren Vergangenheit sind zum Beispiel die amerikanische Firma Beyond Meat und deutsche Unternehmen wie Siemens Healthineers und TeamViewer.

Damit ein Unternehmen über die Börse Geld am Kapitalmarkt einsammeln kann, bedarf es einiger Vorbereitungen und Partner. Neben der Deutschen Börse AG braucht es das sogenannte Konsortium. Ein Konsortium besteht in der Regel aus mehreren Banken, die ihre Kunden – Fondsgesellschaften, andere Investoren und institutionelle Anleger – über das IPO informieren und dazu anregen, Anteile daran zu erwerben. Die Konsortialbanken haben eine Bank als Konsortialführer. Diese begleitet den Börsengang dann zum Beispiel bis zum „Parkett in Frankfurt" und übernimmt auch die Rolle des Spezialisten oder „Designated Sponsor" für die Aktie. Was das genau bedeutet, vertiefe ich später.

Doch zuallererst muss die Firma – falls sie das nicht bereits ist – in eine Aktiengesellschaft umgewandelt werden. Die Partner sind zum Beispiel Banken, die mit ihrem Know-how und ihrem Netzwerk von Investoren und institutionellen Anlegern den Prozess bis hin zum IPO begleiten. Das Unternehmen, das an die Börse strebt, hat eine Vielzahl rechtlicher Komponenten zu beachten, muss Verkaufsprospekte erstellen und sich „fit für die Börse" machen.

Je nachdem in welches Marktsegment der Börse das Unternehmen kommt, gibt es unterschiedliche Anforderungen, die es als börsennotierte AG einhalten und erfüllen muss.

In diesem Prozess stellt sich die Frage, wie der erste Preis der Aktie an der Börse zustande kommt. Durch welchen Prozess gehen die Konsortialbanken und das Unternehmen, um eine faire Bewertung der Aktie zu erzielen?

Um einen möglichen Preis für die Aktien des Unternehmens zu bestimmen, bedarf es der sogenannten „Bookbuildingphase" oder „Zeichnungsfrist". Das ist der Zeitraum, in dem interessierte Anleger innerhalb einer Preisspanne, zum Beispiel zwischen 14 € und 17,50 €, Kaufangebote und Orders abgeben können. Das Ganze kann mit oder ohne Preislimit erfolgen. Basierend darauf wird dann der Ausgabepreis bekannt gegeben und die Aktien am ersten Tag mit viel medialer Aufmerksamkeit an der Börse gehandelt. Nicht jedes Unternehmen ist automatisch an jeder Börse gelistet, also handelbar. Will ein Unternehmen sowohl in Frankfurt als auch an anderen Börsen gehandelt werden können, muss an jedem Standort ein IPO erfolgen.

Das Thema ist interessant und komplex und hat noch viele Facetten. Sollten dich weitere Details dazu interessieren, findest du sehr gute Informationen auf der Website der Deutschen Börse AG und bei Banken und Sparkassen.

Warum solltest du Unternehmen handeln und nicht nur Aktien?

Als Aktionär bist du Bestandteil der Börsenwelt und beim Auf und Ab des Kurses an der Börse mittendrin statt nur dabei. Besonders nervenaufreibend kann das werden, wenn mal wieder „Berichtssaison" ist, also die Zeitspanne, in der die Unternehmen ihre Quartals-, Halbjahres- oder Jahresergebnisse bekannt geben. Das ist der Zeitpunkt, zu dem „dein" Unternehmen der Welt sagen muss, wie erfolgreich das vergangene Quartal, Halbjahr oder Geschäftsjahr war.

In dieser Zeit sind selbst in den großen Indizes, dem DAX 30 oder dem Dow-Jones, Schwankungen einzelner Aktien von 5 % und mehr nach oben oder unten möglich, denn Nachrichten über die Unternehmensentwicklung haben enormen Einfluss auf den Aktienkurs.

Welche Börsen gibt es und welche sind von Bedeutung?

DAX und Dow-Jones hast du schon kennengelernt, aber wie sieht es mit dem Rest der Welt aus und welche anderen wichtigen Indizes gibt es? Zeit für einen kleinen Einblick in die Welt der Börsenplätze und die Frage, welche davon für den globalen Finanz- und Kapitalmarkt von besonderer Bedeutung sind.

Zu den wichtigsten Börsenplätzen und Indizes der Welt gehören:

Europa: **Deutschland:** DAX 30, MDAX, SDAX, TecDAX
Frankreich: CAC 40 – die 40 größten Werte Frankreichs
Großbritannien: FTSE 100 – die 100 größten Werte Großbritanniens
Italien: FTSE MIB – die 40 größten Werte Italiens
Russland: RTS – die 50 größten Werte Russlands
Schweiz: SMI – die 20 größten Werte der Schweiz
Spanien: IBEX – die 35 größten Werte Spaniens

Asien: **China:** Shanghai Composite – die 1500 größten Unternehmen Chinas
China/Hongkong: Hang Seng – die 50 größten Unternehmen Hongkongs
Japan: Nikkei 225 – die 225 größten Unternehmen Japans

Australien: ASX Index „All Ordinaries" – die 500 größten Unternehmen Australiens

Amerika: **Brasilien:** Bovespa – die 22 größten Unternehmen Brasiliens

Kanada: S&P, TSX – die 47 größten Unternehmen Kanadas

USA: DowJones – die 30 größten Unternehmen der USA

S&P 500 – die 500 größten Unternehmen der USA

NASDAQ 100 – die 100 größten Unternehmen der USA

In den Nachrichten, den Medien und dem Internet kann man viel über die Entwicklungen an diesen sogenannten Weltleitbörsen hören. Das meiste Geld internationaler Investoren fließt in diese Indizes. Sie sind durch Aufsichtsbehörden reguliert und kontrolliert und verfügen über ausreichend Liquidität, sodass ein Handel mit diesen Aktien reibungslos möglich ist. Was du berücksichtigen könntest, sind die unterschiedlichen Währungen. Beim Kauf oder Verkauf von Aktien in diesen Ländern kann es sein, dass sich die jeweils einheimische Währung zu deiner Währung, dem Euro, so verändert, dass dein möglicher Aktiengewinn von einem „Währungsverlust" aufgezehrt wird. Versuche, diesen Aspekt zu berücksichtigen.

Aktienindizes – wann wird welche Aktie in welchem Index gelistet?

Wie und von wem wird nun entschieden, welche Unternehmen in die jeweiligen Indizes aufgenommen werden? In Deutschland ist die Hüterin der Indizes die Deutsche Börse AG. Es gibt festgelegte Regeln, die ein Unternehmen erfüllen muss, um in einem der bekanntesten Indizes gelistet zu sein.

Für Unternehmen, die im DAX gelistet werden, dem bekanntesten Index Deutschlands, der in der medialen Berichterstattung auch oft als „Leitindex" bezeichnet wird, gibt es folgende Kriterien:

1. Das Unternehmen muss im „Prime Standard"-Segment der Deutschen Börse AG gelistet sein.
2. Die Aktien des Unternehmens müssen im regulären Handel auf der Handelsplattform Xetra der Deutschen Börse AG zwischen 9:00 und 17:30 Uhr börsentäglich gehandelt werden.
3. Es müssen, bezogen auf das gesamte Aktienkapital eines Unternehmens, mindestens 10 % Streubesitz an der Börse verfügbar sein und gehandelt werden können.
4. Das Unternehmen muss seinen Hauptsitz in Deutschland haben oder der Hauptumsatz seiner Aktien muss in Deutschland gehandelt werden.

Unternehmen, die diese Kriterien erfüllen, werden nun nach folgenden Handelskriterien eingestuft:
a. Umsatz von Aktien in Xetra und dem Parketthandel
b. Streubesitz = Aktienzahl × Kurs = Marktkapitalisierung

Beispiel SAP AG: 1 228 504 000 Aktien im Umlauf ≙ 64,23 % Streubesitz
Aktienkurs 13.01.2020:   123,50 €
➜ Marktkapitalisierung: 151 720 244 000 €

Die SAP AG ist das Unternehmen mit der größten Marktkapitalisierung in Deutschland. Zum Vergleich: Apple hat eine Marktkapitalisierung von 1,328 Billionen € (Stand 10.01.2020), Amazon eine von 845,1 Milliarden €.

Die regulären Indexanpassungen erfolgen im September jeden Jahres, es gibt aber auch Situationen, in denen das Ausscheiden oder die Aufnahme eines Unternehmens in einen Index schneller erfolgt.

Hier zwei Grafiken der Aktien, die in zwei der bekanntesten Aktienindizes, dem DAX 30 und dem amerikanischen Pendant „Dow Jones Industrial Average", gelistet sind:

Name	Branche	Marktkapita-lisierung in Mio. Euro	Anteil am Index	Anzahl Aktien	Kurse Jan. 2020
Dax		1 251 367	-	-	13 455,50
Adidas	Bekleidung	61 705	4,93 %	200 420 000	308,53
Allianz	Versicherung	93 471	7,47 %	424 460 000	220,45
BASF	Chemie	60 414	4,83 %	918 480 000	65,81
Bayer	Chemie und Pharma	73 915	5,91 %	982 424 082	75,27
Beiersdorf	Konsumgüter	27 077	2,16 %	252 000 000	107,45
BMW St	Automobil	44 738	3,58 %	602 000 000	74,32
Continental	Automobilzu-lieferer	23 730	1,90 %	200 010 000	118,65
Covestro	Chemie	7436	0,59 %	183 000 000	40,64
Daimler	Automobil	52 825	4,22 %	1 069 840 000	49,42
Deutsche Bank	Banken	15 842	1,27 %	2 066 770 000	7,67
Deutsche Börse	Börsen	27 308	2,18 %	190 000 000	143,73
Deutsche Post	Logistik	42 098	3,36 %	1 236 510 000	34,06
Deutsche Telekom	Telekom-munikation	70 334	5,62 %	4 761 460 000	14,77
E.ON	Versorger	21 253	1,70 %	2 201 100 000	9,66
Fresenius	Medizintechnik	27 847	2,23 %	557 113 620	50
Fresenius Medical Care	Medizintechnik	20 377	1,63 %	308 950 000	66,16
Heidelberg-Cement	Baustoffe	12 692	1,01 %	198 420 000	64,1
Henkel Vz	Konsumgüter Chemie	16 643	1,33 %	178 160 000	93,5
Infineon	Halbleiter	24 204	1,93 %	1 135 380 000	21,33
Linde PLC	Industriegase	104 876	8,38 %	558 150 000	187,95
Lufthansa	Luftfahrt	7543	0,60 %	475 200 000	15,88
Merck KGaA	Chemie und Pharma	14 651	1,17 %	129 240 000	113,58
MTU Aero Engines	Luftfahrt	13 957	1,12 %	52 000 000	268,4
Münchener Rück	Versicherung	41 432	3,31 %	155 030 000	267,3
RWE St	Versorger	16 747	1,34 %	575 750 000	29,13
SAP	Software	151 400	12,10 %	1 228 500 000	123,29
Siemens	Elektrotechnik	98 643	7,88 %	850 000 000	116,05
Volkswagen Vz	Automobil	38 079	3,04 %	206 210 000	184,85
Vonovia	Immobilien	26 509	2,12 %	542 273 611	48,91
Wirecard	Finanztechno-logie	13 622	1,09 %	123 490 000	110,75

Unternehmen, die der DAX beinhaltet

Name	Branche	Marktkapitalisierung in Mio. US$	Gewichtung im Index in %
3M	Mischkonzern	103,38 Mrd.	4,2
American Express Co.	Banken	106,23 Mrd.	3,03
Apple Inc.	Hardware, Software	1248,99 Mrd.	7,27
Boeing Co.	Flugzeugbau	168,42 Mrd.	7,71
Caterpillar Inc.	Maschinenbau	75,50 Mrd.	3,4
Chevron Corp.	Öl, Gas	198,88 Mrd.	2,71
Cisco Systems Inc.	Informationstechnik	184,47 Mrd.	1,12
Coca Cola Co.	Nahrungsmittel	217,20 Mrd.	1,32
DOW Inc.	Chemie	38,85 Mrd.	1,22
Exxon Mobil Corp.	Öl, Gas	263,41 Mrd.	1,61
Goldman Sachs Group Inc.	Investmentbanking	81,42 Mrd.	5,73
Home Depot Inc.	Einzelhandel	223,43 Mrd.	5,25
IBM Corp.	Informationstechnik	110,00 Mrd.	3,2
Intel Corp.	Informationstechnik	240,03 Mrd.	1,37
Johnson & Johnson	Pharma, Konsumgüter	352,65 Mrd.	3,43
JPMorgan Chase & Co.	Banken	402,01 Mrd.	3,19
McDonald's Corp.	Nahrungsmittel	144,53 Mrd.	4,91
Merck & Co. Inc.	Pharma	214,15 Mrd.	2,14
Microsoft Corp.	Hardware, Software	1126,73 Mrd.	3,81
NIKE Inc.	Sportartikel	144,15 Mrd.	2,4
Pfizer Inc.	Pharma	209,24 Mrd.	0,96
Procter & Gamble Corp.	Konsumgüter	284,54 Mrd.	2,95
The Travelers Companies Inc.	Banken	32,65 Mrd.	3,21
The Walt Disney Company	Medien, Freizeit	234,89 Mrd.	3,37
United Technologies Corp.	Mischkonzern	118,16 Mrd.	3,55
UnitedHealth Group Inc.	Versicherungen	257,57 Mrd.	6,92
Verizon Communications Inc.	Telekommunikation	227,88 Mrd.	1,38
VISA Inc.	Finanzdienstleistungen	364,93 Mrd.	4,67
Wal-Mart Stores	Pharmazie	297,87 Mrd.	2,7
Walgreens Boots Alliance Inc.	Einzelhandel	43,99 Mrd.	1,27

Werte, die der Dow Jones Industrial Average beinhaltet

Die Marktkapitalisierung aller Dow-Jones-Unternehmen zusammen betrug am 10.01.2020 gut 7,65 Billionen €. Beim DAX ergibt sich eine Marktkapitalisierung von gut 1,25 Billionen €.

Der große amerikanische „Indexbruder" hat also eine um den Faktor 6,12 größere Marktkapitalisierung. Allein Apple ist mit 1,328 Billionen € mehr wert als der gesamte DAX.

Das zeigt deutlich, wie viel mehr Kapital im Dow-Jones steckt und wie viel größer demnach die Bedeutung der Unternehmen für internationale Investoren ist. Es sagt zudem aus, dass internationale Investoren im Schnitt lieber den US-Unternehmen ihr Geld anvertrauen. Die Renditeerwartung liegt bei den US-Unternehmen höher, weil sie über mehr Innovations- und Marktmacht verfügen.

Warum ist das wichtig?

Es ist so, dass manche Indexfonds einen Index genau abbilden müssen. Ändert sich dessen Zusammensetzung, sind sie gezwungen, die Aktie, die aus dem Vorbildindex ausscheidet, zum Stichtag zu verkaufen und das Unternehmen, das aufsteigt, zu kaufen, um den Index weiterhin exakt abzubilden. Die Folge sind in der Regel steigende Kurse beim „Aufsteiger" und fallende beim „Absteiger". Das kannst du nutzen, für den Fall, dass du an der Entwicklung einer einzelnen Aktie partizipieren möchtest. Diese und andere Handelsstrategien, die ich selbst verfolgt habe und verfolge, behandeln wir etwas später noch ausführlicher.

Was bewegt die Aktienkurse?

Keiner kann voraussagen, wie sich der Kurs einer Aktie entwickeln wird. Vor allem im Nachhinein erklären Fachleute, Analysten, Trader, Journalisten und andere Spezialisten gerne, warum sich ein Kurs so entwickelt hat, wie es der Fall war. Die Marktteilnehmer versuchen auch aus der Vergangenheit Schlüsse für die künftige Kursentwicklung zu ziehen. Gängige Techniken hierfür sind die Chartanalyse und die Fundamentalanalyse.

TIPP: Beschäftige dich mit einem Unternehmen, dessen Aktien du besitzt. Du solltest dich sowohl mit der Firma als auch mit ihren

Produkten zumindest ein bisschen auskennen. Ich meine das in der Größenordnung: Du kaufst Apple-Aktien, wenn du selber ein Apple-Smartphone besitzt, siehst, dass jeder Zweite mit einem Gerät dieser Firma herumläuft, und glaubst, dass auch iTunes, Apple TV und andere Services zukünftig noch mehr Nachfrage von dir und den Menschen um dich herum erfahren. Oder du kaufst Lufthansa-Aktien, weil du das Produkt „Lufthansa" verstehst und 65 % deines Freundes- und Familienkreises diese Airline nutzen.

Wann ist der richtige Zeitpunkt zum Aktienkauf?

Du würdest sehr gerne Aktien kaufen und hast eine Tendenz zu einer Branche, fragst dich jedoch, wann ein guter Zeitpunkt für den Einstieg ist? Eine sehr gute Frage! Allerdings wird sie dir niemand seriös beantworten können. Falls es dennoch jemand versucht, solltest du aufmerksam werden und dich fragen, warum dieser Jemand nicht der erfolgreichste Börsianer aller Zeiten ist.

Grundsätzlich musst du dir darüber im Klaren sein, dass die Preise, also die Kurse der Aktien, ganz simpel von Angebot und Nachfrage bestimmt werden. Gibt es gute Nachrichten für ein Unternehmen oder für den Gesamtmarkt, ist die Wahrscheinlichkeit hoch, dass eine Aktie sich verteuert, da die Nachfrage steigt. Bei schlechten Nachrichten verhält es sich andersherum.

Ab und zu passiert jedoch auch genau das Gegenteil – ein Unternehmen bringt schlechte Zahlen und der Kurs steigt trotzdem. Als Begründung heißt es von den Spezialisten hinterher oft, dass die schlechten Nachrichten bereits im Aktienkurs eingepreist gewesen seien. Das bedeutet, die Erwartungen des Marktes waren schon im Vorfeld negativ, die Aktienkurse demnach schwach, und nach Veröffentlichung der Nachricht steigen die Kurse wieder an. Dieses Phänomen wird mit der Börsenweisheit „Buy on bad news!" („Kauf bei schlechten Nachrichten!") beschrieben.

Was das für deine Kaufentscheidung bedeutet? Ganz einfach. Mach dir keinen Kopf darüber, ob du den tiefsten oder höchsten Kurs beim Kauf einer Aktie erwischst. Viel wichtiger sind Fragen wie: Ist das Geschäftsmodell des Unternehmens zukunftsfähig? Leistet das Management gute Arbeit? Sind die Produkte und Dienstleistungen innovativ und auch morgen noch stark im Markt vertreten? Wie sehr treffen die Produkte einen Nerv bei potenziellen Käufern und Investoren? Arbeitet ein Unternehmen mit gutem Marketing, einer guten Message, einer soliden Haltung, dem Fokus auf Nachhaltigkeit etc.?

Wie kannst du Aktien erwerben?

Um Aktien überhaupt kaufen zu können, benötigst du ein Depot, ein spezielles Konto zur Verbuchung von Wertpapiergeschäften. Hier kannst du ETFs, Aktien und Fondsanteile verwahren und deine Bestände und Umsätze genau ansehen. Ein Depot kannst du bei deiner Hausbank oder einer anderen Wertpapierbank eröffnen, vorausgesetzt, diese erfüllt die gesetzlichen Bestimmungen zur Verwaltung eines Depots von Privatpersonen. Als Verrechnungskonto dient in der Regel dein Girokonto. Wenn du Onlinebankkunde bist bzw. deine Bank Onlinebanking anbietet, kannst du auf diesem Weg Orders direkt aus deinem Depot heraus aufgeben. Profis können nicht nur Aktien kaufen, sondern auch Aktien verkaufen, sogar solche, die sie gar nicht besitzen.

„Short selling" – Aktien verkaufen, die man gar nicht besitzt

Vielleicht hast du im Zusammenhang mit Aktien schon mal den Begriff „Leerverkauf" gehört. Als Leerverkauf oder „short selling" bezeichnet man in der Börsenfachsprache den Verkauf zum Beispiel einer Aktie, die der Verkäufer eigentlich gar nicht besitzt bzw. nicht in seinem Depot hat. Um dem Aktienkäufer die Aktie zu liefern, muss sich der Verkäufer die Aktie gegen eine Gebühr „leihen". Verrechnungstag ist bei Aktien immer die Formel „T + 2", also der zweite Tag nach Abschluss des Geschäfts.

Die Handelsstrategie hinter einem Leerverkauf ist die Annahme, dass der Aktienkurs künftig sinken und sich vergünstigen wird. Als jüngstes Beispiel können die Auswirkungen des Coronavirus auf die Börsen betrachtet werden, dass die Indices wie den DAX z.B. innerhalb einer Woche um 15 % fallen ließ. Wer darauf „gewettet" hatte, konnte mit Leerverkäufen einen ziemlichen Profit einfahren. Der Aktienverkäufer erzielt dann mit seinem Leerverkauf einen Gewinn, wenn er zu einem späteren Zeitpunkt die Aktie zu einem günstigeren Kurs als dem Verkaufskurs zurückkaufen kann. Zu verrechnen sind die Leihkosten der Aktien für den Zeitraum des Leihgeschäfts.

Einordnung

Leerverkäufe werden gesellschaftlich sehr emotional diskutiert und als kritisch betrachtet. Warum das so ist, verdeutlicht folgendes Beispiel der jüngeren Vergangenheit.

Vor nicht allzu langer Zeit kam es bei der Wirecard-Aktie immer wieder zu wilden Bilanzspekulationen und Vorwürfen, die dazu geführt haben, dass die Aktie vor allem von Short-Sellern, wie die Aktienleerverkäufer heißen, in hohem Maß verkauft wurde. Die Aktie fiel von Kursen weit über 160 € bis auf 107 €.

Die Short-Seller spekulierten darauf, dass sich der Vorwurf der Bilanzmanipulation gegen das Unternehmen erhärten würde, der immer wieder in Artikeln erhoben wurde, vor allem in der *Financial Times*. Dadurch verloren Investoren ihr Vertrauen in das Unternehmen und verkauften ihre Anteile, was den Short-Sellern natürlich in die Karten spielte.

Leerverkäufe stehen wegen des hohen Maßes an Spekulation und möglichen Manipulationen gemeinhin in der Kritik und werden von den Finanzaufsichtsbehörden genau beobachtet. Im Fall Wirecard gab es seitens der Münchener Staatsanwaltschaft

Untersuchungen gegen die *Financial Times*. Es stand der Verdacht der bewussten Falschmeldung im Raum, um selbst von Leerverkäufen zu profitieren. Das führte von Mitte Februar bis April 2019 zur Aussetzung von Leerverkäufen der Wirecard-Aktie durch die BaFin. Seit Mitte April sind sie wieder erlaubt.

Wo kaufst du Aktien?

Direktbanken vs. Filialbanken

Manche legen bei ihren Bankgeschäften großen Wert auf eine persönliche Betreuung und Beratung. Ich habe ja an anderer Stelle schon von der nicht immer ganz vorhandenen Unabhängigkeit des Bankberaters gesprochen. Eine solche Beratung ist also zwar in vielerlei Hinsicht hilfreich, jedoch nicht immer von Vorteil.

Außerdem sind die Gebühren für eine Depoteröffnung oder eine Order bei Onlinebanken in der Regel günstiger. Denn jeder Kauf oder Verkauf einer Aktie sowie eine Abänderung oder Löschung von Wertpapieraufträgen kostet Geld. Diese Transaktionskosten musst du streng genommen in die jährliche Renditeberechnung deines Portfolios einfließen lassen. Ähnlich wie beim Dispositionskredit ist auch die Auswahl der günstigsten Variante bares Geld wert. Im Netz kannst du dich schlaumachen, verschiedene Angebote vergleichen und die Testsieger im Bereich Depotgebühren und Transaktionskosten finden. Zum Beispiel hier: www.testsieger-konto.de/depotkonto/

Folgende Kriterien solltest du vergleichen:

- die jährlich erhobene Depotgebühr
- die Kosten einer einzelnen Order, also eines Kauf- oder Verkaufsauftrags
- die Anzahl der verschiedenen handelbaren Produkte, auch als Sparplan
- die Prämien bei Depotübertragung von anderen Banken

- verschiedene Lockangebote, zum Beispiel „Cashback": Hier bekommst du, wenn du eine gewisse Anzahl an Orders ausgeführt hast, bis zu 200 € dieser Kosten erstattet.

Einordnung: Die Broker, die so etwas anbieten, möchten dich dazu animieren, entweder einen Sparplan abzuschließen, was ja nicht so verkehrt ist, oder ein aktiver Trader zu werden. Frag dich vorher, ob du das möchtest. Ansonsten kannst du die „Cashback-Angebote" aus deinen Überlegungen streichen.

Wie legitimierst du dich zum Aktienkauf?

Du hast dich dafür entschieden, die Depoteröffnung online vorzunehmen. Hierfür gibst du die geforderten Daten in die dafür vorgesehenen Onlineformulare auf der Anmeldeseite deiner Wunschbank ein und solltest noch einige der Dokumente lesen, die du dort downloaden kannst. Wichtig sind unter anderem die Schlusserklärung zur Konto-/Depoteröffnung, die AGB und das Preis- und Leistungsverzeichnis.

Nun musst du dich noch legitimieren, was heutzutage recht einfach über ein Video-Ident- oder ein Post-Ident-Verfahren möglich ist.

Wie risikofreudig bist du eigentlich?

Nach diesem Identifizierungsverfahren gilt es, zusätzlich einzuschätzen, wie es um dein „Risikoprofil" und deine „Risikoaffinität" bestellt ist. Dafür stellen Banken sogenannte Risikoinformationsblätter zusammen, in denen sie die Verlustwahrscheinlichkeit deines Geldes nach Anlagearten aufschlüsseln.

Du wirst entweder durch die Beantwortung der Fragen im Onlineformular oder in deiner Bankfiliale von deinem Bankberater in eine „Risikoklasse" eingestuft. Das geschieht, indem du Fragen zum Anlageziel, zu deinem Finanzwissen und deinem „Anlagezeithorizont" beantwortest. Später unterschreibst du, dass du über Chancen und Risiken aufgeklärt wurdest, und findest dich in einer „Risikoklasse" wieder. Je nachdem welche das ist, kannst du unterschiedliche Finanzprodukte kaufen und verkaufen. Es tauchen auch andere Anlageklassen als Aktien auf, also Fonds, ETFs und Immobilienfonds, die ich im entsprechenden Kapitel genauer beleuchte.

Durch diese Beratung und die Aufklärung, die damit einhergeht, sichert sich die Bank juristisch ab. Zu oft gab es Klagen, weil Bankberater ihre Kunden nicht ausreichend und nicht vollumfänglich über Risiken der Geldanlage in bestimmte Finanzprodukte aufgeklärt haben.

In der folgenden Grafik siehst du ein solches Risikoinformationsblatt.

Risikoklasse 1	Risikoklasse 2	Risikoklasse 3	Risikoklasse 4	Risikoklasse 5	Risikoklasse 6	Risikoklasse 7
Durchschnittl. historisches Verlustpotenzial in einem 12-Monats-Zeitraum von 0% bis 0,1% (rein indikativ)	Durchschnittl. historisches Verlustpotenzial in einem 12-Monats-Zeitraum von bis zu 5% (rein indikativ)	Durchschnittl. historisches Verlustpotenzial in einem 12-Monats-Zeitraum von bis zu 10% (rein indikativ)	Durchschnittl. historisches Verlustpotenzial in einem 12-Monats-Zeitraum von bis zu 25% (rein indikativ)	Durchschnittl. historisches Verlustpotenzial in einem 12-Monats-Zeitraum von bis zu 50% (rein indikativ)	Erhöhtes Kapitalverlustrisiko	Verlustpotenzial > eingesetztes Kapital/gestellte Sicherheit
Anleihen/Rentenfonds inkl. physischer Renten-ETF/Geldmarktfonds						
			Aktien/Aktienfonds inkl. physischer Aktien-ETF			
	Mischfonds					
	Offene Immobilienfonds					
			Rohstofffonds			
			Strukturierte Fonds (z. B. synthetische ETF und systematische Fonds)			
	Strukturierte Finanzinstrumente					
	Strukturierte Finanzinstrumente mit erhöhter Komplexität					
					Derivate	

Risikoklassen nach Anlageklassen abgegrenzt

Einordnung

Wurdest du beispielsweise aufgrund des Fragenkatalogs in „Risikoklasse 4" eingeordnet, kannst du keine Derivate handeln. Wächst mit der Zeit deine Erfahrung und du möchtest dein Risikoprofil anpassen, musst du das neu dokumentieren und unterschreiben.

Wie du siehst, sind Staatsanleihen, Geldmarktfonds und sogenannte Rentenwertpapiere, also zum Beispiel festverzinsliche Wertpapiere mit Laufzeiten von bis zu 5 oder 10 Jahren oder noch länger, am sichersten und in den Risikoklassen 1 bis 3 zu finden. Gemischte Fonds aus Renten, Immobilien und Aktien beginnen ab Risikoklasse 2, Rohstofffonds, Aktien und Aktien-ETFs gehören zur Risikoklasse 4 und können einen Verlust von bis zu 25 % in 12 Monaten aufweisen. Bei den Risikoklassen 6 und 7 kann es sogar sein, dass du nicht nur das eingesetzte Geld verlierst, sondern aufgrund der besonderen Konstruktion dieser hoch komplexen Finanzprodukte sogar mehr Geld „nachschießen" musst als ursprünglich investiert. Das kann bei Derivaten der Fall sein. Wie genau das vonstattengeht, erkläre ich in der Rubrik *Jetzt wirds deep* im Kapitel *Derivate*.

Wie viel kaufst du?

Zwei grundsätzliche Dinge, zu denen ich dir bei der Geldanlage immer raten würde, sind: Investiere regelmäßig und aufgeteilt, also gestreut in mehrere Unternehmen. Deutschlandweit, europaweit, vielleicht sogar weltweit. Man nennt diese Strategie auch Diversifizierung. Eine Möglichkeit, um einfach und sinnvoll zu diversifizieren, lernst du im Kapitel *ETFs* kennen.

Beim Aktienkauf zu „streuen", wie der Profi es nennt, hat mehrere Vorteile für dich. Unter anderem musst du nicht ständig die neuesten Entwicklungen einzelner Unternehmen verfolgen. Darüber hinaus hat ein regelmäßiges Investment, beispielsweise auf monatlicher Basis, zur Folge, dass deine Aktien einen Durchschnittspreis erzielen, da sie zu unterschiedlichen Zeiten und demnach unterschiedlichen Kursen erworben werden. Wenn du immer denselben Geldbetrag investierst, erwirbst du mehr Aktien, wenn der Kurs etwas niedriger ist, und weniger Aktien, wenn der Aktienkurs etwas höher steht. Simple Mathematik. Ich verdeutliche das mal an einem konkreten Beispiel:

Du hast dir ein Unternehmen ausgesucht und 5000 €, die du investieren kannst. Da wir alle nicht wissen, wann der Aktienkurs unten, also billig, oder oben, also teuer ist, ist dein Kaufzeitpunkt purer Zufall – ebenso wie die weitere Entwicklung deines Investments.

Nehmen wir mal an, du kaufst am 25. Oktober 2019 BASF-Aktien aus dem DAX zu einem Kurs von 70,31 €. Steigt deren Wert ab nun, ist das positiv für dich. Allerdings ist das ein klein wenig vergleichbar mit einem Roulette-Einsatz auf Rot oder Schwarz – kann klappen, muss aber nicht.

Es kann sinnvoller sein, die 5000 € in Portionen à 1000 € aufzuteilen und innerhalb einer bestimmten Zeit zu investieren, sagen wir innerhalb eines Monats. Dadurch ergibt sich ein Durchschnittspreis auf die Gesamtsumme von 5000 €, der mit einer höheren Wahrscheinlichkeit extreme Kursschwankungen und Kursspitzen ausgleicht und dir insgesamt einen besseren Kurs für deine Investition bringt. Das liegt daran, dass du bei steigenden Kursen weniger Aktien erwirbst und bei fallenden Kursen mehr, wenn du immer für den gleichen Betrag Aktien einkaufst.

Beispiel

1. Kauf: Schlusskurs Freitag 27.09.19	= 63,20 €	– 15 Stück
2. Kauf: Schlusskurs Freitag 04.10.19	= 61,81 €	– 16 Stück
3. Kauf: Schlusskurs Freitag 11.10.19	= 64,47 €	– 15 Stück
4. Kauf: Schlusskurs Freitag 18.10.19	= 66,31 €	– 15 Stück
5. Kauf: Schlusskurs Freitag 25.10.19	= 70,31 €	– 14 Stück
Ø-Preis für **75** Stück	= **65,086 €**	**pro Stück**

→ Die Folge wäre:
Bei einem einmaligen Kauf, zum Beispiel am 25.10.19, hättest du zum selben Preis „nur" 71 Stück der BASF AG (5000 € : 70,31 €) bekommen, und zwar zu einem um 8,02 % schlechteren Einstandskurs. Man nennt diesen Effekt Cost-Average-Effekt. Du kaufst immer für den gleichen Betrag, in unserem Fall für 1000 €, und nutzt die Mathematik dahingehend aus, dass du bei höheren Kursen weniger Aktien kaufst, bei tieferen Kursen mehr. In unserem kurzen Betrachtungszeitraum lag der Unterschied zwischen 14 und 16 Aktien pro Kauf. Diese Vorgehensweise verringert das Risiko beim Aktienkauf ein wenig.

PaTrick: Wenn du über einen längeren Zeitraum regelmäßig, am besten monatlich in einen ETF-Sparplan investierst, macht sich dieser Effekt ebenfalls positiv bemerkbar und du umschiffst die Kursspitzen in deinem Investment. Dadurch kannst du entspannter sein und hast nicht das Gefühl, jeden Tag nach „deiner" Aktie schauen und ständig nach tollen Einstiegs- oder Verkaufsgelegenheiten fahnden zu müssen. Du schläfst ruhiger, investierst automatisch ganz regelmäßig und lässt den Cost-Average-Effekt deinen, also jetzt seinen Job machen.

Ein weiterer Aspekt der Aktienanlage, den es zu berücksichtigen gilt, sind Dividenden. Sie können für die Aktie einen richtigen „Boost" bedeuten und dem Aktienkurs Schub verleihen. Was „Dividendenaktien" so attraktiv macht und warum sie auch in dein Depot gehören, führe ich mal etwas genauer aus.

Dividenden – ran an den Speck!

Seit einigen Jahren führt der Blick auf dein Sparbuch eigentlich nur noch zur Frustration? Kein Wunder: Die Inflation, auch Preissteigerungsrate genannt, frisst nicht nur deine Guthabenverzinsung auf, sondern auch Teile deines Sparguthabens. Du verlierst de facto Kaufkraft.

Aktien als Anlageklasse waren dir bisher zu riskant? Verständlich, denn die Kurse können fallen, wie du im Februar 2020 sehen konntest – da hatte der Index plötzlich 15,7 % innerhalb einiger Handelstage abgegeben.

Neugierig machen sollte dich allerdings, dass der langfristige Erfolg von Aktien als Anlageklasse mathematisch und statistisch bewiesen[10] ist. Die Konsequenz aus dieser Erkenntnis kann aus meiner Sicht nur der Kauf von Aktien sein. Zumal die Kursrückgänge günstige Kaufgelegenheiten bieten und es auch noch ein weiteres unschlagbares Argument gibt, das ich schon habe anklingen lassen: Viele Aktienunternehmen schütten regelmäßig üppige Dividenden aus, also attraktive Prozentsätze zwischen 2 und 10 % jährlich. Zum Vergleich: Zinsen auf dein Sparbuch gibt es momentan kaum, auf manchen Girokonten zahlt man, wenn man im Plus ist, sogar bis zu 0,4 % Strafzinsen – verrückt, ich weiß.

Statt auf steigende Zinsen zu warten, bietet es sich an, auf Dividendenaktien zu setzen. Quasi als „Zinsersatz". Sogenannte **Dividendenstars** – Unternehmen, die hohe Dividenden ausschütten – heben diese Zahlungen sogar jährlich an. Ich habe deine Aufmerksamkeit? Schön, dann gibts jetzt erst mal die Basics.

Dividenden – Renditemonster in Zeiten von Nullzinsen

Wusstest du, dass allein im Jahr 2019 die Gewinnausschüttungen der 160 größten börsennotierten Konzerne in DAX, MDAX und SDAX sage und schreibe 52,4 Milliarden € betragen haben?! Trotz des allgemein schwierigen Marktumfelds durch den Handelskonflikt der USA mit China, des Brexits und der politischen Schwierigkeiten in der EU nach den Wahlen sowie des Chaos mit Italien und der

---

[10] https://www.boerse.de/grundlagen/aktie/Renditedreieck-Dax-Jaehrliche-Durchschnittsrenditen-seit-1980-8

schier ausufernden Schulden haben die Unternehmen an ihre Aktionäre höhere Dividenden ausgeschüttet als jemals zuvor. Durchschnittlich werden in Europa rund 42 % der Unternehmensgewinne an die Aktionäre ausgeschüttet.

Aktien als Anlageklasse bedeuten für dich nicht nur, dass du die Chance hast, an der positiven Kursentwicklung der Aktie, also des Unternehmens teilzuhaben, sondern auch, dass du neben einer durchschnittlichen Rendite beim DAX (in den vergangenen knapp 40 Jahren zwischen 1980 und 2018 satte 8,5 %) eine jährliche „Bonuszahlung" erhältst – die Gewinnausschüttung, kurz Dividende.

Nur um das mal zu verdeutlichen: Hättest du im Jahr 1980 10 000 € in den DAX investiert, wäre daraus bis heute ein Betrag von gut 202 000 € geworden. Die Inflation bleibt in diesem Beispiel unberücksichtigt. Das entspricht einer Verzwanzigfachung innerhalb eines halben Menschenlebens. Und das, ohne dass du in der Zwischenzeit etwas dafür tun musstest. Das Beste ist nämlich, dass du nicht mal zwingend die einzelnen Aktien, die den DAX bilden, kennen oder viel Zeit in Recherche oder Unternehmensanalyse investieren musst. Du musst tatsächlich einfach nur den Geldbetrag anlegen und dann abwarten und Tee trinken.

Zum Vergleich: Bei der Anlage auf einem Sparbuch wären aus 10 000 € rund 23 010,37 € geworden, ohne Inflationsbereinigung.

Konkrete Dividendenfakten am Beispiel Daimler:

Nehmen wir mal an, du hast 50 Aktien von Daimler in deinem Depot. Die HV hat eine Dividende von 3,25 € pro Aktie für 2019 beschlossen. Daraus ergibt sich eine Bruttodividende von 50 × 3,25 €, also 162,50 €, die du nach Abzug der Steuern auf dein Konto ausbezahlt bekommst. Wichtig, um die Dividende ausgezahlt zu bekommen, ist, dass du die Aktien vor dem HV-Termin im Depotbestand hattest.

Rechnung:

50 Aktien × 3,25 € = 162,50 € (Bruttodividende)

Jetzt muss noch die Abgeltungssteuer in Höhe von 25 % (40,62 €) abgezogen werden. Bleiben 121,88 € (noch) abzüglich des Soli (8,94 €). Macht eine Gutschrift von 112,94 € auf deinem Konto.

Besonderheit des DAX

Der DAX, den du aus den Medien kennst, ist ein sogenannter Performanceindex. Wichtig im Zusammenhang mit Dividenden ist für dich zu wissen, dass diese Art Index vorsieht, dass man die ausgeschütteten Dividenden wieder in Aktien des Unternehmens steckt, also reinvestiert. Ein bisschen wie bei deinem Lieblingskaffeeladen, wo du bei jedem Latte macchiato einen Stempel auf deinen „Treuebogen" bekommst. Sobald du 10 Stempel hast, gibt es einen Latte umsonst.

Bezogen auf die Dividenden heißt das Folgendes:

Die Bruttodividende, die das Unternehmen pro Aktie ausschüttet, wird am Tag nach der HV vom Schlusskurs der Aktien des Vortages abgezogen. Der Schlusskurs ist der letzte festgestellte Preis der Aktie zum Handelsschluss. Sobald dir das Geld gutgeschrieben wurde, kannst du davon weitere Aktien des Unternehmens kaufen, um noch intensiver an der Kursentwicklung teilzuhaben. Alternativ kannst du dir das Geld auch als „passives Einkommen" auszahlen lassen. Das bleibt ganz dir überlassen.

Um bei unserem Beispiel zu bleiben: Daimler hatte am Donnerstag, 22. Mai 2019, Hauptversammlung, auf der eine Dividende von 3,25 € pro Aktie beschlossen wurde. Der Schlusskurs der Aktien am Tag der HV betrug 50,83 €. Am Tag darauf wurde die Aktie dann „ex Dividende" gehandelt – also ohne Bruttodividende. Diese Reduzierung des Aktienkurses um die Bruttodividende nennt man „Dividendenabschlag", in unserem Fall 3,25 €. Der Eröffnungskurs der Aktie nach der HV stand bei 47,58 € (50,83 € abzüglich 3,25 €).

→ Von deinen 112,94 € Nettodividende kaufst du dann zwei weitere Daimler-Aktien, die zusammen 94,96 € kosten. Von den restlichen knapp 18 € lädst du einen guten Freund zum Latte macchiato ein. ;-)

Danach hast du statt 50 Daimler-Aktien 52 Stück im Depot und musstest für die beiden zusätzlichen Aktien kein weiteres eigenes Geld investieren. Du hast sie vom Unternehmensgewinn, der Dividende, gekauft.

Dividendenstars und Dividendenflops

Du weißt jetzt, was Dividenden sind, und hast ein Gefühl dafür bekommen, dass sie für dein Aktiendepot und deine Geldanlage ein richtiger „Boost" sein können. Aber ich habe noch ein paar weitere Schmankerl zusammengestellt.

Nicht jede Aktiengesellschaft zahlt eine üppige Dividende, auch wenn sie sehr hohe Gewinne erzielt. Das wohl bekannteste Beispiel dafür ist Apple. Der iPhone-Hersteller zahlt zwar alle vier Monate eine Dividende aus, was in den USA ziemlich üblich ist, allerdings liegt die Gewinnausschüttung für 2018 beispielsweise bei mageren 0,38 % im 1. Quartal, 0,45 % im 2. Quartal, 0,46 % im 3. Quartal und 0,47 % im 4. Quartal. Macht zusammen: 1,75 % im Jahr, im Vergleich zu anderen ein Dividendenflop.

Derweil hortet Apple übrigens ein Barvermögen von geschätzten 245 Milliarden US$,[11] um künftige Investitionen und Innovationen zu bezahlen und zu finanzieren. Hier geht Innovation vor Gewinnbeteiligung der Aktionäre.

Anders verhält es sich bei den Dividendenstars unter den Aktien. Um in vertrauten Gefilden zu bleiben, erst mal die Topdividendenaktien aus dem DAX (Stand Juni 2019):

- **Allianz-Versicherung:** 9,50 € Dividende/Aktie (4,8 % Dividendenrendite) bei Aktienschlusskurs 198 €

---

[11] https://www.stern.de/digital/smartphones/iphone-krise--apple-waechst-ueberall--ausser-da--wo-es-am-wichtigsten-ist-8557238.html

- **Deutsche Telekom:** 0,75 € Dividende/Aktie (5,1 % Dividendenrendite) bei Aktienschlusskurs 14,80 €
- **Daimler AG:** 3,25 € Dividende/Aktie (6,4 % Dividendenrendite) bei Aktienschlusskurs 50,83 €

MDAX: Beste Aktie ProSiebenSat.1: 8,1 % Dividendenrendite
SDAX: Beste Aktie Bet at home: 9,4 % Dividendenrendite
TechDAX: Beste Aktie Telefónica Deutschland: 9,4 % Dividendenrendite

Was es für dich zusätzlich zu beachten gilt

Es gibt eine jährliche Dividendenrendite bei Aktien, also die Rendite, die sich aus der Dividendenausschüttung im jeweiligen Jahr oder Quartal ergibt (siehe zum Beispiel oben Allianz 4,8 %), und es gibt deine „eigene" Dividendenrendite, die damit zusammenhängt, welchen Preis du für die Aktien bezahlt hast. Ist dieser niedriger als der aktuelle Kurs an der Börse, ist deine eigene Dividendenrendite pro Aktie höher. Hast du die Aktien damals teurer gekauft, so ist deine Rendite niedriger.

Ein Beispiel anhand meines eigenen Depots:

Ich habe im Juni 2003 Fresenius-Aktien für 5,12 € pro Aktie gekauft. Die erste Dividendenzahlung gab es dann 2004, die Dividende lag bei 0,15 € pro Aktie. Die Dividendenrendite lag damit für mich bei 2,93 %.

$$\text{Rechnung:} \quad \frac{0,15 \text{ € (Dividende)}}{5,12 \text{ € Kaufpreis}} \times 100\,\% = 2,93\,\%$$

Im Mai 2019 war der Schlusskurs 48,81 €. Ich besitze meine Aktien noch immer, jedoch hat sich die Dividende bei Fresenius in den letzten 26 Jahren jedes Jahr erhöht. Mit aktuell 0,81 € pro Aktie gehören sie zu den absoluten Dividendenstars oder wie Börsenfachmann und -frau sie nennen: Dividendenaristokraten. Unternehmen, die ihre Dividenden stetig erhöhen. Für mich ist das im Jahr 2019 gleichbedeutend mit einer Dividendenrendite von:

$$\text{Rechnung: } \frac{0,81\,€\ (\text{Dividende})}{5,12\,€\ \text{Kaufpreis}} \times 100\,\% = 15,82\,\%$$

Dividenden sind, neben Kursgewinnen, bei Aktien das Kaufargument Nummer 1. Die Reinvestition der Dividenden in weitere Aktien lässt zudem deinen Anteil am Unternehmen steigen – wie beim Daimler-Beispiel, aus 50 Aktien mach 52.

Außerdem sind Unternehmen, die eine Dividende ausschütten, auch für Profiinvestoren sehr interessant, also für Fondsmanager, Vermögensverwalter und Pensionsfonds. Sie bringen historisch betrachtet geringere Kursschwankungen[12] mit sich. Daraus ergibt sich eine starke Nachfrage nach diesen Aktien, sie steigen langfristig im Kurs und sind damit besonders für langfristige Sparer geeignet.

Besonders bemerkenswert ist, dass viele Unternehmen in den letzten 25 Jahren wiederholt ihre Gewinnausschüttungen angehoben haben. Das bedeutet: Je besser ein Unternehmen verdient, desto mehr beteiligt es seine Aktionäre daran. Welche Unternehmen das genau sind und welchen Branchen sie angehören, das findest du sehr gut auf Websites, die sich auf Daten, Fakten und Statistiken der Börse spezialisiert haben, zum Beispiel: www.finanzen.net/index/dax/dividenden

Meine Empfehlung

Investiere den Anteil deines Geldes, den du für Aktien angedacht hast, mehrheitlich in solche, die eine Dividende ausschütten. Ich halte einen Anteil von um die 60 % an Dividendenaktien in deinem Portfolio für durchaus angemessen. Welche Unternehmen Dividenden

---

[12] https://www.focus.de/finanzen/boerse/experten/aktien-kaufen-worauf-es-beim-investieren-in-dividenden-aktien-ankommt_id_10314750.html

ausschütten, kannst du kinderleicht im Internet auf Fachseiten wie
www.finanzen.net oder www.deraktionaer.tv erfahren, um nur einige Beispiele zu nennen.

Die anderen 40 % deines Geldes investiere in Aktien von Unternehmen, die ihre Gewinne größtenteils ins eigene Unternehmen,
Innovationen und Aktienrückkaufprogramme stecken, um dir eine
attraktive Mischung aus „sicherer Dividendenrendite" und Aktien
mit größerer Kursfantasie (geht mit größerem Kursrisiko einher)
zu sichern.

Sichere dir mittels einer eigenen Übersicht, zum Beispiel in Form
einer Tabelle, den Überblick über steigende Dividendenausschüttungen bei deinen persönlichen Dividendenstars – so wie in meinem Fresenius-Aktien-Beispiel.

Reinvestiere die Dividenden wieder in Aktien, um an der Ge-
samtentwicklung des Unternehmens teilzunehmen und deinem
Depot den entsprechenden „Finanzboost" zu ermöglichen.

DAX-Performanceindex vs. DAX-Kursindex

DAX-Entwicklung mit und ohne Reinvestition aller Dividenden

Die Grafik verdeutlicht den Unterschied zwischen den Kursverläufen des DAX mit und ohne Wiederanlage der Dividenden. Die untere Kurve zeigt die Entwicklung beim „Abschöpfen", die obige bei „Reinvestition" der Dividende.

Aufgabe ✏

- Recherchiere die Unternehmen mit den höchsten Dividendenrenditen, stell dir in einer Tabelle eine eigene kleine Übersicht zusammen und notiere darin den jeweiligen Kaufpreis der Aktie sowie die Ausschüttung des dazugehörigen Unternehmens pro Aktie im jeweiligen Jahr. Dann hast du Kurs- und Dividendengewinne transparent auf einen Blick und kannst ganz leicht überblicken, wie du deine Investments am effizientesten steuerst.

Die Vor- und Nachteile von Dividendenaktien
Vorteile
- Dividenden sind passives Einkommen. Die regelmäßige Ausschüttung (vierteljährlich, jährlich etc.) verschafft dir berechenbare Liquidität bzw. Geldmittel.
- Dividenden sind unabhängig von der Kursentwicklung am Aktienmarkt. Fallende Kurse bedeuten nicht automatisch fallende Dividenden.
- Dividenden steigen mit dem realen Unternehmenserfolg und dem Gewinn und nicht zwangsläufig aufgrund der Prognose zukünftiger Geschäftsentwicklungen, so wie der Aktienkurs.
- Auch Dividenden sind bis zu einem Freibetrag von 801 € für Singles und 1602 € für Ehepaare pro Jahr steuerfrei.

Nachteile
- Dividendenzahlungen sind nicht, wie Zinsen, garantiert, sondern werden vom Unternehmen/Vorstand einseitig bestimmt.
- Ein einzelner Aktionär hat keinen Einfluss auf die Höhe der Dividendenzahlung des Unternehmens.

- Wer sein Geld nur in Aktien investiert, die die Kriterien „Stabilität der Ausschüttung" oder „steigende Ausschüttungen" erfüllen, schränkt seine Aktienauswahl stark ein und läuft Gefahr, sehr erfolgreiche Aktienunternehmen mit einem starken Kursplus – wie in der Vergangenheit zum Beispiel Microsoft, Apple und Amazon – links liegen zu lassen. Rückblickend zahlten diese Unternehmen nämlich zwar häufig über lange Zeit keine Dividenden, konnten aber durch die Reinvestition ihrer Gewinne in das Unternehmen sehr positive Kursentwicklungen an der Börse verzeichnen.

Investition vs. Spekulation

Die Motivationen der Anleger für die Entscheidung, an der Börse Geld zu investieren, sind sehr unterschiedlich. Während Fondsmanager und Pensionskassen das Geld ihrer Anleger rentierlich, also wertsteigernd, und langfristig anlegen wollen und müssen, gibt es auch Glücksritter, sogenannte Day-Trader, die, wie der Name schon sagt, einen sehr kurzfristigen, spekulativen Handelsansatz verfolgen.

Nicht selten kommt es auch zu strategischen Übernahmen eines Unternehmens durch ein anderes, wie Ende März 2019, als Walt Disney Teile von 21st Century Fox übernahm. Manchmal übernimmt ein Unternehmen einen Konkurrenten oder fusioniert mit diesem, um im globalen Wettbewerb konkurrenzfähiger zu sein. Die Stahlbranche zum Beispiel ist eine Branche im Wandel. Die Gewinne der einzelnen Unternehmen werden kleiner, man legt Firmenteile zusammen, restrukturiert oder lagert Unternehmsteile aus, um wieder attraktiver für Investoren zu werden. Thyssenkrupp und Mittal Steel wollten ihre Geschäftsaktivitäten zusammenlegen, um als ein großes Stahlunternehmen gegen die chinesische Konkurrenz bestehen zu können.

Ein kleiner Exkurs in meine Zeit als Aktienhändler

Für manchen Laien ist die Börse wie ein Casino: Alles reiner Zufall, Gewinne erzielen ist pures Glück und man selbst, als Unwissender, wird sowieso über den Tisch gezogen.

Diese negative Haltung zur Börse, vor allem in Deutschland, resultiert nicht zuletzt aus den negativen Erfahrungen der Aktionäre mit den Entwicklungen der Börsengänge der Deutschen Telekom seit 1996 und dem sogenannten Platzen der Blase des Neuen Marktes 2003. Beinahe jeder von uns kennt jemanden, der damals davon betroffen war – und es vielleicht heute noch ist.

In den Jahren 1999 bis 2003, in denen ich als Trader tätig war, verging kaum ein Tag, an dem ich nicht auf Menschen traf, die zwischen himmelhochjauchzend und zu Tode betrübt hin- und herwankten, weil die Kurse für oder gegen sie liefen. Nicht wenige steckten ihre Ersparnisse oder Omas Notgroschen in Aktien und Neuemissionen des Neuen Marktes, um beim großen Börsenhype dabei zu sein. In meinem Bekanntenkreis wurde ich mehrfach täglich nach Tipps und Anlageempfehlungen gefragt und darum gebeten, Konten zu eröffnen, damit Menschen bei der Emission und den IPOs dabei sein konnten. Ich habe das nicht gemacht und mich auch mit direkten Tipps zurückgehalten. Denn in verrückten Zeiten, die von Gier und Leichtsinn geprägt sind, will niemand wirklich fundierte Tipps. Die Leute wollen Geld, Geld und nochmals Geld.

Ich war schockiert über diesen Hype und das sehr geringe Maß an Finanzbildung, gepaart mit der Gier der Anleger, die sich damals völlig fachfremd an der Börse tummelten. Solange es frische Anleger gab, die an die Börse strebten, war das ein „Schneeballsystem" mit selbstverstärkender Wirkung. Nach der „Börsenparty" hatten die meisten einen gehörigen Kater. In der Folge war die Zahl der Aktienbesitzer in Deutschland lange Zeit rückläufig. Das änderte sich erst mit der Nullzinspolitik der EZB.

Wem gehört der DAX?

Anteilseignerstruktur der DAX-Konzerne nach Herkunft (in %)

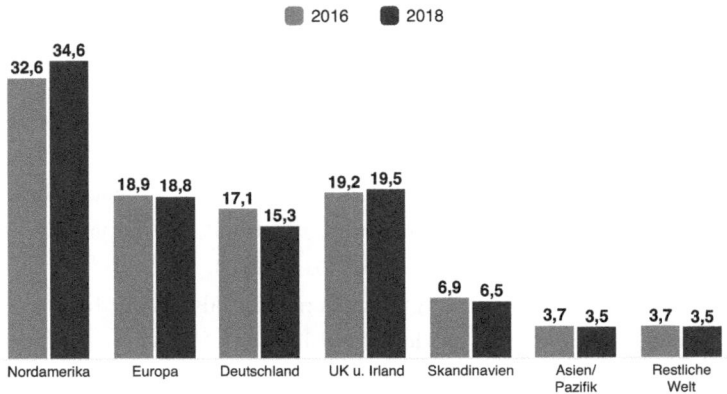

Wie hoch schätzt du die Zahl der deutschen Aktionäre? Wie viel Anteil an der „Deutschland AG" besitzen wir alle? Und warum sind die Anteile der Deutschen an der „Deutschland AG" wichtig? Ganz einfach: Es ginge uns finanziell wesentlich besser, wenn wir mehr Immobilieneigentum oder alternativ dazu mehr Aktien besäßen. Egal ob in einzelne Unternehmen gestreut oder in Form von Aktienfonds und Aktien-ETFs.

Bisher profitiert nur eine Minderheit der Deutschen von den guten Entwicklungen am Aktienmarkt. Zu negativ behaftet ist die Börse für viele, die ihre negativen Glaubenssätze und Vorurteile vor langer Zeit ausgeprägt haben und seitdem in sich tragen. Viele davon lassen sich ganz klar auf einen Mangel an Finanzbildung zurückführen. Denn sieht man sich langfristige Statistiken an, so gibt es keinen 15-Jahreszeitraum seit Bestehen der Bundesrepublik, innerhalb dessen du bei einem Investment in den DAX keine Gewinne erzielt hättest.

Profiteure dieser langfristig sehr positiven Entwicklung der Börse hierzulande sind, wie oben in der Grafik zu sehen, ausländische Investoren, zu einem Großteil aus dem angelsächsischen Raum, wie den USA und Großbritannien.

Neben dem falschen Bild, das viele noch immer von der Börse haben, und dem zu geringen Wissen um die Anlage an der Börse waren es vor allem Gesetzesänderungen der Schröder-Regierung zu Beginn des Jahrtausends, die es ausländischen Unternehmen so einfach und schmackhaft gemacht haben, in deutsche Unternehmen zu investieren. Bei einer Veräußerung ihrer Anteile an eine andere Kapitalgesellschaft (KG), sind für eine KG die sogenannten Veräußerungsgewinne steuerfrei.

Beispiel: Firma A kauft Aktien von Firma B und verkauft sie mit Gewinn weiter, so sind darauf keine Steuern zu bezahlen. Du und ich, wir zahlen Steuern auf Aktiengeschäfte beziehungsweise auf die Gewinne. Das Zauberwort ist „Abgeltungssteuer". Sie beträgt 25 %. Das ist Nachteil Nr. 1, den wir als persönliche Anleger gegenüber KGs haben.

Hinzu kommen die aktuellen Pläne von SPD-Finanzminister Olaf Scholz, die noch mehr Einfluss auf unser Portemonnaie und unsere Performance haben, also die prozentuale Entwicklung unseres Portfolios. Er plant, eine „Transaktionssteuer" einzuführen, die Menschen, die mit Aktienkäufen für ihr Alter vorsorgen wollen, nicht ausnimmt. Konkret bedeutet das: Sobald du Aktien kaufst oder verkaufst, verdient der Staat mit, unabhängig davon, ob du Gewinn erzielst oder nicht. Eben an jeder Transaktion.

Meines Erachtens ist das eine Katastrophe, denn durch sinkende Renditen sinkt auch die Attraktivität von Aktien gegenüber anderen Anlageprodukten, wie beispielsweise Zertifikaten, die von der Besteuerung teilweise ausgenommen sind. Ich hoffe sehr, dass diese Steuer vor allem die großen institutionellen Anleger trifft, die keine Kundengelder von „kleinen" Sparern anlegen. Vor allem Pensionskassen und Fonds, die mit Sparverträgen ausgestattet sind, sollten unbedingt von der Steuer befreit bleiben.

Diversifikation und Streuung – wann welches Risiko eingehen?

Bist du ein risikofreudiger Mensch? Liebst du Adrenalinausschüttungen und Nervenkitzel? Ich nicht so sehr, vor allem nicht bei der Geldanlage, da bin ich eher etwas langweilig – um es mit Jürgen Klopps Worten zu sagen: „I am the normal one ..." ;-) Meine Maxime heißt daher: Chancen nutzen und Risiken kennen und begrenzen.

Wie bereits erwähnt, unterliegen Aktienkurse Schwankungen und sind nicht vorhersagbar. Wenn du alles auf eine Karte, also eine Aktie setzt, dann besteht die Möglichkeit, dass dein investiertes Geld mit einem Mal futsch ist. Das will natürlich keiner.

Nicht ganz so schlecht, aber deutlich schlechter als der Index, in dem die Aktie gelistet ist, hat sich die Aktie der Deutschen Telekom entwickelt. Zu Zeiten des ersten Telekom-Börsengangs lag der DAX bei ungefähr 2850 Punkten. Ihr Rekordhoch hatte die Aktie am 6. März 2000 mit 104,90 €. Da lag der DAX um die 8000 Punkte. Im Januar 2020 pendelte sie um die 14,66 €. Der DAX liegt derweil bei 13 427 Punkten.

Hier wird ganz deutlich: Nur eine einzige Aktie zu kaufen, kann nach hinten losgehen. Hätte man – unwahrscheinlich, aber möglich – tatsächlich im Jahr 2000 Telekom-Aktien auf ihrem Höchstkurs gekauft und besäße sie noch immer, hätte man ein Minus von rund 85 % eingesteckt, während der DAX selbst seitdem um 12 907 Punkte, also knapp 40 % gestiegen ist.

Selbst wenn du beim IPO, dem Börsengang der Telekomaktien, dabei gewesen wärst und Aktien zum Ausgabepreis von umgerechnet 14,32 € bekommen hättest, wäre deine Performance im Aktienkurs ca. +8,9 % gewesen. Zum Vergleich: Der DAX hat seitdem um 452 % zugelegt. Unberücksichtigt sind hier die Dividendenzahlungen der Deutschen Telekom im Detail. Womöglich hättest du sie reinvestiert. Deshalb kann man Aktie und Index ruhig vergleichen.

Zwischenfazit

Wenn du ernsthaft vorhast, dein Geld langfristig anzulegen und die Risiken dabei zu minimieren, dann kaufe nicht nur Aktien einer Firma, sondern teile das Geld auf mehrere Unternehmen auf.

Wie du dir ein breit gestreutes Aktienportfolio aufbaust

Ich bin ein Fan gemischter Aktienportfolios, also einer Aktienmischung, die nach Risikokriterien, aber auch nach Chancen und Innovationskriterien aufgebaut ist. Manchmal gibt es Branchen, die aufgrund technologischer Entwicklungen innerhalb einer Industrie sehr gute Zukunftsaussichten aufweisen. Oder der „politische Wille" oder spannende gesellschaftliche Entwicklungen wie „Fridays for Future" begünstigen, unterstützen und fördern bestimmte Unternehmen eines Landes und benachteiligen somit die anderen – wenn du dich intensiver mit den unterschiedlichen Branchen und Unternehmen auseinandersetzen willst, dann wird es hier interessant.

In den letzten 20 bis 30 Jahren waren in Deutschland Aktien aus der „Old Economy" eine gute Wahl für das eigene Depot. Dazu gehören Unternehmen aus der Versicherungs- und Bankenbranche, aber auch Chemie- und Pharmafirmen wie zum Beispiel BASF, Bayer, Fresenius und Merck. Und bis vor einiger Zeit auch noch Unternehmen aus der Automobilbranche, also BMW, Daimler und Volkswagen. Ab dem Jahr 2000 kam die „New Economy" dazu, also IT- und Tech-Unternehmen wie zum Beispiel SAP, Infineon, Deutsche Telekom, Siemens und später Wirecard.

Heute bin ich jemand, der sich auch Aktien in sein Depot legt, die ein relativ hohes Kursrisiko aufweisen. Dabei handelt es sich um Unternehmen, die nicht bereits seit Dekaden am Markt sind und sich erst noch an ihrem Markt etablieren müssen – Innovations- und Trendunternehmen. Sie kommen beispielsweise aus den Sektoren Wasserstoff, Windkraft und Cannabis oder sind Fleischersatzprodukthersteller wie Beyond Meat.

Eine Zeit lang sah es zum Beispiel so aus, als ob die ganze Gesellschaft auf E-Autos umsteigen würde. Zu dieser Zeit hatte ich Lithiumunternehmen im Depot. Mittlerweile glaube ich in Sachen Mobilität jedoch fest an einen „Energiemix". Das würde bedeuten, dass unsere Mobilität sich künftig, also bis ca. 2035, aus ungefähr 50 % E-Autos und Hybridmodellen speisen wird, zu ca. 25 % aus Wasserstoff- und Brennstofftechnologie und zu den restlichen 25 % aus optimierten Verbrennungsmotoren mit synthetischen Kraftstoffen. Deren CO_2-Bilanz ist positiver, da sie aus dem CO_2 gewonnen werden, das sich bereits in der Atmosphäre befindet. Ich suche also Unternehmen, die sich auf diese Technologien spezialisiert haben und weltweit unter den „Top Drei" sind.

Jahre	Jahr	DAX-Kurs „damals"	DAX-Kurs 1 Jahr später	Rendite auf Jahressicht
1	1998	4249,69	5002,39	+17,71 %
2	1999	5002,39	6958,14	+39,10 %
3	2000	6958,14	6433,61	–7,54 %
4	2001	6433,61	5160,10	–19,80 %
5	2002	5160,10	2892,63	–43,94 %
6	2003	2892,63	3965,16	+37,08 %
7	2004	3965,16	4256,08	+7,34 %
8	2005	4256,08	5408,26	+27,07 %
9	2006	5408,26	6596,92	+21,98 %
10	2007	6596,92	8067,32	+22,29 %
11	2008	8067,32	4810,20	–40,37 %
12	2009	4810,20	5957,43	+23,85 %
13	2010	5957,43	6914,19	+16,06 %
14	2011	6914,19	5898,35	–14,69 %
15	2012	5898,35	7612,39	+29,06 %
16	2013	7612,39	9552,16	+25,48 %
17	2014	9552,16	9805,55	+2,65 %
18	2015	9805,55	10 743,01	+9,56 %
19	2016	10 743,01	11 481,06	+6,87 %
20	2017	11 481,06	12 917,64	+12,51 %
21	2018	12 917,64	10 558,96	–18,26 %
22	2019	10 558,96	13 249,00	+25,48 %
23	2019	13 249,00	Durchschnittsrendite	8,16 %

Übersicht über die Renditeentwicklung des DAX 1998 bis 2019

„Die Mutter der Porzellankiste" – Stopps und Absicherungen

Unser Finanz-Fitness-Beispiel Liam hat sich ein sogenanntes Trading-Depot eingerichtet. Bei diesen „spekulativen Aktien" arbeitet Liam gerne mit einem Ordertypus, der sich „Stop-Loss-Order" nennt. Er hat von den Erfahrungen seines Vaters am Neuen Markt zu Beginn des Jahrtausends gelernt und sichert sich damit gegen zu hohe Kursverluste ab. Eine solche Verkaufsorder wird dann ausgeführt, wenn der Aktienkurs eine gewisse Schwelle, also einen bestimmten Kurs erreicht hat.

Beispiel

Liam kauft Aktie A für 5 € und spekuliert auf steigende Kurse. Das Geschäftsmodell ist schlüssig, das Management fähig. Leider ist Liam seiner Zeit voraus, außer ihm sehen nicht viele weitere Anleger das Potenzial des Unternehmens. Es könnte auch der Geschäftsführer des Unternehmens ausscheiden, einen Unfall im Unternehmen geben oder andere kursbewegende Nachrichten, die den Kurs zum Sinken bringen.

Nun hat Liam genau für diesen Fall eine Stop-Loss-Order mit langer Gültigkeit an der Börse platziert. Das von Liam festgelegte Limit ist 4 €. Dadurch passiert Folgendes: Sobald der Aktienkurs auf 4 € oder darunter sinkt, ist die „Verlustschwelle" erreicht. Die Verkaufsorder mit den Angaben zu Aktienanzahl, Handelsplatz etc. wird zum nächsten Kurs ausgeführt.

Eine weitere Variante kann sein, dass du zum „Stop-Loss-Limit" von 4 € noch ein Verkaufslimit hinzufügst. In unserem Beispiel läge das Stop-Loss-Limit bei 4 € und das Verkaufslimit bei beispielsweise 3,90 €. Das bedeutet nichts anderes, als dass bei Erreichen der Stoppmarke von 4 € der Verkaufspreis der Aktien nicht schlechter als 3,90 € sein darf.

Zur Verdeutlichung: Der Kurs von 4 € wird erreicht, der nächste Kurs wäre aber 3,88 €, dann werden die Aktien nicht zu diesem Preis verkauft, weil er unter 3,90 € liegt. Die Aktien werden erst verkauft, wenn der Kurs wieder auf 3,90 € steigt.

Im entgegengesetzten Szenario steigt der Wert der Aktie von 5 € auf 5,80 € und Liam möchte seinen rechnerischen, noch nicht realisierten Gewinn „absichern". Er platziert eine Stop-Loss-Order leicht oberhalb seines Einstiegspreises, bei 5,15 €. Damit sichert er sich einen Teil seines Gewinns. Sollte die Aktie weiter steigen, hat Liam die Möglichkeit, seine Stop-Loss-Marke „mitzuziehen", also nach oben anzupassen.

Je nach Unternehmen halte ich bei weniger schwankenden Kursen ein Stop-Loss-Limit mit einem Abstand von 10 % zum Kurs für sinnvoll, bei Aktien, die stärker schwanken, von 15 oder 20 %.

Die Vor- und Nachteile einer Stop-Loss-Order-Absicherung
Vorteile
- Du kannst dich gegen hohe Verluste absichern.
- Du musst nicht täglich die Kurse kontrollieren und kannst eine bis zum Jahresende gültige Order aufgeben.
- Du kannst das Limit selbst auswählen.
- Du kannst Gewinne absichern.

Nachteile
- Es besteht immer das Risiko, dass du den Abstand zwischen Aktienkurs und Stop-Loss-Limit zu gering wählst und ausgestoppt wirst.
- Du schaust häufiger auf die Kursentwicklung als bei einem Depot, in dem du ausschließlich langfristig angelegt hast.

No-Go beim Aktienkauf – die Kreditfinanzierung
Ein allgemeingültiges absolutes No-Go ist der Kauf von Aktien auf Kredit. Warum? Zum einen musst du den Kredit in Raten zurückzahlen, plus Zinsen, und zum anderen weißt du ja nicht, ob genau dann, wenn du den Kredit beanspruchst, die Aktienkurse steigen werden.

Was, wenn die Kurse schwächeln und du gleichzeitig die Kreditraten bezahlen musst? Der Geldverlust beschleunigt sich dadurch umso mehr. Kein vernünftiges Chance-Risiko-Verhältnis, oder? Das einzige Szenario, in dem sich so etwas theoretisch finanziell lohnen könnte, ist: Der Kurs der Aktien, die du auf Kredit kaufst, steigt in sehr kurzer Zeit sehr stark und du profitierst durch den Kredit und die höhere Kapitalsumme des Anstiegs. Solltest du die Absicht haben, mit relativ geringem Kapitaleinsatz relativ große Geldbeträge an den Kapitalmärkten zu handeln, musst du in Derivate und deren „Hebel" investieren. Damit hast du die Möglichkeit, mit deinem Kapital das 5-, 10- oder 20-Fache zu handeln. Wie genau das geht, erläutere ich im Kapitel *Derivate und CFDs*.

Meine Dos and Don'ts bei der Aktienanlage – Zusammenfassung

Do: Definiere für dich unbedingt Anlageziel, Anlagedauer und deine Anlagesumme. Ein konkreter Plan wird dich deinen finanziellen Zielen näher bringen.

Do: Triff deine Anlageentscheidungen basierend auf deinem eigenen Finanzwissen. Eigne dir immer wieder Finanzbildung an, um fundierte Entscheidungen treffen zu können.

Do: Sei ehrlich beim Thema Chancen und Risiko. Wie stehst du dazu? Wie gehst du damit um, wenn deine Aktien im Kurs sinken? Behältst du sie dann trotzdem? Es gibt Menschen, die leiden ziemlich, wenn der Wert ihrer Aktien oder ihres Depots zwischenzeitlich auch mal rückläufig ist.

Do: Falls du Freunde oder Familie hast, die investieren, sprich mit ihnen über eure Anlageerfahrungen. Erörtert, worauf es euch jeweils ankommt, was eure Kriterien bei der Auswahl von Anlageklassen und Summen sind. Nutze die „Friends and family"-Schwarmintelligenz!

Do: Belege Seminare, lies Bücher oder Blogs, absolviere Webinare und halte deine Anlageentscheidungen schriftlich fest. Schau dir deine Performance an und überprüfe regelmäßig deine

Entscheidungskriterien: Weshalb tätigst du ein bestimmtes Investment etc.

Don't: Höre nicht unreflektiert auf die Empfehlungen selbst ernannter Experten und folge ihnen nicht, ohne die Kriterien und Überlegungen ihrer Investmententscheidungen nachvollziehen zu können.

Don't: Investiere nicht nur in Aktien eines einzelnen Unternehmens, sondern teile dein Geld auf mehrere Firmen auf. Kaufe in mehreren „Tranchen", nicht nur an einem Tag.

Don't: Investiere niemals in Aktien eines Unternehmens, dessen Produkte du nicht verstehst, bei denen dir das Geschäftsmodell zu komplex erscheint oder zu dem du keinerlei Bezug herstellen kannst.

Don't: Investiere niemals auf Kredit und niemals in Finanzprodukte, die es erfordern, dass du zusätzlich zu deinem eingesetzten Kapital Geld „nachschießen" musst, weil der Verlust deinen Einsatz übersteigt.

Don't: Kaufe Aktien niemals mit dem Wunsch, schnelle Gewinne zu realisieren. Erfahrungsgemäß ist das für Nichtprofis nahezu aussichtslos und deshalb nicht empfehlenswert.

VI. Investmentfonds und ETFs – „Aktiv" und „Passiv" fürs Depot

Du hast dich erfolgreich durch die Bereiche Immobilien, Aktien und aktive Kostenvermeidungsstrategien geschlagen und bestimmt schon ein gehöriges Maß an Selbsteinschätzung vorgenommen. Schön, dass du weiter am Ball bleibst – denn im Bereich aktive Geldanlage habe ich noch ein paar spannende Themen für dich auf Lager. Legen wir gleich mit dem nächsten los: aktiv gemanagte Fonds und ETFs.

Als Finanzcoach vergleiche ich, wie du sicher schon gemerkt hast, gerne die Finanz- mit der Körperfitness. Das folgende Kapitel, *Fonds und ETFs*, beschäftigt sich in diesem Zusammenhang mit so etwas wie der Grundausdauer. Die baust du dir auf, um danach eventuell noch ein paar Schippen draufzulegen, noch konkretere Ziele zu erreichen und dir definierte Arme, straffe Beine oder ein Sixpack anzutrainieren.

Grundausdauer ist als Basis für unseren Körper sehr wich-
prints, High-Intensity-Trai-
sszustand zu optimieren. Mit
ist du den Grundstock deines
is mit weiteren Anlagen wie
och spezielle Finanzmuskel-

ohl zum Thema aktiv gema-
Zielzahl eigener Bücher gibt
ten zusammentrage, um dir
chaffen. Trotzdem kannst du
ch vom eigenen Wertpapier-
Anlageklassen. Es geht um
nd Nachteile beider Anlage-
s, und ETFs bedürfen nicht
nandersetzung wie beispiels-
ktienportfolio oder mehrere
azu später.
cs vermitteln. Also was sind
en sie, was benötigst du, um

in sie zu investieren? Außerdem wirst du anhand einiger Beispiele die Vor- und Nachteile von Fonds kennenlernen. Danach untersuchen wir die unterschiedlichen Arten von ETFs. Zum Schluss werde ich dann Fonds und ETFs gegenüberstellen, sodass du einen Überblick bekommst und, basierend auf deinen Präferenzen, selbstständig eine fundierte Anlageentscheidung treffen kannst.

Der Investmentfonds – Anlageklassiker der Finanzprodukte

Was ist eigentlich ein Investmentfonds? Grundsätzlich musst du dir einen Fonds wie einen großen Topf vorstellen, in dem Geld gesammelt wird. Das Geld der Anleger. Wenn du in einen Fonds investierst, dann also deines. Fondsmanager investieren dieses Geld dann entsprechend der Ausrichtung und dem Schwerpunkt des Fonds in Aktien, Rentenpapiere, Rohstoffe, manche auch in Indizes oder Immobilien. Dieser Geldtopf, das Sondervermögen, ist vom Eigenkapital der Fondsgesellschaft getrennt und dadurch sicher, auch wenn die Fondsgesellschaft in wirtschaftliche Schwierigkeiten gerät. Sollte beispielsweise eine Insolvenz drohen, ist deine Einlage geschützt.

Um zu berechnen, welchen Wert ein Fondsanteil hat, werden einfach alle im Fonds enthaltenen Vermögenswerte durch die Anzahl der Fondsanteile dividiert. Diesen Wert eines Fondsanteils nennt man NAV, „Net Asset Value". Im Gegensatz zu Aktien, die du nur im Ganzen kaufen kannst, bekommst du Fondsanteile auch in Bruchstücken, zum Beispiel 23,456 Anteile. Das hat den Vorteil, dass gerade bei monatlichen Sparplänen der „Cost Average Effect" besonders effektiv wirkt. Wie genau, werde ich an einem Beispiel im Absatz zum ETF-Cost-Average erklären.

Grundsätzlich unterscheiden Fondsgesellschaften ihre Fondsprodukte nach „Publikumsfonds", also Fonds mit geringen finanziellen Anforderungen an den Investor, die bereits mit kleinen Geldbeträgen gekauft werden können, also für dich und mich geeignet sind, und „Spezialfonds", die manchmal extra für „Renten- und Pensionsgelder" großer Firmen ins Leben gerufen werden. Diese fordern hohe Geldbeträge und sind für Profis aufgelegt. Des Weiteren gibt es „geschlossene" Fonds, die Gelder für ein besonderes Projekt sammeln, zum Beispiel in den Bereichen Immobilien, Flugzeuge, Container, Schiffe, Wald, Medien oder Film. Ist der Zielbetrag erreicht, also eine für das Projekt festgelegte Summe, wird der Fonds „geschlossen", das heißt, Gelder können für einen bestimmten Zeitraum weder ab- noch zufließen. Die Fondsanteile sind nicht handelbar, da man sonst die Anlagesumme des Fonds schmälern würde.

Von geschlossenen Fonds würde ich dir aufgrund ihres schlechten Chance-Risiko-Verhältnisses dringend abraten, denn es besteht die Gefahr eines Totalverlusts. Damit wäre dein Geld weg. Laut Stiftung Warentest[13] verbuchen 69 % der geschlossenen Fonds Verluste und halten ihre Versprechen damit nicht ein.

Bei offenen Fonds können die Anteile täglich gehandelt werden. Das geschieht teilweise über die Börsen oder über die Kapitalverwaltungsgesellschaft, kurz KVG, die einmal täglich einen Rücknahmepreis bekannt gibt. Das ist der Preis, zu dem du deine Fondsanteile verkaufen kannst. Dieser entspricht dem NAV, dem eben beschriebenen „Net Asset Value". Der Rücknahmepreis liegt in der Regel unter dem „Ausgabepreis", also dem Preis, zu dem du Fondsanteile erwirbst. Dieser wiederum setzt sich zusammen aus dem Rücknahmepreis und dem Ausgabeaufschlag, einer einmaligen Gebühr, die beim Erwerb von Fondsanteilen anfällt. Die Ausnahme bilden Sparpläne, bei denen es je nach Anbieter und Fonds teilweise Rabatte von bis zu 100 % auf die Ausgabeaufschläge gibt.

Es gibt unterschiedliche Arten von Fonds, in die du dein Geld investieren kannst: Rentenfonds, Aktienfonds, Geldmarktfonds, Immobilienfonds, Mischfonds, Rohstofffonds und nachhaltige Fonds.

---

[13] https://www.welt.de/print/die_welt/finanzen/article146409279/Geschlossene-Fonds-verbuchen-Milliardenverluste.html

Sie werden in der Regel von Fondsgesellschaften wie der DWS, Deka, AGI, Union Investment, Universal, um nur einige zu nennen, aufgelegt und von Fondsmanagern aktiv betreut. Diese Fondsmanager treffen die Anlageentscheidungen anhand der Ausrichtung und Anlagestrategie, die du im Verkaufsprospekt des Fonds findest. Je nach Fondsart, also Aktienfonds, Rentenfonds, etc., wird dein Geld in Aktien oder Rentenpapiere investiert.

Man unterscheidet drei grundlegende Anlage- bzw. Analysestrategien der Fondsmanager:
Top-down-Strategie: Der Fondsmanager betrachtet und beurteilt volkswirtschaftliche Rahmenbedingungen, dann Branchen und erst dann einzelne Unternehmen.

Bottom-up-Strategie: Der Fondsmanager analysiert erst einzelne Unternehmen, bevor er sich um die Branche und um volkswirtschaftliche Faktoren kümmert.

Stock-Picking: Ein Fondsmanager sucht sich gezielt nur einzelne Unternehmen heraus.

Um messbar zu machen, wie gut sich ein Fonds entwickelt, wird dessen Performance betrachtet, also seine prozentuale Veränderung, und beobachtet, wie er sich gegenüber seiner Benchmark schlägt. Als Benchmark dienen Vergleichsindizes, an denen sich der Fonds orientiert bzw. die er mit seinen Vermögenswerten nachzubilden versucht.

Investiert der Fonds in bestimmte Branchen oder Länder, gibt es einen entsprechenden Vergleichsindex, gegen den der Fonds bestehen muss. Als konkretes Beispiel dient hier der „Deka-DividendenStrategie CF" (A), ein Fonds, der sich auf Unternehmen mit dem Schwerpunkt Dividenden auf der ganzen Welt spezialisiert hat. Seine Entwicklung wird mit entsprechenden Vergleichsindizes gemessen, für Deutschland beispielsweise mit dem DivDAX oder global mit dem „MSCI high dividend yield index".

Als Besitzer von Fondsanteilen partizipierst du also indirekt an der Wertentwicklung der Aktien (Kurse und Dividenden), der Anleihen

(Kurse und Zinsen) oder der Immobilien (Grundstücksentwicklung und Mieteinnahmen), in die der Fonds die Kundengelder anlegt. Es gibt Fonds, die ihre Gewinne ausschütten, und solche, die sie reinvestieren. Diese nennt man auch „thesaurierende" Fonds. **Ich empfehle zur langfristigen Anlage die thesaurierende Variante.** Wenn du jedoch ein zusätzliches monatliches Einkommen haben möchtest, eine zusätzliche Rente beispielsweise, dann kann auch ein ausschüttender Fonds die geeignete Wahl sein.

Die unterschiedlichen Arten und Eigenschaften von Fonds

Der Aktienfonds

Mit einem Aktienfonds investierst du dein Geld nicht in einzelne, sondern in einen breit gestreuten „Korb" voll unterschiedlicher Aktien, also Unternehmen. Die Anlageschwerpunkte eines Aktienfonds richten sich entweder nach Ländern oder Regionen, nach bestimmten Indizes oder auch nach bestimmten Branchen, in die vornehmlich investiert wird. Als Anleger profitierst du von den Kurssteigerungen der Aktien sowie von den Dividendenausschüttungen. Aktienfonds sind mit gut 18 000 Fonds weltweit die zahlenmäßig größte Gruppe aktiv gemanagter Fonds überhaupt.

> Risikoprofil: hohe Erträge, höhere Risiken
> Anlagehorizont: ab 5 Jahren aufwärts
➔ Wenn du jung bist und einen langen Anlagezeitraum vor dir hast, sollte der Aktienfondsanteil deines Portfolios sehr hoch sein.

Der Rentenfonds

Im Gegensatz zum Aktienfonds investiert ein Rentenfonds in verzinsliche Wertpapiere, also Staats- und Unternehmensanleihen mit unterschiedlichen Laufzeiten. Der Fonds bekommt auf die Wertpapiere Zinsen, also „Erträge" gezahlt. Deshalb heißt diese Art des

Fonds auch „Rentenfonds", das leitet sich aus dem altfranzösischen Wort „rendre", „Ertrag", ab. Je nach Strategie des Fonds konzentriert sich der Fondsmanager bei der Investition entweder auf bestimmte Länder und Regionen, auf Währungen oder auf Laufzeiten. Rentenfonds bilden mit 646 im Inland und 12 518 im Ausland die zahlenmäßig zweitgrößte Fondsgruppe.

> Risikoprofil: mittlere Erträge, begrenzte Risiken
> Anlagehorizont: ab 2 Jahren aufwärts
→ Als Beimischung in ein breit gestreutes Portfolio sinnvoll, vor allem wenn du risikoscheuer bist.

Der Geldmarktfonds

Im Gegensatz zum Rentenfonds investiert ein Geldmarktfonds ausschließlich in verzinsliche Anlagen mit kurzer Laufzeit. Deshalb eignet er sich auch ganz gut, wenn du dein Geld relativ kurzfristig „parken" möchtest. Kurzfristige Anlagen sind zum Beispiel Tagesgelder oder Termingelder mit einer Restlaufzeit von unter einem Jahr.

Wenn sich beispielsweise eine Bank kurzfristig Kapital verschaffen muss, legt sie entsprechend kurzfristige Wertpapiere auf, die Termingelder. Diese kauft der Geldmarktfonds und bekommt dafür die Zinsen des Wertpapieres bezahlt. Die Zahl der aufgelegten Geldmarktfonds beträgt 76 im In- und 885 im Ausland.

> Risikoprofil: mit Fokus auf risikolosen Anlagen
> Anlagehorizont: ab 4 Monaten
→ Besonders geeignet, um für einen kürzeren Zeithorizont Geld zur Seite zu legen.

Der Immobilienfonds

Es gibt zwei Arten dieses Fondsmodells, den offenen Immobilienfonds und den geschlossenen. Den geschlossenen Fonds hast du bereits kennengelernt. Offene Immobilienfonds investieren das Geld der Anleger in Büros, Einkaufszentren oder Wohnimmobilien, ohne selbst mit dem Verwaltungsaufwand belastet zu sein.

Dein Anlagehorizont sollte mittelfristig bis langfristig sein, also ab ca. 4 bis zu 10 Jahren. Ein offener Immobilienfonds verfolgt, ähnlich wie ein Aktienfonds, auch Anlagen in unterschiedlichen Ländern oder teilt seine Investition in Gewerbe- und Wohnimmobilien in Deutschland, Europa oder Amerika auf. Die Erträge erzielt er durch Mieteinnahmen und Wertsteigerungen der Immobilien. Als Folge der Immobilienkrise hat die Bundesregierung bei Immobilienfonds eine Mindesthaltefrist von zwei Jahren und eine Kündigungsfrist von einem Jahr eingeführt, um „Panikverkäufe" zu unterbinden. Die Zahl der Fonds im Inland liegt bei 77, im Ausland bei 397.

> Risikoprofil: hohe Erträge, höhere Risiken
> Anlagehorizont: ab 4 Jahren aufwärts
→ Aufpassen bei geschlossenen Varianten, Kleingedrucktes lesen und Regionen und Länder beachten.

Der Mischfonds

Wie der Name schon andeutet, investiert ein Mischfonds in unterschiedliche Anlagearten wie Aktien, verzinsliche Wertpapiere, Immobilien, Währungen und Rohstoffe. Als Erträge stehen also Zinsen, Kursgewinne und Mieteinnahmen zur Verfügung. Der Fondsmanager entscheidet anhand seiner Strategie und der aktuellen Marktlage, in welche Richtung er den Fonds stärker gewichtet. Mischfonds bilden die zahlenmäßig drittgrößte Fondsgruppe,[14] mit 1165 Fonds im Inland und 4321 im Ausland.

> Risikoprofil: höhere Erträge und Abfederung der höheren Risiken durch Streuung
> Anlagehorizont: ab 3 Jahren

---

[14] Fondszahlen und Angaben aus: https://finanzen.sueddeutsche.de/fonds-startseite.html (14.11.2019)

→ Sehr gute Fondsmanager verstehen sich besonders in Abschwungphasen auf Kapitalsicherung.

Wie handelst du Investmentfonds und was kosten sie?

Hinter aktiv gemanagten Fonds stecken immer Fondsgesellschaften, auch Kapitalverwaltungsgesellschaften, kurz KVG. Sie stellen sicher, dass alle gesetzlichen Bestimmungen eingehalten werden, die ein Publikumsfonds laut der Finanzaufsichtsbehörde BaFin erfüllen muss. Zusätzlich übernehmen sie alle administrativen Vorgänge – wie die Publikationen der Fondspreise (Rücknahme- und Ausgabepreise), die Fondszusammensetzung, Verkaufsprospekte, Controlling sowie Strategie – und sind juristisch für diese Angaben, deren Richtigkeit und Einhaltung verantwortlich.

Für die KVG arbeiten Fondsmanager, Analysten und andere Spezialisten, die mit ihrem Fachwissen dafür sorgen, dass die Anlageentscheidungen mit der höchstmöglichen Sorgfalt und Qualität vorgenommen werden. Das hat seinen Preis, denn diese Mitarbeiter müssen bezahlt werden. Transaktionskosten für Käufe und Verkäufe müssen getragen werden, ebenso wie Controlling, Werbung und Vertriebskosten.

Trotzdem variieren die Kosten der unterschiedlichen Fondsarten. Das liegt beispielsweise an teilweise höheren Transaktionskosten, die fällig werden, wenn eine Aktie oder Anleihe im Ausland zu den dortigen Konditionen erworben wird. Außerdem kann die Anzahl der Geschäfte, die ein Fondsmanager abwickeln muss, bei Aktienfonds etwas größer sein als bei Rentenfonds.

Daraus lassen sich folgende Kosten für Investmentfonds ableiten:

- Beim Fondskauf fallen einmalig **Vertriebsgebühren** an, auch Ausgabeaufschlag genannt (beim Aktienfonds ca. 5 %, beim

Rentenfonds ca. 3 %). Im Vergleich zum NAV des Fonds sind die Ausgabepreise entsprechend teurer.

- **Verwaltungsgebühren/Managementgebühren:** Kosten für Controlling und Unternehmensanalysen 0,5 bis 3 % pro Jahr, je nachdem ob es sich um Aktien-, Renten- oder Mischfonds handelt.
- **Performance-Fee:** erfolgsabhängig, ca. 10 % für Outperformance gegenüber der Benchmark.
- **Depotkosten** (siehe Aktienkapitel): Verwaltung und Verwahrung von Wertpapierbeständen. Sie fallen bei allen Arten von Börsengeschäften an.

➜ Bei der Performance deiner Investition musst du diese Kosten in die Renditekalkulation einrechnen. In den Verkaufsprospekten der Fonds oder bei den Angaben im Internet werden sie dadurch berücksichtigt, dass von „Nettoperformance" die Rede ist. Sie können dich im Jahr schon ein paar Prozentpunkte kosten. Zusätzlich wäre es fatal, wenn du Fonds kurzfristig „hin- und herhandeln" würdest, wie das manchmal bei Aktien sinnvoll sein kann. Denn Kosten wie der Ausgabeaufschlag fallen dadurch immer wieder aufs Neue an und werden schnell zum Renditenachteil. Eine Ausnahme bilden Fondssparpläne.

Wenn du dich auf die Suche nach dem geeigneten Fonds und den günstigsten Konditionen machst und dafür Vergleiche anstellst, begegnen dir manchmal Begriffe wie „All-in-Fee" oder „Total Expense Ratio", auch Gesamtkostenquote oder kurz TER genannt. In der TER werden die Kosten für Werbung, Wirtschaftsprüfer, Druck, Anwälte, Geschäftsführung etc. erfasst. Die Idee dahinter ist eine größere Transparenz der Kostenstruktur von Fonds. Der Gesetzgeber, die BaFin, verlangt diese Information seit 2004.

Bei der All-in-Fee wird der Fokus mehr auf die anfallenden Erwerbskosten gelegt, ohne Ausgabeaufschläge, dafür mit Depotbank- und Managementgebühren. Darüber hinaus bildet sie die Transaktionskosten und Erfolgsgebühren der Fondsmanager ab.

Durch diese beiden Instrumente sind Fonds auch in Sachen Kosten gut miteinander vergleichbar.

Die Qual der Wahl – welcher Fonds passt zu dir?

Du weißt jetzt, was ein Fonds ist, welche Fondsarten es gibt, welche Kosten auf dich zukommen, welche Risiken es gibt und welche Vorzüge der eine gegenüber dem anderen hat. Bevor ich dir nun verrate, wo du den Fonds deiner Wahl erwirbst und was du dazu benötigst, ist erst mal wieder deine Eigeninitiative in Form von Stift und Papier gefragt. Beantworte folgende Fragen:

1. Welchen Zweck verfolgst du mit deiner Geldanlage in einen Fonds?
2. Wie lange kannst du auf das Geld verzichten?
3. Willst du einen einmaligen Betrag anlegen oder regelmäßig in einen Fondssparplan einzahlen?
4. Mit welchem Risiko kannst du umgehen? Machen dir stärkere Kursschwankungen etwas aus?
5. Welchen Ländern, Regionen oder Branchen traust du in den kommenden ein bis 10 Jahren eine überdurchschnittliche Entwicklung zu?
6. Willst du dein Geld in eine Fondsklasse investieren, also zum Beispiel Immobilien, oder lieber auf mehrere Fondsvarianten verteilen? Oder liebäugelst du mit einem Mischfonds?

→ Anhand deiner eigenen Antworten weißt du jetzt schon besser, wonach du suchen oder fragen musst. Informiere dich zusätzlich im Netz oder bei deinem Bankberater.

Wo findest du den Fonds, der zu dir passt?

Es ist ein wahrer Dschungel da draußen, wenn du einen passenden Fonds suchst. Einen, der nicht zu teuer ist, eine gute Entwicklung verspricht und dir dementsprechend viel für dein Geld bietet. Allein in Europa gibt es über 150 Investmentfondsgesellschaften, die unterschiedlichste Fonds anbieten, davon über 40 KVGs allein in meiner Heimatstadt Frankfurt am Main. Alle KVGs genau zu beleuchten, schaffen wir hier nicht, aber werfen wir als kleine Vorauswahl, gemessen an der Fondsanzahl und dem verwalteten Fondsvermögen, mal einen Blick auf die größten.

Allianz Global Investors GmbH (Fondsvolumen gut 167 Mrd. €/1682 Fonds)
Alte Leipziger Trust
Axa Asset Managers Deutschland GmbH
Baring Asset Management
Berenberg Bank
BNP Paribas Investment Partners
Commerzbank AG
Credit Suisse (Deutschland) AG
Deka Vermögensmanagement GmbH
DWS Investment S. A. (106 Mrd. €/1196 Fonds)
Deutsche Bank AG/Global Markets/Institutional Clients Group
Fidelity Investment Services GmbH (39,9 Mrd. €/160 Fonds)
Franklin Templeton Investment Service GmbH
Hauck & Aufhäuser Investment Gesellschaft S. A.
Invesco Asset Management Deutschland GmbH
J. P. Morgan Asset Management
LBBW Landesbank Baden-Württemberg
Metzler Asset Management GmbH
Oddo Asset Management
PIMCO Deutschland GmbH
UBS Europe SE
Union Investment Privatfonds GmbH
Universal Investment Gesellschaft mbH (130 Mrd. €/> 1000 Fonds)

Folgende Kriterien solltest du bei der Fondsauswahl zusätzlich zu deinen Präferenzen betrachten:

Profil der Fondsgesellschaft (Wer? Was? Wo?)
Die unterschiedlichen Gesellschaften haben unterschiedliche Expertisen und Schwerpunkte. Vielleicht gefällt dir der ein oder andere Fondsmanager besonders gut in seiner Performance und du folgst seinen Ausführungen auch in den Medien?

Fondsvolumen („Folge der Herde")
Wer einen großen „Tanker" lenkt, dem wird Vertrauen entgegengebracht. Ein Meinungsmacher und Kurstreiber bewegt die Kurse in deine Richtung.

Kosten „TER" oder „AIF" („Discount ist King")
Unbedingt beachten, denn jeder Prozentpunkt zählt beim Zinseszinseffekt über die Jahre und auch bei ähnlichen Produkten können die Kosten stark variieren.

Seit wann gibt es den Fonds? („Tradition verpflichtet")
Ein älterer Fonds hat einen längeren „Track-Record" und du kannst den Erfolg über einen längeren Zeitraum ablesen.

Wertentwicklung („Never change a running system")
Schau dir die Wertentwicklung eines Fonds seit seiner Auflage innerhalb der letzten 10 Jahre, 5 Jahre und 12 Monate an.

Sparplantauglichkeit
Kannst du den Fonds auch monatlich besparen? (Absolutes Muss.) Gibt es Anbieter, die eventuell einen Rabatt auf den Ausgabeaufschlag anbieten, denn das ist grundsätzlich machbar.

Bewertungen
Plattformen wie MorningStar fungieren als Orientierungshilfe, ähnlich wie Sternerezensionen bei Amazon.

PaTrick: Schau doch mal, ob du nicht auch deine VL (vermögenswirksamen Leistungen – 40 € vom Arbeitgeber) in einen Fonds fließen lassen kannst.

Warum du in Schwächephasen der Märkte weiter sparen solltest

Der „Cost Average Effect" bei Fonds

Du erinnerst dich noch an meine Ausführungen zum „Cost Average Effect" im Aktienkapitel, oder? Du kaufst regelmäßig für einen gleichbleibenden Gelbetrag deine Aktie und gleichst dadurch deinen Durchschnittspreis etwas an. Was bei Aktien aufgrund der Tatsache, dass du nur ganze Aktien handeln kannst, nur semioptimal funktioniert, ist für ein monatliches Investment in Fonds geradezu gemacht.

Ein Beispiel

Du legst einen Teil deines Geldes, monatlich 100 €, in einen Aktienfonds der DWS an. Weil es gut zu deinem Gehaltseingang passt, tust du das immer am Ende des Monats und gibst an der Börse als Orderzusatz jeweils „Schlusskurs" an.

Der Fonds: „DWS Top Dividende LD", Wertpapierkennung DE0009848119, Rücknahmepreis 13.11.2019: 132,17 €, Fondsvermögen: 20,45 Mrd. €.

In der folgenden Übersicht wird der Vorteil des „Cost Average Effects" sehr deutlich. Du hast zwölfmal Fondsanteile gekauft, immer für denselben Betrag. Da du aufgrund der Kursschwankungen jedoch jedes Mal unterschiedlich viele Anteile erwirbst, ergibt sich daraus folgender, für dich vorteilhafter Durchschnittspreis pro Fondsanteil.

Kaufdatum	Anlagebetrag	Kaufpreis am Stichtag	Fonds-anteile am Stichtag	Fonds-anteile akkumuliert	Durch-schnitts-preis pro Fondsanteil
30.11.18	100 €	119,32 €	0,838	0,838	119,32 €
28.12.18	100 €	111,94 €	0,893	1,731	115,63 €
31.01.19	100 €	116,35 €	0,859	2,591	115,87 €
28.02.19	100 €	120,91 €	0,827	3,418	117,13 €
29.03.19	100 €	123,57 €	0,809	4,227	118,42 €
30.04.19	100 €	124,72 €	0,802	5,029	119,47 €
31.05.19	100 €	122,16 €	0,819	5,848	119,85 €
28.06.19	100 €	125,25 €	0,798	6,646	120,53 €
31.07.19	100 €	127,24 €	0,786	7,432	121,27 €
30.08.19	100 €	126,64 €	0,790	8,222	121,81 €
30.09.19	100 €	130,82 €	0,764	8,986	122,63 €
31.10.19	100 €	130,03 €	0,769	9,755	123,25 €
Anlagebetrag	**1200**		**Fonds-anteile gesamt:**	**9,755**	**123,25**

„Cost Average Effect" am Beispiel DWS Top Dividende

Einordnung: Der Durchschnittspreis der Anteile beträgt, wie du siehst, 123,25 € und ist in sieben Fällen günstiger und in fünf Fällen teurer als die Kaufpreise am jeweiligen Monatsende. Hättest du zum Beispiel die komplette Summe von 1200 € in einem „teureren Monat" investiert, hättest du weniger als die 9,755 Anteile. Bei einer Gesamtinvestition am 28.06.19 wären es zum Beispiel 9,580 Anteile gewesen, am 30.09.19 9,172 Anteile.

→ Wenn du ernsthaft über eine Investition in Fonds nachdenkst, nutze den „Cost Average Effect" aus. Selbst wenn es um eine einmalige Zahlung geht, rate ich dir, den Betrag auf drei bis sechs Portionen aufzuteilen. Bei einem Sparplan kommt der Effekt automatisch zum Tragen.

Warum Investmentfonds einen Platz in deinem Depot verdienen

Der Ruf mancher Fondsgesellschaften und Fondsmanager hat aufgrund ihrer vermeintlich hohen Kosten in den letzten Jahren etwas gelitten. Es gibt Studien, die belegen, dass Fonds mit ihrer Performance zu selten ihre entsprechende Benchmark übertreffen. Allerdings gibt es auch zahlreiche Gegenbeispiele. Darüber hinaus bieten vergangene Entwicklungen zwar Anhaltspunkte, sind aber kein verlässlicher Indikator für die Zukunft.

Es gibt zwei Gründe, aus denen aktiv gemanagte Fonds in manchen Studien schlechter abschneiden als der Markt. Die sogenannten „politischen Börsen" und die Börsen des „billigen Notenbankgeldes".

Seit dem Jahr 2009 erleben wir, abgesehen von einem kleinen Rücksetzer 2018, einen recht starken Aktienmarkt. Bei klaren Aufwärtstrends gibt es nicht viel zu „managen". ETFs schneiden in solchen Fällen besser ab als Fonds, weil sie keine so hohen Kosten verursachen. „Der Trend ist dein Freund", wie eine alte Börsenfaustregel besagt. Entsprechend ist es schwierig, die Kosten, wie Ausgabeaufschläge und Management-Fees, wieder „reinzuholen". Dieser Aufwärtstrend ist vor allem getragen durch die Unternehmenssteuerreform in den USA und das damit verbundene Wirtschaftswachstum.

Auch die Eingriffe der Notenbanken in die Zinspolitik, Stichwort Nullzinspolitik der EZB oder der Bank of Japan, sind Zeugnis dieser Geldschwemme an die Kapitalmärkte. Das billige Geld strömt in die Aktienmärkte, auch weil Donald Trump 2020 wiedergewählt werden will und die US-Amerikaner noch nie in wirtschaftlich guten Zeiten einen Präsidenten abgewählt haben. Wir sind in einer Phase „politischer Börsen".

Ich bin davon überzeugt, dass aktiv gemanagte Fonds vor allem in Zeiten einer nicht mehr so freundlichen Börsensituation ihre „Defensivstärke" ausspielen werden, indem sie hier und da ihr Pulver, also das Geld der Anleger, trocken halten. Deswegen sind aktiv gemanagte Investmentfonds für mich als Depotbeimischung unerlässlich.

Es ist ein bisschen wie mit Lebensmitteln. Einen Großteil von dem, was man so braucht, kauft man gemeinhin im Supermarkt, so etwa 60 bis 75 %. Für Fleisch oder Gemüse geht man auch gerne zum Spezialisten, zum Metzger, Biobauern oder Biomarkt. Denn beim Fleisch geht es auch um Tierwohl und Qualität. Betrachtet man den Fonds nach diesem Prinzip, stellt man fest, dass es Branchen, Märkte und Entwicklungen gibt, die der „Supermarkt", also der Index-ETF, nicht berücksichtigen und managen kann.

So manches Mal jedoch laufen die börsengehandelten oder auch „passiven" Fonds, kurz ETFs, ihrem aktiv gemanagten Bruder in Sachen Beliebtheit, Kosten und Performance den Rang ab. Warum und ob zu Recht, betrachten wir im folgenden Kapitel genauer.

Der börsengehandelte Fonds – Exchange Traded Fund (ETF)

Der ETF, in Deutschland oft auch Indexfonds genannt, ist im Gegensatz zum „klassischen" Fonds nicht ein von einem Fondsmanager aktiv gehandelter Fonds, sondern ein Finanzinstrument, das eine passive Anlagestrategie verfolgt. „Passiv" bedeutet in diesem Fall, dass nicht ein Fondsmanager aufgrund seiner Einschätzung Vermögenswerte kauft oder verkauft, sondern der Fonds möglichst genau einen ihm zugrunde liegenden Index nachbildet. Daraus folgt, dass ein ETF sich nicht wie ein aktiver Investmentfonds besser entwickeln kann als „sein" Index, also der DAX, MDAX usw.

ETFs verbriefen, genau wie aktive Fonds, einen Anteil am Sondervermögen der KVG. In der Bezeichnung einzelner ETFs und Fonds könnt ihr oft den Zusatz „UCITS" lesen, der steht für „Undertakings for Collective Investments in Transferable Securities" und gibt den Hinweis, dass der Fonds/ETF der Regulierung der BaFin unterliegt.

Die Bandbreite der ETFs reicht, ähnlich wie bei Fonds, von Aktien-, Anleihen-, Geldmarkt- und Währungsfonds über Rohstofffonds bis hin zu Immobilien-ETFs. Es gibt allerdings einige Unterschiede zu aktiv gemanagten Fonds und einige Besonderheiten, die ich erläutern möchte.

Gängige Aktien-ETFs bilden die großen internationalen Aktienindizes ab, wie zum Beispiel den DAX, MDAX, den STOXX Europe 50, für US-Aktien den Dow-Jones, den S&P 500 oder den NASDAQ 100. Besonders häufig genannt ist der Weltindex – MSCI World, der rund 1600 Aktien weltweit umfasst. Die größten ETF-Anbieter in Deutschland sind zurzeit iShares von Blackrock mit 50 % Marktanteil, Xtrackers by DWS mit 12,7 %, Lyxor mit 8 % und Vanguard mit ca. 6 %.

ETF-Handel – Spezialisten, „Designated Sponsors" und „Marketmaker"

ETFs werden wie Aktien an der Börse gehandelt, in Deutschland also von 9:00 bis 17:30 Uhr auf dem Handelssystem Xetra oder in der Zeit von 8:00 bis 20:00 Uhr über die „Spezialisten". Damit für dich jederzeit die Möglichkeit besteht, einen ETF zu kaufen oder zu verkaufen, stellen sogenannte „Marketmaker" und „Designated Sponsors" ausreichende Liquidität im Markt zur Verfügung und kaufen entsprechend der Regularien, denen sie laut Deutsche Börse als „Sponsoren" unterliegen, auch dann ETFs, wenn keine Order eines anderen Investors vorliegt. Der „Marketmaker" benutzt sozusagen sein eigenes Geld dazu, deinen Verkaufswunsch zu erfüllen. Natürlich nicht in unbegrenzter Höhe.

Details dazu findest du auch in Informationsbroschüren oder im Netz auf der Website der Deutschen Börse AG, die strenge Auflagen für die „Designated Sponsors", „Marketmaker" und Spezialisten hat.

Ein genauerer Blick auf die verschiedenen ETF-Varianten
Aktien-ETF

Aktien-ETFs investieren in Aktienindizes. Sie sind, was die Auswahl der Aktien betrifft, an den ihnen zugrunde liegenden Index

gebunden. Also ein „DAX-ETF" investiert das Geld in DAX-Aktien, ein „MDAX-ETF" in den MDAX usw.

Wer in dividendenstarke Titel investieren und den ETF dafür als
Instrument benutzen möchte, kann das tun, indem er in den Div-
DAX oder den DAXplus investiert. Im DivDAX sind die 15 Unter-
nehmen gelistet, die die größte Dividendenrendite erzielen.

Logischerweise gibt es auch Aktien-ETFs, die in Regionen
wie Nordamerika, Europa oder Asien investieren und dann entsprechende Unternehmen in diesen Regionen kaufen.

Anleihen-ETF

Anleihen-ETFs haben den Nachteil, dass es keine allgemein bekannten Anleiheindizes gibt, wie bei Aktien den DAX. ETF-Anbieter wie iShares und ihre Mitbewerber erstellen entsprechende eigene Indizes oder orientieren sich an „synthetischen Indizes" wie dem
REX, einem Index der Deutschen Börse AG, der 30 gängige, aber
wechselnde Staatsanleihen des Bundes umfasst.

Ein wichtiger Faktor bei der Indexzusammenstellung von Renten-
papieren, also Anleihen, sind ihr Volumen und ihre Gewichtung.
Oftmals haben Anleihen-ETFs Namen wie Euro Government Bond
oder iShares eb.rexx Government Germany UCITS ETF (DE).

Ein weiterer Name, der dir bei Anleihenindizes weltweit begegnet, ist iBoxx. Dabei handelt es sich um eine Indexfamilie, die
Regionen auflistet, also Asien, Europa und die USA. Die Grundlage
für diese Indizes sind Handelsdaten und Voluminaerfassungen aus
Banken, die die zugrunde liegenden Staats- und Unternehmensanleihen handeln.

Gold-ETC

Wie bei den anderen ETFs versucht auch der Gold-ETF den Preis
eines Referenzindexes nachzubilden. Ein Gold-ETF tut das bezogen
auf Goldunternehmen, ein ETC auf den Rohstoff Gold direkt. Um
das zu erreichen, kann in Goldbarren, Goldderivate oder Goldminenaktien investiert werden.

Ein Vorteil einer Investition in einen Gold-ETC gegenüber dem Kauf von echtem Gold ist der Umstand, dass du das Gold nicht physisch kaufen und verwahren musst. Du benötigst auch nicht so viel Kapital wie bei der Investition in eine Unze Gold, das sind rund 31,10 Gramm 999.9er-Gold, nämlich aktuell rund 1550 US$ (Stand 16.01.2020).

Immobilien-ETF

Wer sich nicht wie in Kapitel IV beschrieben eine ganze Immobilie kaufen möchte oder kann, der kann mit Immobilien-ETFs trotzdem an den Wertentwicklungen von Immobilienfirmen partizipieren. Die Indizes, die der Anlageklasse Immobilien-ETF zugrunde liegen, sind beispielsweise der STOXX Europe 600 Real Estate, der Dow Jones Global Select Real Estate Securities Index für die USA und der FTSE EPRA/NAREIT Europe ex UK.

Die ETFs investieren ihr Geld entweder in einen Immobilienaktienindex oder in einen Mix aus Immobilienaktien und REIT-Aktien (REIT = Real Estate Investment Trust). Die Ausschüttungen in REITs, also 90 % der Mieten und Erlöse, sind steuerfrei, was sie für Investoren besonders interessant macht. Allerdings haben auch Immobilien-ETFs in manchen Fällen in Immobilienaktien investiert und unterliegen dementsprechend Kursschwankungen.

ETF, physisch oder synthetisch – Indexnachbildung, wie geht das?

Physischer ETF: Die KVG kauft mit dem Geld der Investoren tatsächlich die Aktien, die in einem Index, der Aktienliste, enthalten sind. Die Auswahl geschieht entsprechend ihrer Gewichtung. Wie schon im Aktienkapitel erwähnt, sind nicht alle 30 DAX-Aktien gleichmäßig gewichtet. Diese Art des ETF nennt man auf Finanzchinesisch „physisch replizierender ETF". Der Vorteil ist, dass du als Anleger genau weißt, was du für dein Investment bekommst.

Möglichkeit Nr. 2 ist die sogenannte **Optimized-Sampling**-Methode. Hier kauft der Fondsmanager lediglich die „Schwergewichte" des Indexes, beim DAX-ETF beispielsweise die Aktien SAP, Linde, Siemens, Allianz, Deutsche Telekom, BASF, Adidas, Bayer, Daimler, BMW, Deutsche Post, Münchener Rück, Volkswagen, Fresenius und Beiersdorf.

Mit diesen 15 Aktien hat er bereits knapp 75 % des Indexes abgedeckt. Der Vorteil ist ganz einfach: Wenn er nur 15 statt 30 Aktien kaufen muss, entstehen geringere Transaktionskosten. Ein weiterer Grund dafür, die Sampling-Methode anzuwenden, ist die in manchen Aktienmärkten teilweise geringe Liquidität mancher „Leichtgewichte". Die Aktienkäufe bzw. -verkäufe würden unter Umständen an Börsentagen mit geringerem Handelsvolumen die Kurse stark nach oben oder unten gehen lassen.

Als dritte Variante können ETFs auch **synthetisch** repliziert sein. Die Aktien werden *nicht* analog zum zugrunde liegenden Index gekauft, beispielsweise dem DAX, sondern es wird ein Swapgeschäft mit einer anderen Bank vereinbart (im „Factsheet" des ETF findest du das manchmal als „SWAP ETF"). Der ETF-Anbieter liefert der Bank einen „Korb beliebiger Aktien". Die Bank liefert zum Laufzeitende des Swaps aber die sich im Index befindenden Papiere (DAX-Aktien) an den ETF-Anbieter. Dieses Geschäft bezeichnet man als Swap. Auch hier entfallen die hohen Transaktionskosten, da die Aktien nicht wirklich gekauft werden müssen.

Kosten eines ETF – hier schlummert dein Renditebooster

Analog zu klassischen Fonds können auch bei ETFs die Kosten anhand der beschriebenen TER, der Gesamtkostenquote, gut aus dem jeweiligen Informationsblatt herausgelesen werden. Wobei die TER nicht die Transaktionskosten einbezieht, die der ETF-Anbieter beim An- und Verkauf bezahlen muss. Die realen Kosten liegen deshalb leicht über der TER. Diese Kosten zieht man von der Entwicklung des ETF ab und erhält so die Nettorendite.

ETF-Anbieter veröffentlichen in der Regel „Factsheets". Diese schlüsseln unter anderem alle wichtigen Daten und Kosten des ETF auf, also Fondsname, Anteilsklasse, ISIN (genaue Kennung des ETF), Währung, Verwaltungsgebühr und eben die TER. Die Verwaltungsgebühren bei einem ETF liegen durchschnittlich bei ca. 0,2 bis 0,5 % pro Jahr, die TER im Schnitt bei 0,2 bei 0,3 %.

→ Einordnung: Was die Kosten angeht, schlägt der ETF den klassischen Fonds durchschnittlich um 1,5 bis 2 % pro Jahr. Die Ausnahme bilden „Sparpläne", die es auch bei den klassischen Fonds gibt. Da sind die Unterschiede bei den Kosten nicht ganz so deutlich. Grund sind vor allem die teureren Transaktionskosten des Fonds sowie höhere Vertriebs- und Managementgebühren. Ein ETF benötigt auch keine gesonderten Analysen von Unternehmen, Ländern oder Regionen. Gerade im Niedrigzinsumfeld machen sich Differenzen bei der Rendite in dieser Größenordnung signifikant bemerkbar.

Damit du bei den Kosten den Überblick behältst, studiere bitte unbedingt den Verkaufsprospekt des Fonds bzw. die „Factsheets" zu den ETFs.

ETF-Sparpläne – eine vernünftige Performance, während du dich zurücklehnst

Es mag etwas flapsig klingen, aber sobald du dein Geld in einen monatlichen ETF-Sparplan mit Standardwerten wie dem MSCI World, dem EUROSTOXX 50 oder dem DAX investiert hast, kannst du eigentlich chillen. Diese Indizes verfügen über ausreichend Liquidität, Regulierung, Transparenz und Handelsmechanismen, sodass du jederzeit in den Markt ein- oder wieder aussteigen kannst.

Vor allem bei den thesaurierenden ETFs tätigst du, wenn du sie regelmäßig für deinen Sparplan kaufst und einen langen

Anlagehorizont hast, eine grundsolide Anlage und profitierst vom Zinseszinseffekt.[15] Vielleicht überlegst du noch, wie viel Geld du monatlich sparen kannst und in welchen ETF du investierst, aber sobald du diese Entscheidungen getroffen hast, kannst du Jahr für Jahr zusehen, wie sich deine Geldanlage vergrößert.

Logisch gibt es auch mal Rückschläge. Du solltest trotzdem nicht aus Angst aufhören zu investieren. Ganz im Gegenteil, oft lohnt es sich, dann einfach weiter zu investieren und sogar noch ein paar Anteile mehr zu kaufen (siehe *Cost Average Effect*).

Beispiel: Nehmen wir an, du investierst jeden Monat 50 € in einen DAX-ETF und gehst davon aus, dass du in 30 Jahren in Rente gehst. Bei einer Durchschnittsrendite des DAX von 7,4 % p.a. wirst du bis dahin einen Betrag von ca. 63 365 € erzielt haben, und das obwohl du über die 30 Jahre Laufzeit lediglich 18 000 € selbst eingezahlt hast.

Unsere Studentin Mia hat sich für das Anlegen in einen thesaurierenden MSCI-World-ETF von iShares entschieden, der seit seiner Auflage im September 2009 eine Durchschnittsrendite von 9,2 % pro Jahr erzielen konnte. Sie hat dafür bei einer Onlinebank, der Comdirect-Bank, ein Konto und ein Depot eröffnet. Darüber investiert sie monatlich einen Betrag von 30 €, den sie gewählt hat, da sie annimmt, dass sie ihn immer übrig haben wird – selbst während der Rückzahlung ihres BAföG-Kredits nach dem Studium. Die Comdirect-Bank führt für sie 3 Jahre ein kostenloses Depot, bietet bei Fonds einen Rabatt von 100 % auf den Ausgabeaufschlag an und berechnet nur 1,5 % des Ordervolumens als Auftragskosten (0,45 € pro monatlichem ETF-Kauf). Mia bat mich, für sie zu berechnen, welchen Geldbetrag sie mit 70 Jahren ausgezahlt bekommen könnte. Trotz des relativ geringen Kapitaleinsatzes von 30 € im Monat, also 17 280 € in 48 Jahren, ergäbe sich

---

[15] https://www.rwbcapital.de/news/der-zinseszinseffekt-das-unterschaetzte-8-weltwunder/

daraus ein Endkapital von 276 643 €, ungeachtet der Orderkosten. Ich bin selbst vom Zinseszinseffekt überrascht. Sogar bei einer Rendite von 5,2 % anstatt 9,2 % ergäbe sich immer noch ein Endbetrag von 74 000 €.

Als Mia das hörte, fiel sie fast vom Glauben ab. Kopfschüttelnd fragte sie mich, warum das nicht einfach jeder mache und wo der Haken sei? Ich musste ihr sagen, dass es eigentlich keinen Haken gibt. Es ist eine Kombination aus Mathematik und der Bereitschaft, regelmäßig Geld zur Seite zu legen. Natürlich hat sie auch Wünsche, will in den Urlaub fahren und Geld für schöne Dinge ausgeben. Was das angeht, konnte ich sie jedoch beruhigen. Sollte sie, wie geplant, nach ihrem Studium ins Berufsleben einsteigen, reichen ca. 2 bis 5 % ihres Nettoeinkommens als Sparbetrag aus, um bei ihrem Einstieg in die Rente finanziell gewappnet zu sein. Wenn du, ähnlich wie Mia, mal eigene Gedankenspiele unternehmen und deine eigene Situation analysieren möchtest, findest du im Internet viele Seiten, die dir bei der Berechnung von Renditen und Kapitalbeträgen behilflich sind.

Der ausschüttende ETF im Vergleich zum thesaurierenden

Bei einem Sparplan ist es, wie schon erwähnt, wichtig, dass du die thesaurierende Variante eines ETF verwendest, bei der die Ausschüttungen, zum Beispiel Dividenden- oder Zinszahlungen, wieder reinvestiert werden. Dann profitierst du optimal vom Zinseszinseffekt.

Wenn du nicht monatlich sparen, sondern einen einmaligen Betrag anlegen möchtest, solltest du ebenfalls ein paar Dinge beachten. Ein Bekannter von mir hat ein Häuschen geerbt, das allerdings nicht dort stand, wo er künftig leben wollte. Auch eine Vermietung kam für ihn nicht infrage. Die logische Folge war der Verkauf. Er beauftragte einen Makler, fand nach einiger Zeit einen Käufer und hatte plötzlich gut 120 000 € auf seinem Konto. Was tun?

Er entschied sich dazu, einen Teil des Geldes, um die 75 000 €, in ausschüttende Immobilien-ETFs zu investieren, sogenannte

REIT-ETFs, deren Gewinne zu 90 % an die Investoren ausgeschüttet werden müssen, und erzielte damit ein schönes Nebeneinkommen. Er bekam 6,5 % auf seine Anlagesumme, das machte im ersten Jahr 4875 €. Natürlich unterliegen die Immobilienaktien auch Kursschwankungen, aber in einem Niedrigzinsumfeld in der Eurozone wie aktuell sind die weiteren Chancen besser einzuschätzen als das Risikopotenzial.

Fazit: klassischer Fonds vs. ETF

Bei der Geldanlage in breit gestreute ETFs als Altersvorsorgeinstrument sind vor allem die im Vergleich zum aktiven Fonds geringen Kosten ein entscheidendes Kriterium. Auch wenn Indexfonds anders als aktive Fonds nicht zum Ziel haben, eine Benchmark zu schlagen, kann sich, je nach Produkt, ihre durchschnittliche Rendite wirklich sehen lassen. Die mitunter hohen Kosten eines aktiven Fonds lassen sich erst dann rechtfertigen, wenn der Fondsmanager die Benchmark schlägt, also die Entwicklung des Fonds besser ist als der Vergleichsindex oder der Korb an Finanzprodukten. Das kommt vor allem in turbulenten Börsenphasen vor. Wie oft genau, kannst du immer den aktuellen Vergleichsstudien entnehmen, die es in Medien wie zum Beispiel *Focus Money, Euro am Sonntag*, dem Finanzteil der Zeitungen *FAZ* und *WELT* gibt.

Wenn der Fondsmanager den Markt schlägt, kostet dich das als Anleger nicht selten eine zusätzliche „Performance-Fee". Manche Fondsgesellschaften versuchen, die Kostenstruktur ausschließlich auf Performance-Fees umzustellen. Aber bis das der Fall ist, bitte genau rechnen.

Wenn du die Absicht hast, in sehr enge Marktsegmente zu investieren oder in Finanzprodukte, die eine besondere Kenntnis des entsprechenden Markts erfordern, rate ich dir allerdings unbedingt zu aktiv gemanagten Fonds. Da kommt ein ETF mangels Vielfalt an seine Grenzen.

Sparen wie OSKAR – warum sich der ETF-Sparplan für Kinder rentiert

Für unsere drei Kinder lege ich monatlich einen festen Geldbetrag in einen Aktien-ETF an, den schon erwähnten MSCI-World-Index. Die Anlagedauer habe ich mit mindestens 18 und längstens 21 Jahren angedacht. Das Ziel ist ganz klar, eine gute Grundlage für das Erwachsenenleben zu gewährleisten, mit dem Geld vielleicht einen Auslandsaufenthalt bei der Familie in den USA zu finanzieren, vielleicht aber auch das Studium, den Meister oder eine private Schauspielschule, wer weiß das schon. Für meine Kinder habe ich das gleich nach der Geburt in Eigenregie gemacht. Damals gab es den OSKAR noch nicht.

OSKAR ist eine Onlinevermögensverwaltung, auch „Robo-Advisor" genannt, die deinen Kindern und der ganzen Familie mittels App und ETF-Sparplänen volle Flexibilität und Transparenz bei gleichzeitig wenig Zeitaufwand bietet. Du bekommst alles aus einer Hand und hast einen „Ansprechpartner". Beim Thema Robo Advisor werde ich genauer darauf eingehen.

PaTrick: Egal ob Fonds oder ETFs, du solltest bei deiner Geldanlage immer die richtige Strategie haben. Wie du die bekommst? Frag dich: „Wofür und für wie lange möchte ich Geld zur Seite legen?" Und: „Welche Risiken bin ich bereit einzugehen?"

Beantworte dir diese Fragen und beschäftige dich unbedingt mit der Vermögensallokation, der „Asset Allocation". Das ist die Wechselwirkung der unterschiedlichen Anlageklassen, also Aktien, Anleihen, Rohstoffe, Gold und Immobilien. Wenn nämlich dein Portfolio breit, also auf unterschiedlichen Assetklassen aufgebaut ist, wirst du auf längere Sicht eine bessere Entwicklung deines investierten Geldes feststellen. Entsprechende Vergleiche bekommst du von deinem Bankberater, manches findest du im Internet.

Wenn Aktienmärkte wieder sinken, können andere Anlageklassen dafür in den Fokus rücken und rentierlicher werden.

Dow Jones 10 917 Pkt./28 495	+261 %[16]
DAX (5945 Pkt./13 320)	+224 %
NIKKEI (11 610 Pkt./23 925)	+206 %
Feinunze Gold (787,85 US$/1478 US$)	+187 %
Feinunze Silber (11,13 US$/17,18 US$)	+154 %
Barrel Brent Öl (92,38 US$/65,94 US$)	−29 %
Tonne Weizen (172 €/186,50 €)	+8 %

Zinsen USA FED	Jun 2006	+5,25 %
	Dez 2008	0–0,25 %
	Nov 2019	1,5–1,75 %
Zinsen Euro EZB	Jun 2006	+2,75 %
	Dez 2008	+2,5 %
	Nov 2019	+/−0 %

Du kannst mittels aktiv gemanagter Fonds und ETFs ein sehr gutes, breit gestreutes Portfolio darstellen und die vollen Vorteile dieser Anlageinstrumente gegenüber Direktinvestitionen durch bessere Stückelungen und geringere Anlagebeträge voll ausnutzen. Außerdem sind ETFs börsengehandelt und jederzeit wieder veräußerbar. Ein i-Tüpfelchen obendrauf, wenn du selbst nicht so viel Zeit in die Recherche stecken möchtest, sind sogenannte Onlinevermögensverwalter und entsprechende Apps. Mehr dazu findest du im Kapitel X.

---

[16] Prozentangaben sind gerundet.

VII. Rohstoffe und Alternative Investments – von Handfestem wie Gold bis zu Spaßbringendem wie Oldtimer

Es soll Menschen geben, die als Anlageklasse „Rohstoffe" für das einzig Wahre halten, weil man diese anfassen und dadurch einen besseren Bezug herstellen kann. Grundsätzlich kann ich diesem Gedanken etwas abgewinnen, doch habe ich persönlich mehr Freude an tollem Schmuck aus Silber oder Gold als an Barren in einem Tresor oder einem Bankschließfach.

Grundlagen des Rohstoffhandels

Als Rohstoffe, englisch „commodities", bezeichnet man in der Welt vorkommende natürliche Stoffe, die noch völlig unverarbeitet sind. Dazu gehören zum Beispiel Gold und Silber, aber auch ganz viele andere Edelmetalle sowie Agrarprodukte. Sie lassen sich grundsätzlich in drei Gruppen aufteilen:
1. Rohstoffe des Energiesektors
2. Agrarrohstoffe
3. Metalle

Die bekanntesten Rohstoffe, die auch immer wieder in den Medien Beachtung finden, weil sie an der Börse gehandelt werden, sind in diesen Gruppen:
1. Rohstoffe des Energiesektors:
   Erdgas, Ethanol, Heizöl, Brent (Nordseeöl) und WTI (USA-Texas-Öl), Uran, Benzin und Diesel
2. Agrarrohstoffe:
   Baumwolle, Hafer, Holz, Kaffee, Kakao, Lebendrind, mageres Schwein, Mais, Mastrind, Milch, Orangen, Palmöl, Raps, Reis, Sojabohnenmehl, Sojabohnenöl, Weizen und Zucker
3. Metalle:
   Edelmetalle: Gold, Palladium, Platin, Rhodium und Silber
   Industriemetalle: Aluminium, Blei, Kupfer, Nickel, Zink und Zinn

Im Zuge der Nachhaltigkeitsdebatte möchte ich in diesem Kontext auch noch die CO_2-Emissionsrechte erwähnen, die über Börsen handelbar sind. 90 % des Börsenvolumens von CO_2-Emissionsrechten entfallen mit einem Volumen von 144 Mrd. US$ auf die US-Börse ICE (Intercontinental Exchange) sowie ihre Töchter European Climate Exchange und Chicago Climate Exchange. Die Strombörse European Power Exchange in Paris und der Stromindex Physical Power Electricity Index, kurz Phelix, sind Vertreter der Kapazitäten der in Europa produzierten und gehandelten Strommengen.

Rohstoffe handeln – Unterschiede zu anderen Sachwertanlagen

Rohstoffe können physisch gehandelt, also im Austausch gegen einen Gegenwert von einer Hand in die andere gegeben werden, du kannst sie aber auch über Finanzinstrumente handeln, also mittels Derivaten, Futures oder ETCs. ETCs, also „Exchange Traded Commodities", zu Deutsch börsengehandelte Rohstoffe, ähneln im Grunde den ETFs. Allerdings sind sie keine Sondervermögen, sondern beinhalten ein Emittentenrisiko und zählen daher zu den Zertifikaten.

Wenn du die Absicht hast, dich auf Rohstoffe als favorisiertes Objekt deiner Investmentanlage zu fokussieren, solltest du unbedingt wissen, dass das mit der „Buy-and-hold-Strategie" bei diesen Finanzinstrumenten nichts wird. Das liegt an den hohen Preisschwankungen (Volatilität), denen Rohstoffmärkte permanent ausgesetzt sind. Schwankungen verursachen bei Privatanlegern nicht selten Bauchschmerzen und entsprechende Emotionalität. Der perfekte Mix, um Geld zu verlieren.

Zu den Einflussfaktoren, die auf Rohstoffe wirken, zählen Naturkatastrophen wie Dürreperioden und Tornados, die Ernteausfälle bedingen können, und auch Phänomene wie die Schweinepest in China. Sie dezimierte Ende 2019 einen beträchtlichen Teil des

Schweinebestandes und verursachte durch das auf diese Weise verminderte Angebot Preisanstiege.

Auch reagieren Rohstoffe besonders sensibel auf politische Einflüsse. Denk nur einmal an den Sojaanbau in den USA und die Exporte nach China. Der Handelskonflikt zwischen den beiden Ländern hat die US-Exportquote von Soja faktisch auf null einbrechen lassen, da China als Reaktion auf Trumps Zölle die Einfuhr von Soja aus den USA drastisch reduzierte.

Kurzum ist zu sagen: Wer mit Rohstoffen Geld verdienen möchte, muss seine unterschiedlichen Positionen aktiv handeln und sich ständig über die Rahmenbedingungen informieren – also über die Veränderung der Einflussfaktoren. Der verantwortungsvolle Handel mit Rohstoffen ist somit sehr arbeits- und zeitintensiv. Hast du Lust und Zeit, dich intensiv mit den Bereichen Politik, Klima und Wissenschaft zu befassen? Dann könnten Rohstoffe gerade aufgrund der höheren Volatilität ein interessantes Investment für dich sein.

Physische Direktinvestitionen in Gold, Silber und Co. sind allerdings recht kostspielig und mit Lagerungs- und Haltekosten verbunden (zum Beispiel Gebühren für einen Tresor oder ein Bankschließfach). All das muss bei einer entsprechenden Anlage berücksichtigt werden. Außerdem eignen sich solche physischen Rohstoffanlagen mit kleinen Beträgen nicht als „Ansparmodell" für die Altersvorsorge. In einem gesunden Verhältnis zu den Kosten steht eine solche Anlage eher, wenn du über einen mittleren vier- oder fünfstelligen Einmalbetrag verfügst. Ein solcher kann durchaus lohnend direkt in Rohstoffe investiert werden.

Alternativ zum Direktinvestment kannst du aber auch – wie oben bereits erwähnt (s. Kapitel VI und VII) – über Fonds, ETFs bzw. Derivate an einzelnen Rohstoffen, Rohstoffunternehmen oder ganzen Rohstoffindizes partizipieren. Je nach Risikolaune streust du dein Investment breit und risikoärmer über einen Index oder du setzt mit maximalem Hebel und entsprechendem Risiko auf ein Derivat, wie zum Beispiel einen Goldfuture oder Optionen auf Goldminenunternehmen.

→ Eine lukrative Alternative wäre für dich zum Beispiel, einem Anlegerbrief oder einem Vermögensberatungsinstitut mittels App zu folgen, das sich auf das Thema spezialisiert hat und nachweislich Erfolge verbuchen kann. Anlegerbriefe weisen ihre Erfolge beispielsweise direkt über sogenannte Musterdepots mit einer Übersicht über die Performance nach. Ein Beispiel für einen Anlegerbrief neuerer Art ist www. algoreport.de. Die Firma CMCT Systems, gegründet von zwei Finanzspezialisten, hat einen besonderen Algorithmus entwickelt, der für die unterschiedlichen Rohstoffmärkte Ein- und Ausstiegssignale aufzeigt. Die Firmeninhaber entscheiden dann basierend auf ihrer langjährigen Erfahrung, ob sie diese Signale als Anlass zum Kauf oder Verkauf von Rohstoffen nehmen. Denn natürlich ist auch ein solcher Algorithmus kein Wahrsager, der zu 100 % korrekte Vorhersagen macht, nichtsdestoweniger kann er aber als nützliche Hilfestellung bei der Orientierung auf dem Markt dienen.

Investierst du in diesen Anlegerbrief, bezahlst du eine Gebühr, kannst aber gleichzeitig vom Know-how der beiden Spezialisten profitieren – oder sie schlicht kopieren. Voraussetzung ist natürlich, dass du für ihren Newsletter zahlst, den *ALGOreport*. Auch in anderen Bereichen gibt es Anlegerbriefe. Sie sind natürlich keine Garantie für Gewinne, geben aber eine gute Übersicht über die Tätigkeit der Menschen, die den ganzen Tag nichts anderes tun, als sich mit den unterschiedlichen Märkten zu beschäftigen und aktuelle Chancen und Risiken einzuschätzen.

Ich finde, die Tatsache, dass Rohstoffe real auf unserer Welt vorkommen, sie in Minen geschürft oder aus gebrauchten Materialien recycelt werden, sie also etwas Handfestes darstellen, macht sie als Anlageklasse unglaublich spannend. Es geht eben nicht ausschließlich um den Vermögenswert, sondern wie beispielsweise bei Weizen, Soja und Kaffeebohnen auch um den Umgang mit dem Rohstoff selbst und den Menschen, die ihn erzeugen, abbauen und handeln. Bevor ich das Thema „Fair Trade und Ethik" vertiefe, erst mal ein Überblick über die „Funktionsweisen" einiger ausgewählter Rohstoffe.

Einzelne Rohstoffe im Überblick

Gold

Gold ist schon immer einer der wichtigsten Rohstoffe und heutzutage das wichtigste Edelmetall der Welt. Länder, Zentral- und Notenbanken horten Goldbestände, ca. 33 800 Tonnen, um einen Teil ihrer Währungen und politischen Risiken abzusichern. Gold gilt Finanzinvestoren und Anlegern als „sicherer Hafen" in Zeiten, in denen politische und wirtschaftliche Krisen das Börsen- und Finanzgeschehen beeinflussen.

Als zu Beginn des Jahres 2020 die USA-Iran-Krise ihren Anfang nahm, schoss der Goldpreis auf ein Mehrjahreshoch von bis zu 1600 US$ pro Feinunze. Außerdem wird Gold als Investment dann besonders interessant, wenn wir weiter fallende Zinsen sehen. Dann wird eine beträchtliche Zahl Menschen ihr Geld lieber in einem Goldinvestment „parken" als auf dem Tagesgeldkonto, geschweige denn auf dem trostlosen Sparbuch.

Gold in historischer Betrachtung

Schon vor über 3000 Jahren wurde Gold als Werterhaltungs- und Zahlungsmittel in Form von Goldmünzen in den Gesellschaften des alten Ägypten, des antiken Roms, der Griechen und in anderen ersten Zivilisationen verwendet. Das liegt auch an den Eigenschaften des Edelmetalls, das eine hohe Dichte und große Widerstandsfähigkeit gegenüber Hitze, Druck, Luftfeuchtigkeit und Lösungsmitteln aufweist. Oft wird es natürlich zur Herstellung von Schmuck verwendet, aber auch in der Industrie ist es ein wichtiges Element, weil es gut zu bearbeiten ist und nicht korrodiert – also seinen typischen Glanz nicht einbüßt.

Vor allem während und nach der Zeit der Entdecker, wie Kolumbus, da Gama und Vespucci, und der Ausbreitung der damaligen europäischen Großmächte Spanien, Portugal, Niederlande und England im späten 15. Jahrhundert kam es immer wieder zu Kriegen und Raubzügen, deren Ziel das Erbeuten von Gold war. Das traf insbesondere Südamerika, wo vor allem indigene Völker wie die Maya und die Azteken sehr fähige Goldschmiede waren.

Später, gegen Mitte des 19. Jahrhunderts, zog es nicht zuletzt aufgrund der Goldfunde im US-Bundesstaat Kalifornien große Teile der europäischen Bevölkerung in die Neue Welt. Jeder Abenteurer und Pionier wollte ein Stück vom Kuchen und der Traum von einem besseren Leben bewegte Millionen von Menschen in Richtung USA. Reich wurden die wenigsten Goldsucher. Die „wahren Schätze", die die Händler der damaligen Zeit reich und vermögend machten, waren Güter, die die Goldgräber benötigten, wie Jeans (weltweit bekannt wurden die von Levi Strauss), Schuhe, Ausrüstungsgegenstände und Tiere. Auch die Eisenbahn profitierte sehr stark von der Westexpansion der Menschen, die von der Ostküste der USA ins Landesinnere und nach Kalifornien führte.

Mit der fortschreitenden Industrialisierung in der Mitte des 19. Jahrhunderts und nach den Kriegen im 20. Jahrhundert wurde schließlich immer wieder versucht, einen Goldstandard zu etablieren. Als Goldstandard bezeichnet man entweder eine Währung aus Goldmünzen oder die Deckung einer Währung in Banknoten und Münzen durch entsprechende Goldreserven. Immer wieder gab es den Versuch von Regierungen und Notenbanken, eine feste Relation zwischen den im Umlauf befindlichen Banknoten und dem Gold herzustellen, das die Notenbank des jeweiligen Landes zur Deckung dieses Geldes hatte.

Eine dieser Bemühungen um einen Goldstandard war das Bretton-Woods-System, benannt nach dem Tagungsort im US-Bundesstaat New Hampshire, wo sich im Juli 1944 Finanzminister, Notenbankgouverneure und Politiker der Alliierten trafen. Es ging darum, eine Nachkriegsfinanzordnung aufzubauen, die eine Bindung an Goldreserven einerseits, gleichzeitig aber eine gewisse Flexibilität durch das Wechselkurssystem (also die Relation der „Leitwährung" US-Dollar beispielsweise zu Deutscher Mark und Französischem Franc) ermöglichen sollte.

Aufgrund der unterschiedlichen Leistungsfähigkeit der Länder, aber auch durch weitere Kriege der USA, unter anderem in Korea und Vietnam, wurde dieser Versuch einer Wechselkursstabilisierung, für die ein Goldstandard wichtig ist, untergraben. Die USA deckten die hohen Kriegsausgaben mit Anleihen, die irgendwann nicht mehr durch ihre Goldreserven gedeckt waren. Die Folge war eine Abwertung des US-Dollars, von anfänglich 4 DM/$ 1969 bis hin zu einem Preis von 2,83 DM/$ im März 1973. Das Bretton-Woods-System zerbrach schließlich als Folge der weiter stark zunehmenden Verschuldung der USA im Zuge ihrer Expansionspolitik und des starken Handelsbilanzdefizits. Auch heute noch importieren die USA mehr Waren und Dienstleistungen, als sie exportieren.

Gold durch die Brille des Privatinvestors

Gold wirft keine Zinsen ab und muss, wie eingangs erwähnt, in physischer Form gelagert und versichert werden. Selbst wenn du diesen Punkt durch den Kauf von Gold-ETCs oder ETFs auf Goldindizes und -unternehmen umgehst, steht letztlich lediglich die „Versicherungswirkung" als Kaufargument da. Wie oben erwähnt, wäre die Versicherungswirkung von Gold nur dann gegeben, wenn die Zinsen stark fallen und noch negativer würden. Dann würde Gold als Anlage noch interessanter werden.

Es gibt aktuell schon ein kleines Goldcomeback. Es bleibt die Frage, wie sich die Zinsen weltweit entwickeln und was mit dem Goldpreis passiert, wenn es gravierende politische Eskalationen auf der Welt gibt.

Gold hat ein paar Nachteile:

- in physischer Form teuer zu erwerben
- in physischer Form teuer zu lagern
- Versicherungskosten bei physischem Kauf
- Währungsrisiko, da es in US-Dollar gehandelt wird
- erwirtschaftet weder Zinsen noch Dividenden

- Der Goldkurs ist starken Schwankungen ausgesetzt; zwischen August 1987 (454 US$) und Juli 1999 (236 US$) halbierte er sich nahezu. Sein Allzeithoch betrug knapp 1900 US$ im Jahr 2011.

PaTrick: Einen kleineren Teil des Portfolios in Gold zu investieren ist im Sinne der „Asset Allocation", also der Diversifikation des Vermögens, nicht falsch. Nach einer zehnjährigen Hausse (Phase steigender Kurse) an den Aktienbörsen mit immer neuen Rekordständen besonders an den US-Börsen kann eine Absicherung eines Fonds- und Aktiendepots sich als nützlich erweisen. Im Blick zu behalten ist vor allem das Verhalten der großen Marktteilnehmer wie Notenbanken und Staaten. Solltest du in Goldminenaktien investieren, beachte deren politische und wirtschaftliche Situation: Wie sind die Arbeitsbedingungen? Gibt es Streiks? Schreibt die Mine rote oder schwarze Zahlen? Auch hier ist an das Währungskursrisiko zu denken: Wie verhält sich der jeweilige Wechselkurs – zum Beispiel bei australischen Aktien der Australische Dollar – zum Euro?

Es existieren auch ETFs mit Goldproduzenten, die sich als Dauerinvestment eignen können. Ein Beispiel ist ein ETF von iShares (**ISIN: IE00B6R52036**). Er ist sogar monatlich als Sparplan handelbar, allerdings mit den oben aufgeführten Risiken. Aber wie sagte schon ein kluger Aktieninvestor? Ohne Risiken keine Renditen. Ich ergänze: „On the long run" – also mit zunehmender Anlagedauer, „Cost Average Effect" und fortschreitender Globalisierung – werden Risiken eher geringer als größer.

Seltene Erden

In einer hoch technologisierten Welt wie der unseren braucht man zur Herstellung technisch hochkomplexer Produkte wie Maschinen, Computer, Tablets und Smartphones besondere Rohstoffe. Diese seltenen Rohstoffe, sogenannte seltene Erden, werden in immer größeren Mengen benötigt. Die Bedingungen, unter denen sie abgebaut werden, entsprechen nicht immer unseren westlichen

Standards und beim Recycling entstehen mitunter giftige Dämpfe. Nicht selten werden Kinder beim Abbau eingesetzt und die Arbeit wird viel zu schlecht entlohnt.

Als Anleger kannst du in Form von Fonds, Indexfonds, ETFs oder mit bestimmten strukturierten Produkten, wie speziellen Zertifikaten (u. a. Basket-Zertifikate), in den Rohstoff investieren. Oder du investierst in entsprechende Minenunternehmen.

Einordnung

Heute ist der „Rohstoffhunger" der westlichen Länder mit 90 Gigatonnen[17] pro Jahr dreimal so hoch wie Ende der 1970er-Jahre. Mit einem durchschnittlichen Pro-Kopf-Verbrauch von jährlich 16,1 Tonnen[18] liegt Deutschland mit an der Weltspitze. Das hängt mit der ausgeprägten Industrialisierung unseres Landes zusammen, aber auch mit unserem Wohlstand und unseren daraus erwachsenen Konsumgewohnheiten.

Die seltenen Erden werden in beträchtlichem Maß in China gefördert. Knapp 70 % der weltweiten Produktion entfallen auf das asiatische Land, was einer Monopolstellung Chinas in diesem Markt gleichkommt und die Importstaaten und Unternehmen bezüglich Preis und Fördermenge anfällig macht. Besonders zu beobachten ist das seit dem Handelskonflikt zwischen den USA und China.

Weizen, Reis und Co.

Ich bin ein großer Befürworter des Handels mit Agrarrohstoffen, denn er kann uns Menschen zur Absicherung von Lieferungen und zur Erzeugung kalkulierbarer Preise dienen. Ein schlechtes Gefühl bekomme ich selbst jedoch, wenn Waren wie Weizen, aber auch Reis, Mais oder Kaffee nicht das kosten, was sie kosten müssten, um ihre Erzeuger, also meist die Bauern, fair zu entlohnen. Es ist hochgradig unmoralisch, wenn in Zeiten großer Dürren und Hungersnöte

---

[17] https://www.euwid-recycling.de/news/wirtschaft/einzelansicht/Artikel/oecd-weltweiter-rohstoffverbrauch-wird-sich-bis-2060-nahezu-verdoppeln.htm
[18] https://www.umweltbundesamt.de/

Spekulanten die Preise dieser lebensnotwendigen Rohstoffe „künstlich" verteuern und zum Beispiel Waren in vollen Lagern nicht abverkaufen, weil auf noch höhere Preise spekuliert wird. Solche finanziellen Profite durch Nahrungsmittelspekulation auf Kosten menschlicher Schicksale sollten wir sehr kritisch hinterfragen und nicht mit Investitionen in entsprechende Finanzprodukte unterstützen.

Besonders in den Jahren 2008 bis 2011 war in den Medien immer wieder davon zu lesen, wie stark Spekulanten die Lebensmittelpreise getrieben hatten. NGOs, das sind nicht staatliche Organisationen, und Finanzinstitute wirkten daraufhin auf die EU ein, die nun seit 2013 versucht, durch unterschiedliche Initiativen Spekulanten aus den Märkten auszuschließen und diesen Spekulationen entgegenzuwirken. Die Banken und Agrarrohstoffhändler allerdings argumentieren ihrerseits immer wieder, dass durch ihr Handeln notwendige Innovationen bei der Herstellung und Erzeugung der Waren entstünden und sie somit eigentlich zur Stabilisierung der Preise beitrügen.

Cannabis

Ein weiterer interessanter Rohstoff ist zum Beispiel Cannabis, in das man über Aktien investieren kann. In den Jahren 2016, 2017 und 2018 beispielsweise gab es einen regelrechten Cannabishype. Zu den vielversprechendsten Unternehmen gehört Aurora Cannabis, das vor allem durch milliardenschwere Übernahmen kräftig gewachsen ist. Canopy Growth ist der Weltmarktführer im global stark wachsenden Marihuana- und Cannabismarkt. Die Legalisierung von Cannabis in Kanada und in Teilen der USA hat dazu geführt, dass die Fantasie der entsprechenden Aktienkurse enorm war. Beflügelt durch diese Fantasie haben mehr und mehr Cannabisproduzenten immer größere Flächen zur landwirtschaftlichen Nutzung angemietet oder gekauft, um den Bedarf des Marktes zu decken.

Allerdings ist es mit der Legalisierung, insbesondere auf globaler Ebene, noch nicht so weit her. Die großen Erwartungen sind in der

Produktionsrealität also bei Weitem nicht erfüllt worden. Das hat im Fall von Aurora Cannabis beispielsweise dazu geführt, dass der Aktienkurs seit seinem Hoch am 1. Oktober 2018 von 11,04 € auf rund 1,66 € (Stand 09.01.2020) eingebrochen ist. Die Frage wird jetzt sein, wie sich der Preis pro Tonne Cannabis an den Weltmärkten in Zukunft entwickelt und ob neben der medizinischen Nutzung größerer Kundenkreise auch ein breites nicht medizinisches Konsumverhalten eine immer größere Rolle spielen wird.

Einordnung

Die Unternehmen leiden vor allem darunter, dass sie auch noch in den kommenden Jahren ihr schnelles Wachstum auf Kosten der Gewinnmarge betreiben werden müssen. Außerdem droht aufgrund zu geringer Mittelzuflüsse von Investoren das Geld knapp zu werden. Damit sinkt die Liquidität der Unternehmen, weshalb manche Analysten bereits mit Pleiten im Cannabismarkt rechnen.

➡ Aus diesen Gründen ist es sicherer, von Cannabisaktien die Finger zu lassen. Aber man sollte sie auf der Watchlist haben. Der erste Hype ist auf jeden Fall bereits vorbei und die große Frage ist nun, ob es einen zweiten geben wird.

Auch stellt sich die Frage, inwiefern die Legalisierung von Cannabis in der EU beziehungsweise in Deutschland vorangetrieben wird. Denn in der Produktionsstätte von Aurora Cannabis in Leuna, Sachsen-Anhalt, wird ab Oktober 2020 jährlich eine Tonne medizinisches Cannabis bzw. Marihuana produziert. Bei aktuellen Preisen von ungefähr 11 €/g bedeutet das ein Umsatzvolumen von ca. 11 Millionen € für den Standort in Ostdeutschland.

Wasserstoff

Bestimmt hast du dich auch schon mit dem Thema E-Mobilität beschäftigt. In Zeiten von Fahrverboten für Dieselfahrzeuge in großen Städten ist die Frage nach dem Antrieb der Zukunft drängender geworden. Ob in Zukunft mit Wasserstoff betriebene Autos das

Nonplusultra sein werden oder vielleicht doch Elektroautos mit Lithium-Ionen-Batterie, kann jedoch keiner sagen. Beide Technologien haben ihre Schwachstellen. Wasserstoff ist das am häufigsten im Universum vorkommende Element. Allerdings ist seine Herstellung mit einem großen Energieaufwand verbunden. Wenn diese Energie nicht CO_2-neutral erzeugt wird, geht die Herstellung also zulasten der CO_2-Bilanz.

Ähnlich verhält es sich mit der CO_2-Bilanz der Lithium-Ionen-Batterie, die unter anderem in Handys verwendet wird. Hier kommt erschwerend hinzu, dass die Lithiumvorkommen zum Beispiel in der Atacama-Wüste schwer zugänglich sind und die Gewinnung von Lithium nur unter sehr schwierigen Bedingungen zu realisieren ist. Konkret bedeutet das nicht selten eine enorme Wasserverschwendung, da für die Gewinnung des Rohstoffs häufig Grundwasserressourcen in großem Umfang verwendet werden.

Obwohl auch der US-Autobauer Tesla in Deutschland eine Batterieproduktion aufbauen möchte, liegt der Siegeszug des E-Autos noch in weiter Ferne. Auch der Volkswagen-Konzern möchte die Fehler aus dem Dieselskandal nicht wiederholen und investiert nun bis zum Jahr 2022 bis zu 44 Milliarden € in den Bereich E-Mobilität. Da Elektromotoren allerdings nicht so viele Bestandteile haben wie Verbrennungsmotoren, wird es nicht zu vermeiden sein, dass im Zuge dieser Umstellung Arbeitskräfte freigesetzt werden müssen. Volkswagen, aber auch andere Automobilhersteller versuchen jedoch, diesen Prozess sozial verträglich umzusetzen und bei Entlassungen neue Stellen im Bereich E-Mobilität zu schaffen.

Die japanische Regierung hingegen setzt bei der grünen Trendwende in der Automobiltechnologie voll auf die Brennstoffzelle, also auf Wasserstoff. Das geschieht vor allem durch starke Subventionen beim Ausbau von Wasserstofftankstellen, aber auch durch die Subventionierung von Wasserstoff-Pkw. Bis zu 45 % des Verkaufspreises steuert der Staat beim Kauf eines Wasserstoff-Pkw bei. Japan hat die Absicht, bis zum Jahr 2050 seine CO_2-Emissionen im Pkw-Bereich um 90 % abzusenken.

Auch China hat angekündigt, trotz E-Auto-Quoten von bis zu 20 % zum Jahr 2025, nicht mehr ausschließlich diese Technologie zu fördern. Vielmehr sollen auch Wasserstoff und die Brennstoffzelle finanziell unterstützt werden. Auch der Ausbau der entsprechenden Infrastruktur und die Förderung von Wasserstofftankstellen und -pipelines gehen mit den Förderprogrammen einher.

Einordnung

Um unmittelbar von diesen beiden großen Trends in Sachen E-Mobilität zu profitieren, hast du als Investor mehrere Möglichkeiten. Du kannst Aktien von Unternehmen kaufen, die Lithiumminen betreiben oder auf die Infrastruktur rund um E-Mobilität spezialisiert sind, oder aber du investierst direkt in Automobilaktien, die deiner Auffassung nach die Trendwende am besten gestalten werden. Möchtest du in Wasserstoff investieren, kannst du nicht nur auf Wasserstoffhersteller setzen, sondern auch auf Unternehmen, die die entsprechende Infrastruktur zur Verfügung stellen – wie Plug Power oder auch die norwegische Firma Nel, die Wasserstofftankstellen baut und betreibt.

Das Gute an all diesen Investments ist, dass du sie als grüne Investitionen bezeichnen kannst, denn alle besagten Unternehmen sind mit großen Schritten auf dem Weg in eine nachhaltigere Zukunft. Somit schlägst du zwei Fliegen mit einer Klappe: Du legst dein Geld gewinnbringend an und sorgst durch dein Investment in nachhaltige Technologie dafür, dass die Welt ökologisch tragfähiger wird. Als Belohnung dafür wird nicht nur der Planet wieder sauberer, sondern auch – wenn deinem Beispiel viele Menschen folgen – dein Investment lukrativer. Deshalb sprich darüber!

Die etwas andere Geldanlage: Oldtimer, Sneakers und Spirituosen

Es gibt Trends im Bereich Geldanlage, die mit der klassischen Geldanlage über die Börse tatsächlich rein gar nichts mehr zu tun haben.

Immer mehr Menschen investieren in der aktuellen Phase niedriger Zinsen, also seit 2010, ihr Geld beispielsweise in sogenannte Young- und Oldtimer, also in Autos, die zwischen 20 und 30 (Youngtimer) oder mehr (Oldtimer) Jahre auf dem Buckel haben. Auch in Gemälde und Skulpturen, Wein, Whisky und andere, auch exotische Spirituosen stecken gewitzte Leute auf der Suche nach guter Rendite ihr Geld. Mit einigen dieser Investmentalternativen beschäftige ich mich im Folgenden einmal etwas genauer.

Young- und Oldtimer

Es klingt skurril, aber es gibt ihn wirklich: den Deutschen Oldtimer-Index, auch DOX genannt und nicht mit dem DAX zu verwechseln. Ich sehe dein ungläubiges Gesicht vor den Buchseiten, aber es ist wahr. Der VDA, der Verband der Automobilindustrie, publiziert die Preisentwicklung bei Oldtimern unter Berücksichtigung der Daten von Classic Analytics, einem Marktanalyse- und Bewertungsspezialisten, auf seiner Website. Zweimal pro Jahr wird der Deutsche Oldtimer-Index ermittelt. Er spiegelt die durchschnittliche jährliche Wertentwicklung von 88 Oldtimermodellen aus sieben Ländern seit 1999 wider. Um eine Verfälschung durch einzelne besonders wertvolle Sammlerstücke auszuschließen, wurden ausnahmslos Nachkriegsfahrzeuge berücksichtigt.

Der Anfangswert wurde auf 1000 Punkte festgelegt. Ende 2017 lag der Index bei 2552 Punkten, was gleichbedeutend ist mit einer jährlichen Rendite von gut 5,05 %. Allerdings sind die Wertentwicklungen bei den verschiedenen Modellen sehr unterschiedlich. Laut einem Bericht des *Spiegel*[19] ist der Kurs des beliebtesten Oldtimers Deutschlands, des VW Käfers, Baujahr 1967 bis 1973, allein im Jahr 2018 um 45,5 % gestiegen. Laut Classic-Analytics-Geschäftsführer Frank Wilke hat sich die Klientel des Käfers mittlerweile dahingehend geändert,

---

[19] https://www.spiegel.de/auto/aktuell/oldtimer-index-vw-kaefer-opel-kadett-und-co-legen-zu-a-1253618.html

dass das 50 Jahre alte Fahrzeug nun auch in Kollektionen besser betuchter Sammler zu finden ist – vor allem wenn das Auto in sehr gutem Zustand ist. Preise um die 13 000 € sind keine Seltenheit mehr. Zum Vergleich: Ein VW Polo ist aktuell für nur etwas mehr zu haben, nämlich 13 700 €. Den größten Wertzuwachs allerdings hat der BMW 3,0 CSI mit 441 zugelassenen H-Modellen auf der Straße. Er hat sich, so Wilke, um über 46 % verteuert, auf Preise jenseits der 70 000-€-Marke.

Wichtig bei diesen Fahrzeugen für dich – solltest du an einem solchen Investment interessiert sein – ist jedoch vor allem, dass sie in einem mangelfreien Zustand sind und nur leichte Gebrauchsspuren aufweisen. Laut VDA eignen sich Oldtimer pauschal nicht unbedingt als renditestarke Geldanlage, da die Preissteigerungen im Schnitt „nur" bei 1,5 % im Jahr 2017 und 2,2 % im Jahr 2018 lagen. Allerdings gibt es immer mal Ausreißer nach oben. Außerdem benötigen Oldtimer natürlich einen geeigneten Stellplatz und gegebenenfalls ein ausgeprägtes Reparaturtalent ihres Besitzers. Vielleicht triffst du aber auch jemanden, der beides mitbringt, aber nicht über ausreichendes Kapital verfügt, das du wiederum mitbringen könntest. Dann klingt das nach einer sinnvollen Ergänzung deiner Geldanlage und ist eine Überlegung wert.

Ein Freund erzählte mir, dass er eine Corvette C3, Baujahr 1978, vor drei Jahren für 20 500 € gekauft und sie jetzt für 26 000 € angeboten hat. Vorausgesetzt er bekommt den gewünschten Betrag, dann ist das innerhalb dieser Zeit eine Wertsteigerung von unglaublichen 26,83 %. Er liebt dieses Auto und hat eine ganz persönliche Verbindung zu dem Wagen. Ähnlich wie ich hat er auch einen amerikanischen Elternteil und auch deswegen einen Hang zu dem Amerika seiner Eltern. Den American Dream und die Autos aus jener Zeit romantisiert er in seiner Vorstellung gerne: endlose Highways, wehendes Haar und Männer, die aus dem Auto aussteigen und auf das Pferd aufsitzen, um als Cowboy die endlosen Weiten der amerikanischen Prärie zu durchstreifen. Kleine-Jungs-Fantasien, die sich im Erwachsenenalter manchmal im Kauf einer Corvette, eines Ford Mustang oder eines anderen alten Ford Bahn brechen.

Aber wie haben sich all diese Fahrzeuge im Preis entwickelt? Eine Grafik gibt Aufschluss über einen Teil der 88 angesprochenen Fahrzeuge, die Teil des DOX sind. Mein Fokus liegt im abgebildeten Auszug aus dem Index neben den angesprochenen US-Fahrzeugen vor allem auf den deutschen Herstellern Mercedes Benz, BMW, Opel und Volkswagen:

Fahrzeughersteller	Typ	Wert 1999	Wert 2012	Wert 2016	Wert 2019
VW/Porsche	914	7700 €	15 000 €	22 000 €	28 000 €
Mercedes-Benz	„Ponton"	8900 €	18 200 €	27 000 €	29 800 €
Mercedes-Benz	170/220	16 600 €	31 000 €	38 000 €	38 700 €
BMW	3er (E21)	2200 €	5800 €	8500 €	13 700 €
BMW	501/502/503	11 900 €	28 600 €	42 500 €	42 500 €
BMW	5er	2300 €	5400 €	8800 €	10 000 €
Lloyd	600, Alexander	4000 €	7400 €	8600 €	8600 €
BMW	600/700	4200 €	8700 €	10 300 €	12 000 €
BMW	7er	2900 €	10 500 €	11 800 €	11 800 €
Opel	Ascona	1700 €	4400 €	5800 €	6800 €
BMW	Baureihe 02	4300 €	11 000 €	16 900 €	25 000 €
Ford	Capri	3100 €	8000 €	9000 €	9000 €
Opel	Commodore	4500 €	9500 €	12 000 €	12 000 €
Ford	Escort	2000 €	8000 €	9500 €	9500 €
Glas (+ BMW)	Goggomobil	3800 €	8500 €	10 800 €	11 700 €
Volkswagen	Golf	4100 €	4400 €		6500 €
Ford	Granada	2300 €	5600 €	8400 €	8400 €
Volkswagen	K 70	2400 €	5000 €	4100 €	4100 €
Opel	Kapitän/Admiral/Diplomat	5100 €	10 100 €	13 800 €	13 800 €
Mercedes-Benz	Mercedes „/8"	5900 €	13 300 €	17 200 €	19 500 €
Mercedes-Benz	Mercedes „Heckflosse"	6100 €	15 000 €	17 700 €	20 200 €
Mercedes-Benz	Mercedes SL R 107	13 000 €	27 000 €	32 000 €	38 000 €
Mercedes-Benz	Mercedes W 108/109	6200 €	18 700 €	23 500 €	23 500 €
Mercedes-Benz	Mercedes W 123	2200 €	8000 €	9500 €	9800 €
BMW	Neue Klasse	5100 €	9800 €	14 700 €	16 800 €
Pontiac	Bonneville	24 500 €	75 000 €		90 000 €
Chevrolet	Camaro	6300 €	10 300 €	17 900 €	17 900 €
Chevrolet	Corvette	10 200 €	18 500 €	22 600 €	25 000 €
Cadillac	Eldorado	10 500 €	28 000 €	21 000 €	21 000 €
Pontiac	Firebird	4700 €	11 000 €		18 000 €
Ford (USA)	Mustang	12 500 €	25 400 €	31 000 €	32 500 €

Fahrzeughersteller	Typ	Wert 1999	Wert 2012	Wert 2016	Wert 2019
Buick	Riviera	16 200 €	21 800 €	25 700 €	29 000 €
Ford (USA)	Thunderbird	30 700 €	42 000 €	46 000 €	49 000 €

Auszug aus dem Deutschen Oldtimer-Index

Wenn du jetzt darüber nachdenken solltest, deinen Blick bei mobile.de oder einer anderen Plattform auf einen alten Porsche zu richten, rate ich dazu, gleichzeitig zu überlegen, welche Werkstatt in deiner Nähe kostengünstige Reparaturen an dem entsprechenden Fahrzeug vornehmen kann. Außerdem ist es vielleicht sinnvoll, mit dem Auto gar nicht viel zu fahren, sondern es zu „lagern", also in einer Garage unterzustellen. Oldtimerbörsen und Oldtimertreffen sind gute Gelegenheiten, solche Autos auch mal selbst unter die Lupe zu nehmen und ein Gefühl für den Markt zu bekommen. Außerdem ist der Austausch mit Gleichgesinnten unbezahlbar.

Fazit

Als „Werterhaltungsinvestment" scheinen sich Oldtimer grundsätzlich zu rentieren. Im Durchschnitt 5 % Wertsteigerung pro Jahr seit 1999 können sich sehen lassen – dazu kommt das Potenzial von Ausreißern nach oben. Der Mix aus soliden Oldtimern und Musthaves, also sehr beliebten Fahrzeugen, scheint lukrativ. Wenn du zudem einen Mechatroniker im Bekanntenkreis und eine Werkstatt in der Nähe hast, die nötigenfalls auch passende Ersatzteile beschaffen kann, ist das in jedem Fall von Vorteil.

Nicht unerheblich sind die Lagerungskosten und die Instandsetzung, wenn du zum Beispiel einen durchgerosteten Wagen in Nachbars Scheune auftust. Kalkuliere die gesamten Kosten zum Kaufpreis hinzu und schau dann gerne in die Tabelle des DOX, um zu entscheiden, wo du mit deinem Investment finanziell liegst.

Um eine Orientierung über den Markt zu bekommen, sind neben dem VDA e. V. auch etliche Print- und Onlinemagazine im Umlauf, die dich über Trends und Entwicklungen fachlich kompetent informieren. Dazu zählen unter anderem *Motor Klassik*,

Träume Wagen und *Chrom & Flammen* für US-Fahrzeuge, um nur einige zu nennen. Neben der Wertsteigerung der Autos sind in Oldtimerclubs auch oft lustige Treffen inklusive. Man tauscht sich aus, teilt seine Leidenschaft für die „Autokunstwerke" – und wer wollte nicht schon immer mal am historischen Autorennen „Mille Miglia" teilnehmen? Also auf meiner persönlichen Lebens-To-do-Liste ist ein Oldtimerrennen Pflicht.

Wein und Spirituosen

Im Rahmen meiner Tätigkeit als „Finanzcoach" habe ich mich bereits vor diesem Buch mit dem Thema Spirituosen, insbesondere aber auch mit Wein auseinandergesetzt. Dabei habe ich von einem Weinhändler erfahren, dass immer mehr Menschen die Möglichkeit nutzen, wertvolle Weine in sogenannten Weinschließfächern aufzubewahren. Wein für 10 oder 15 € pro Flasche, das kennen wir schon. Wertsteigerungen von 10 oder 20 % pro Jahr kommen auch immer wieder vor. Allerdings bräuchtest du bei diesem Preis schon eine gehörige Menge Flaschen, um davon finanziell profitieren zu können.

Zu Geburtstagen oder anderen besonderen Anlässen verschenken wir gerne mal einen guten Tropfen. Allerdings sind die Preise für sehr gute Weine in den letzten Jahren im Durchschnitt durch die vielen Rekordernten und die sehr hohe Qualität so stark gestiegen, dass immer häufiger auch Weine zum beliebten Investment geworden sind. Wein wurde in den letzten Jahren von einem guten verzehrbaren Tropfen also zusätzlich zum Anlagegut.

Die jährlich in Düsseldorf stattfindende Qualitätsmesse ProWein, die sich im März 2019 zum 25. Mal wiederholte, bezeugt das immer stärker wachsende Interesse breiter Investorengruppen an Wein als Finanzobjekt. Mehr als 6800 Aussteller aus 295 Anbaugebieten in 60 Ländern sprechen für sich und betonen, dass Weine, Whiskys und Brandys viel mehr sind als Getränke aus antiquierten Gentlemen's Clubs. Das Interessante, neben den Wertsteigerungen der Weine und Spirituosen, ist natürlich, dass sich deine Wahl auch nach persönlichen geschmacklichen bzw. optischen Aspekten gestalten lässt. Solltest du bei der Lektüre dieses Buches schon daran gedacht haben, eine Immobilie zu kaufen, ist spätestens jetzt daran zu denken, einen Wein- und Spirituosenkeller mit einzurichten.

Für wen eignet sich Wein als Anlageobjekt?

Weine sind die große Leidenschaft von Steffi, unserer Freelancerin vom Kleeblatt. Schon die Urlaube im Kindesalter in Frankreich haben ihre Sicht auf das Land, den Lifestyle und später auf den Wein entscheidend geprägt. Steffi liebt Weine aus der Gegend um Bordeaux und Champagner aus der Champagne und hat sich im Laufe der Jahre ein sehr solides Grundwissen rund um das Thema Wein aufgebaut. Sie weiß ziemlich gut, welche Jahrgänge welcher Weine besonders gut waren, welche Weine besondere Raritäten sind, weil der Ertrag nicht so groß war, und hat natürlich auch in Sachen Geschmack, insbesondere in Kombinationen mit entsprechenden Speisen, eine tolle Expertise entwickelt.

Wie stehst du zu Wein? Trinkst du ihn ab und an oder mehrmals in der Woche? Bist du eher Rot- oder Weißweinfan?

Als Steffi noch mit ihrem Mann zusammen war, hatten sich die beiden in ihrem Haus tatsächlich einen kleinen Weinkeller und einen profunden Weinvorrat angelegt. Auf meine Nachfrage, wie Steffi sich im Laufe der Jahre diese umfangreichen Kenntnisse angeeignet habe, sagte sie mir, dass sie vor allem von der Expertise der Winzer in der Region um die Weinstraße profitiert habe. Sie habe sich durch die unterschiedlichen Weingüter gearbeitet, die unterschiedlichen Weinanbaugebiete „durchgetrunken" und danach angefangen, sich noch tiefer in die Materie einzuarbeiten.

Hierfür ist sie nach anfänglichen Weinseminaren rund um ihren Wohnort in regelmäßigen Austausch mit professionellen lokal ansässigen Weinhändlern getreten. Parallel tauschte sie sich auch mit Händlern über das Internet aus, wenn es um Preisgestaltung, Lagerung und andere wichtige Details ging. Als Anlagegut kam ihr Wein schließlich dadurch in den Sinn, dass sie feststellte, wie wertstabil sich manche Weine mit der Zeit entwickelten und dass einige sogar stark an Wert zulegten.

Der Weinguide *Gault & Millau* urteilt über Weingüter und Weinsorten und vergibt entsprechend Punkte. Für besonders herausragende Weine gibt es – zwar selten, aber regelmäßig – die Höchstzahl von 100 Punkten. Ein toller Indikator, um sich einen Wein näher anzuschauen, so Steffi. Denn mit den Jahren gewinnen diese Topweine meist deutlich an Wert.

„Forster Kirchenstück Riesling GG 2016" des Weinguts Geheimer Rat Dr. von Bassermann-Jordan beispielsweise ist seit Verkaufsstart um gut 30 % im Wert gestiegen und wird aktuell mit ca. 89 € pro Flasche gehandelt. Das ist nicht günstig für eine Flasche Wein, aber du willst sie ja auch nicht trinken, sondern einen kleinen Teil deiner Ersparnisse anlegen. Sollte sich die Wertsteigerung nicht in dem Maß fortsetzen wie erhofft, besteht bei Wein in jedem Fall die Möglichkeit, ihn zu einem besonderen Anlass zu verschenken oder ihn gegebenenfalls mit einem wichtigen Menschen zu einer ganz besonderen Gelegenheit selbst zu trinken und das investierte Geld in Genuss umzuwandeln.

Einordnung

Natürlich werden die meisten Weine getrunken und die Preise macht auch beim Wein der Markt, aber wenn die Qualität eines Jahrgangs besonders herausragend ist, bedingt schon das begrenzte Angebot dieses Weins, dass die Flaschen, die fachgerecht transportiert und gelagert werden, im Wert steigen, nicht zuletzt wegen der Verknappung des Guts im Laufe der Zeit. Es kommt vor, dass einzelne Flaschen den Wert eines Kleinwagens erreichen, also zwischen 10 000 und 20 000 € kosten. Solche Weine lagerst du dann aber nicht mehr zu Hause, sondern am besten in einer „Winebank", also abschließbaren Fächern in Gewölben, in denen die exakt richtige Temperatur und Luftfeuchtigkeit vorherrschen, um dem Wein das Klima zu geben, das ihm zuträglich ist. Ein Beispiel für solch einen exzellenten Wein ist „Scharzhofberger Riesling Trockenbeerenauslese 2003" des Weinguts Egon Müller in Wiltingen an der Saar, der auf einer Weinversteigerung 12 000 € als Erlös erzielte.

Zu den sehr namhaften Weingütern der „Premier Cru"-Klasse des Weinbaugebiets Bordeaux zählen unter anderem: Château Margaux, Château Haute-Brion, Château Mouton-Rothschild, Château Lafite-Rothschild und Château Latour. Solche Weine zu finden und zu begutachten kann kostspielig, der Transport aufwendig sein. Manche teuren Weine unterliegen zeitweise dem Einfluss von Spekulanten und auch im Weinmarkt gibt es Spekulationsblasen. Es gab eine Phase, in der chinesische Investoren Weine von Statusweinbergen aus der Bordeaux-Region gezielt kauften, was wiederum andere Interessenten anlockte. Wie bei jeder Blase rechneten die Käufer mit weiter anhaltendem Interesse der Chinesen für die Weine. Leider grundlos, daher platzte diese kleine Weinblase so schnell, wie sie sich gebildet hatte, mit den klassischen Folgen.

Fazit: Ich gebe zu, ich selbst kenne mich mit Weinen, Anbaugebieten und den Feinheiten des Marktes nicht wirklich gut aus, schätze einen guten Tropfen zu einem leckeren Essen aber trotzdem. Solltest du auf dem Weg zum Sommelier sein und dein Hobby Wein vielleicht in bare Münze verwandeln wollen, besteht grundsätzlich die Möglichkeit dazu. Es gibt zum Beispiel Plattformen wie den Fine Wine Market.[20] Dahinter verbirgt sich ein Netzwerk für professionelle Weinmarktteilnehmer. Es können Daten ausgetauscht und in Echtzeit Weine ge- und verkauft werden. Es gibt unter anderem sogar einen Bordeaux-Wein-Index, der zeigt, wie sich der Wein aktuell und in den zurückliegenden Jahren preislich entwickelt hat. In

---

[20] https://www.liv-ex.com/us

den letzten 5 Jahren beispielsweise verzeichnete er immerhin einen Anstieg um gut 30 %. Du siehst also auch am Beispiel Wein: Alternative Anlagegüter zeigen häufig eine bessere Wertentwicklung als das von uns Deutschen so heiß geliebte Sparbuch.

PaTrick: Weine und Oldtimer sind seriöse Möglichkeiten der Kapitalanlage. Eine weitere Kapitalanlage, die allerdings mit einem zwinkernden Auge zu verstehen ist, sind Alltagsgegenstände und Spielsachen, die bereits in die Jahre gekommen sind. Vielleicht kennst du die Sendung *Bares für Rares* oder ähnliche TV-Formate, bei denen die Themen Trödel und Antiquitäten die Hauptrollen spielen. Unterschiedliche Experten begutachten Sammlerstücke und Raritäten, und die Gäste, denen die Gegenstände gehören, versuchen diese zu verkaufen. Einige haben ihre Schätze über die Sendung zu barem Geld gemacht. Ich finde diesen Ansatz, also verborgene „Schätze" in Kellern und auf Dachböden, zwar als Kapitalanlageansatz nicht übermäßig professionell, aber bei vielen von uns schlummern Dinge, die sich bei genauerem Hinsehen auch gut verkaufen lassen. Alte Plattenspieler, Schmuckstücke, Bilder und andere Kunstgegenstände – es soll sogar Sammler geben, die alte Star-Wars-Figuren zu unerhörten Preisen kaufen.

Exkurs: Gut zu Fuß oder auf gepolsterten Sohlen zum Cash

Voll im aktuellen Trend liegen Sneakers. Am Fuß logisch, aber als Investment? Ja doch, richtig gelesen, Turnschuhe. Getragen, am besten aber ungetragen bringen sie teilweise in geringen Auflagen ein Vielfaches ihres Originalpreises. Wenn du ein Fan von Schuhen und seltenen Modellen bist, check doch mal sneakerhead.com oder andere Websites wie houseofsneakers.de. Das Label Off-White ist nicht nur in Fashionkreisen super begehrt. Auch die Sneakerkollaborationen, die das Label regelmäßig mit Nike, Air Jordan und Supreme herausbringt, sind echte Kassenschlager. Für dich zur Einordnung: Air Jordan 1 x Off-White Sneaker, die 2018 für 170 € verkauft wurden, sind mittlerweile unglaubliche 1800 € wert. Am besten originalverpackt, genau wie wertvolle seltene Spielzeuge.

Bitte versteh mich nicht falsch, kauf jetzt nicht gleich Spielzeug und verbiete dann deinem Kind, damit zu spielen, nur um in 30 Jahren vielleicht ein Vielfaches des Kaufpreises zu erhalten. So etwas passiert zwar hin und wieder, Sammelobjekte und Liebhaberstücke erfahren in Ausnahmefällen auch mal extreme Preissteigerungen, aber das ist nicht die Regel. Schau trotzdem mal in deinem Keller, ob du dich vielleicht von etwas trennen kannst, das du seit Jahren bei jedem Umzug mitnimmst. Vielleicht ist es ja auch nur eine Frage des Preises. Als Auktionsseite im Netz gibt es hierfür Catawiki,[21] eine Auktionsplattform für Uhren, Schmuck, Briefmarken, Münzen, Banknoten etc. Auf diese Weise kannst du bei dir zu Hause etwas mehr Platz schaffen und erhältst dafür sogar noch ein wenig Geld.

Die Unternehmensbeteiligung – Kapitalmarkt in Reinkultur

Nach den alternativen Investments und der Kapitalanlage über die unterschiedlichen Börsen geht es mir im Folgenden um eine Investmentform, die genaues Hinsehen und Verstehen voraussetzt. Dafür weist sie aber ein paar interessante Rendite- und Investitionsaspekte auf, über die wir bisher noch nicht gesprochen haben.

Beteiligungen, Private Equity, Hedgefonds und Co.
Kennst du das Wort „Finanzheuschrecken"? Im Jahr 2005 prägte der damalige SPD-Vorsitzende und Arbeits- und Sozialminister Franz Müntefering diesen Ausdruck für einige Beteiligungsfirmen, deren

---

[21] https://www.catawiki.de/

Vorgehen er wenig vorbildlich fand. Nicht zuletzt dadurch bekamen die gemeinten Hedgefonds und Private-Equity-Firmen in den Medien einen schlechten Ruf – obwohl ohne ihr Zutun so manches deutsche Unternehmen nicht so gut dastehen würde.

Was machen Beteiligungsfirmen, Hedgefonds und Co. eigentlich?

Ein Hedgefonds ist ein aktiv gemanagter Fonds, der versucht, durch das Eingehen relativ hoher Risiken eine besonders hohe Rendite für seine Anleger zu erwirtschaften. Diese Anleger sind keine Privatanleger wie du und ich, sondern große, kapitalstarke Investoren. 75 % aller Hedgefonds haben ihren Firmensitz in Steueroasen wie den Kaimaninseln in der Karibik. Diese bieten Investoren geringere Steuerlasten. In diesem Zusammenhang sind dir vielleicht schon mal die „Panama Papers" und die Verwicklungen des „Offshore-Dienstleisters" Mossack Fonseca begegnet.

Die Mittel und Finanzinstrumente, derer sich Hedgefonds bedienen, um das Geld der Anleger zu investieren, reichen von hochspekulativen Finanzprodukten, wie Derivaten und Futures, über Aktienleerverkäufe bis hin zur massiven Aufnahme von Fremdkapital zur Erwirtschaftung einer besseren Eigenkapitalrendite. Private-Equity-Firmen oder Private-Equity-Fonds beteiligen sich außerhalb der Börse an Unternehmen, die in wirtschaftliche Schieflagen geraten sind oder externe Beratung und Know-how benötigen, um wieder in solides Fahrwasser zu kommen. Das Motiv einer solchen „Unternehmensrettung" ist Gewinnmaximierung für das Unternehmen und damit mehr Gewinn für den Private-Equity-Fonds. Nicht ganz selbstlos also.

Der Knackpunkt für dich ist die hohe Anlagesumme, die du in den Private-Equity-Fonds stecken musst, nämlich nicht selten mindestens 100 000 €. Diese „Einstiegshürde" legt der Fonds selbst fest. Wenn du mich fragst, versucht man auf diese Weise, unter seinesgleichen zu bleiben. Erst langsam öffnet sich der Markt mit Private-Equity-Retailfonds auch häufiger für „normale" Privatanleger. Die

Mindestanlagesumme beträgt aber auch hier immer noch 10 000 €.
Als alternative Anlageform ist ein Private-Equity-Fonds aufgrund
der höheren Renditechancen kein schlechtes Investment. Allerdings hat er auch ein höheres Verlustrisiko als ein gewöhnlicher
Publikumsfonds.

Fakten zur Investition in einen Private-Equity-Fonds

* Der hohe Einsatz von Fremdkapital und/oder Krediten und das
  Engagement in wirtschaftlich auch angeschlagene Unternehmen
  kann zu Verlusten führen.
* Die Fondsgebühren sind aufgrund hoher Managergehälter
  größer.
* Der Private-Equity-Fonds kann ohne Mitbestimmung der Anleger und Investoren entscheiden, in welche Unternehmen er
  Geld investiert.
* Die Anlagedauer bei einem solchen PEF liegt zwischen 10 und
  17 Jahren. In dieser Zeit liegt dein Kapital fest beim Fonds. Ein
  Verkauf über eine Börse ist nicht möglich.
* Da Private-Equity-Fonds erst Gelder von Anlegern „einsammeln", dann den Fonds schließen und erst anschließend gezielt
  in Unternehmen investieren, kann es bis zu 5 Jahre dauern, bis
  du eine wirkliche Rendite erwirtschaftest.

In Anbetracht dieser Punkte ist eine Risiko-Chance-Analyse für
dich als Anleger nahezu unmöglich. Eine Orientierung bieten die
Vertriebs- und Informationsveranstaltungen der Fondsmanager
und die Performance des Fonds in der Vergangenheit.

Gute Alternativen – Aktien von Beteiligungsfirmen und ETFs

Eine lukrative Alternative kann ein Investment in börsennotierte
Private-Equity-Gesellschaften sein. Zu diesen zählen zum Beispiel

Blackstone und KKR. Hierbei investierst du statt in geschlossene Fonds direkt in börsennotierte Beteiligungsgesellschaften. Damit hast du eine gänzlich neue Form der Kapitalanlage im Bereich Private Equity als Möglichkeit der Geldanlage. Denn im Gegensatz zu geschlossenen Fonds fließt dein Kapital nicht direkt in die Beteiligungen, sondern du investierst beim Kauf von Anteilen an einer börsennotierten Beteiligungsgesellschaft in den Fonds selbst, der eben als Aktiengesellschaft firmiert. Deine Vorteile bei solchen Investments sind die folgenden:

- keine hohen Mindestanlagesummen
- börsentägliche Verfügbarkeit des angelegten Geldes
- hohe Transparenz
- geringe Kapitalkosten
- Investition in ein ganzes Portfolio von Beteiligungen

Crowdinvesting – Investment- und Beteiligungsplattform

Eine weitere sehr beliebte Form der direkten Kapitalanlage bieten Crowdfunding-Plattformen. Crowdinvesting steht für das Investieren einer Menge von Menschen (Crowd) in kleinere, vielversprechende, nicht börsennotierte Unternehmen wie zum Beispiel Start-ups. Dadurch beteiligst du dich mit deinem Geld direkt an Unternehmen und deren Projekten, und das zu meist höheren Zinsen als an anderer Stelle. Es gibt unterschiedliche Anbieter solcher Investmentplattformen, eine ist zum Beispiel das Berliner Start-up Kapilendo.

Kapilendo fungiert über eine Finanzierungs- und Investmentplattform als Vermittler zwischen mittelständischen Unternehmen und Leuten wie uns, die Anlagemöglichkeiten mit guten Renditen suchen. Du bekommst von der Plattform alle notwendigen Informationen über das Projekt, in das investiert werden soll. In der Regel findest du in der „Projektinfo" Angaben zum Zinssatz, der Laufzeit, der Risikoklasse, den zu finanzierenden Betrag und den Betrag, der bereits finanziert ist. Darüber hinaus bekommst du Informationen zum Finanzierungsstart und -ende, zur Tilgungsweise und

Informationen über das Unternehmen, den Geschäftsführer und die Branche und auch darüber, wofür das Geld im Unternehmen verwendet wird. Sehr transparent und umfangreich mit Analysen, Presseartikeln und weiteren Quellen.

Kapilendo gibt dir als Investor zudem eine Einschätzung, aus welchen Gründen ein Investment sich lohnen könnte und wodurch der Kredit gegebenenfalls gesichert ist. Das kann beispielsweise durch eine Bürgschaft des Geschäftsführers erfolgen.

Du zahlst dein Geld also auf einer Plattform ein und beteiligst dich mit deiner Summe an einem oder mehreren Unternehmen deiner Wahl. Andere tun das ebenso. Die jährlichen Renditen, die hier angeboten werden, sind wesentlich attraktiver als die, die es momentan auf Tagesgeldkonten und Rentenfonds gibt. Solche Plattformen gibt es übrigens auch im Bereich Immobilien.

Fazit: Nun sind wir schon ziemlich tief in der Materie und ganz klar bergen diese Anlageformen neben den enormen Chancen auch enorme Risiken. Wenn du sie jedoch spannend findest und mit dem Gedanken einer solchen Investition spielst, musst du dir selbst zunächst ein paar Fragen beantworten: Bist du jemand, der für eine (vielleicht lange) Weile auf einen Teil seines Investitionskapitals verzichten kann? Könntest du zur Not sogar den Teil- oder Totalverlust dieses Kapitals verschmerzen? Als Anreiz locken Gewinne in Form von hohen Renditen, die oft deutlich höher sind als die Renditen anderer Anlageklassen.

In meinen Augen sind Crowdinvestingplattformen eine interessante Alternative. Von Direktinvestitionen in Private-Equity-Unternehmen jedoch halte ich selbst mich fern, da mir der Markt zu intransparent und die Anlagedauer zu lang ist. Aktien von Beteiligungsfirmen wiederum können als Beimischung in einem breit gestreuten Depot ein kleiner „Booster" sein. Meiner Ansicht nach sollte ihr Anteil trotzdem nur bei bis zu 5 % liegen.

VIII.
Sparbuch, Anleihen und die Inflation

Zum Einstieg in dieses Kapitel werde ich ein paar grundlegende Zusammenhänge zwischen Zinsen, Inflation, der EZB-Zinspolitik und den Anlageklassen Sparbuch, Tages- und Festgeld sowie Anleihen erläutern. Ziel ist, dir zu verdeutlichen, welche Fakten aktuell vorherrschen, wie es früher einmal war – nämlich nicht immer besser – und wie du dich gegen die teilweise haarsträubenden Thesen mancher Schwarzmaler im Nachrichten- und Populismusdschungel und in diversen Talkshows zur Wehr setzen oder, so wie ich, schlichtweg deren Entertainmentfaktor genießen kannst, statt dich zu sorgen.

Sparen ist super! Allerdings nicht auf dem Sparbuch ...

Eins vorweg: Ich hatte selbst eins. Also ein Sparbuch. Das war zu der Zeit, als es noch Zinsen gab und ich als Teenager die Inflation nicht kannte und dementsprechend nicht gegenrechnete.

„Infla…, was …?“ Genau. ;-) Aber es gab sie schon immer, die Inflation, und wenn wir mal einen Blick in die Vergangenheit werfen, können wir mit dem ein oder anderen Vorurteil und dem Satz „Früher war alles besser (in Sachen Sparen)“ gehörig aufräumen.

Inflation verstehen – die Rolle der Notenbanken

Das Wort Inflation kommt vom lateinischen „inflatio“, was so viel bedeutet wie „das Aufblähen“ oder „das Anschwellen“. Die Inflation ist eine der bedeutendsten und meistbeachteten Messgrößen der Preisentwicklung überhaupt. Sie wird auch als Preissteigerung und Teuerungsrate auf Waren und Dienstleistungen im Verhältnis zur Geldmenge bezeichnet und gehört zur festen Bezugsgröße der Notenbanken rund um den Globus. Als Basis für die prozentualen Veränderungen der Inflation wird oft der Verbraucherpreisindex verschiedener Güter und Dienstleistungen herangezogen.

In Deutschland setzt sich dieser Warenkorb aus über 650 Gütern und Dienstleistungen zusammen. Er wird regelmäßig an die Lebensgewohnheiten und das Konsumverhalten der Bürger angepasst. Der aktuelle Warenkorb bezieht sich unter anderem auf folgende Bereiche:

- Wohnung, Wasser, Gas und Brennstoffe
- Nahrungsmittel, nicht alkoholische Getränke
- Tabakwaren und alkoholische Getränke
- Bekleidung und Schuhe
- Gesundheit und Pflege
- Einrichtungsgegenstände
- Verkehr
- Freizeit, Unterhaltung und Kultur
- Bildungswesen
- Hotel und Restaurant
- Nachrichtenübermittlung

Als sogenanntes Inflationsziel streben die Notenbanken der USA (Fed = Federal Reserve System) und der Eurozone (EZB = Europäische Zentralbank) eine Preissteigerung von nahezu 2 % an. Momentan liegt die Preissteigerung in den USA bei 1,9 % (2019) und in der Eurozone bei 1,2 %, also deutlich darunter.

Der Inflation gegenüber steht die Deflation, also das „Abschwellen" der Preise. Die Deflation gilt als Schreckensgespenst der Wirtschaft, deutet sie doch auf ein Überangebot an Waren und Dienstleitungen hin und geht oftmals in der Geschichte mit einem Wirtschaftsabschwung einher. Notenbanken jedoch bevorzugen die Inflation, also die Teuerung in einer Wirtschaft, denn damit wächst diese.

Die Notenbanken richten auf dieser Teuerungsrate sogar ihre Leitzinspolitik aus, also die Gestaltung des Zinses, der als Grundlage für eine Kreditaufnahme dient. Möchte eine Notenbank die Kreditaufnahme expansiv gestalten, also ausdehnend, dann senkt sie in der Regel den entsprechenden Leit- oder Orientierungszins, damit es für dich günstiger wird, Geld in Form eines Kredits aufzunehmen. Zurzeit liegt der Leitzins in der Eurozone bei 0 %.

Wie schon im Kapitel *Immobilien* besprochen, ist das für einen Hauskauf und den Kredit, den du dafür aufnehmen musst, sehr gut, denn die Zinsen sind auch langfristig vergleichsweise niedrig. Willst du allerdings Geld auf einem Sparbuch anlegen, um rentierliche Zinsen zu bekommen, ist das unmöglich, denn es gibt schlicht und ergreifend keine. Ganz im Gegenteil – dadurch dass die EZB, die „Hüterin der Zinsen und des Geldes", den Geschäftsbanken teilweise sogar negative Zinsen auferlegt hat, die Banken also der EZB dafür Geld bezahlen müssen, dass sie ihr Geld über Nacht bei der Notenbank „parken", gibt es immer mehr Banken, Volksbanken und Sparkassen, die dazu übergehen, diese Kosten an uns als Kunden weiterzugeben.

Warum gibt es negative Einlagenzinsen?

Der Einlagenzins ist der Zinssatz, den Geschäftsbanken von der EZB erhalten bzw. den sie ihr zahlen müssen, wenn sie ihr Geld bei der EZB anlegen. Geschäftsbanken geben nicht das ganze Geld in Form von Krediten und Co. an ihre Kunden weiter, sondern „parken" ihr Geld teilweise bei der EZB, manchmal über Nacht. Das kostet sie momentan den sogenannten Einlagenzins. Dieser liegt gerade bei −0,5 % und wird von immer mehr Geschäftsbanken an uns Kunden weitergegeben.

Mit ihrer Geldpolitik der niedrigen Leitzinsen will die EZB erreichen, dass sich die Kreditaufnahme von Unternehmern und Konsumenten erhöht. Die in der Folge steigende Geldmenge und die höheren Ausgaben sollen die Gesamtwirtschaft zum Wachstum anregen.

In der Zeit vor der Einführung des Euro im Jahr 2002 war es einfacher, durch eine Absenkung der Zinsen die Investitions- und Konsumbereitschaft der Bürger und Unternehmen einer Volkswirtschaft anzuregen. Die Notenbanken der einzelnen Staaten Europas waren unabhängig und konnten mit ihrer nationalen Zinspolitik die eigene Währung „abwerten", sozusagen verbilligen. Dadurch wurden die Volkswirtschaften im internationalen Vergleich wieder konkurrenzfähiger.

Grundsätzlich profitieren die BRD und ihre Firmen als Volkswirtschaft von den niedrigen Leitzinsen. Allerdings nagt der Zahn der Zeit an den Vorzügen unserer Wirtschaftskraft. Gründe dafür sind unter anderem eine überalternde Gesellschaft, mangelnde Innovationskraft sowie fehlender Mut, in Innovationsunternehmen und Start-ups zu investieren. Außerdem gibt es ein großes Wirtschaftsleistungsgefälle zwischen den Nord- und Südstaaten Europas.

Realzinsen in Deutschland zwischen 1967 und 2003 – was wir sehen

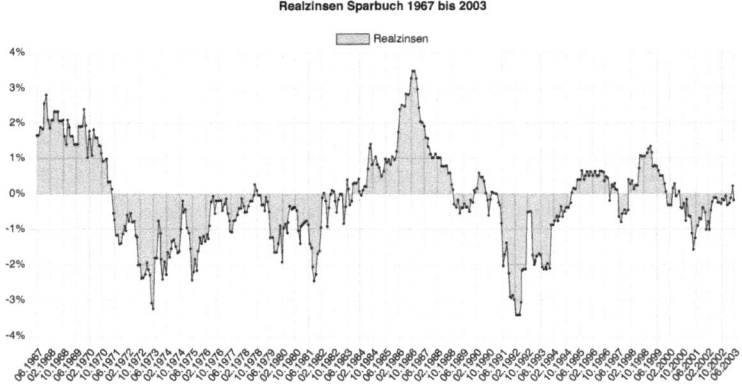

Unter dem Realzins versteht man den Zins, der sich als Differenz zwischen einem Zinssatz, zum Beispiel auf einem Sparbuch oder Tagesgeldkonto, und der Inflationsrate ergibt.

Beispiel: Liegt der Zinssatz auf einem Sparbuch bei +3 % und die Inflation bei 1 %, so ergibt sich daraus ein Realzins von +2 %.

In der Grafik kannst du erkennen, dass die Realverzinsung auch in der Vergangenheit, als es noch Zinsen gab und der Leitzins nicht bei 0 % lag, nicht selten sogar negativ war. Konkret bedeutet das, dass unser Geld auch schon damals stetig an Kaufkraft verlor.

Im Juni 1973 beispielsweise lag der Realzins bei −3 %, im September 1981 bei −2,5 %, in den Jahren 1990 bis 1994 war der Realzins ebenfalls negativ. Positive Realzinsen erlebten wir von Juni 1967 bis Anfang 1971 und von Februar 1984 bis Oktober 1988. Von Mitte der 1990er-Jahre bis 2003 wechselten sich positive und negative Realzinsen ab, die Zinshöhen lagen allerdings mit −1,5 % und +1,25 % nicht mehr ganz so tief wie in den Jahren zuvor.

Wie hat sich das Sparverhalten der Deutschen verändert?

Historisch betrachtet legt der Deutsche sein Geld gerne aufs Sparbuch oder aufs Tages- bzw. Festgeldkonto. Besonders beim Sparbuch wird aber deutlich, wie stark die Kaufkraft in den vergangenen gut 16 Jahren zurückgegangen ist. Dazu habe ich mal eine Grafik ausgesucht, die dir zeigt, wie viel Geld in Sparbücher geflossen ist und wie sich seit 2003 die Verzinsung verändert hat.

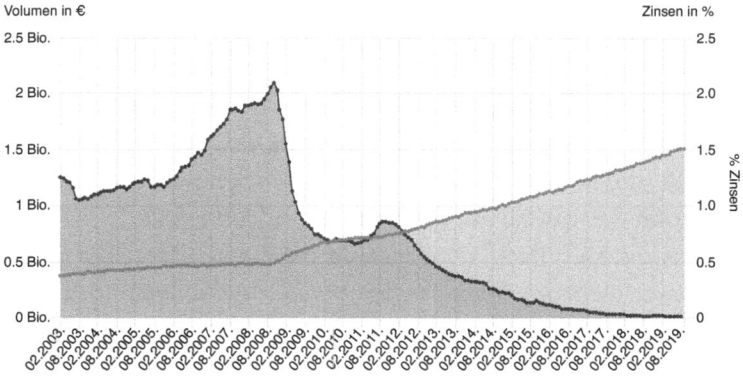

Sparzinsen im Verhältnis zu den Einlagen auf Sparbüchern

Wie du an der dunkleren Kurve erkennen kannst, stiegen die Zinsen zwischen Februar 2003 und Februar 2009 von 1,25 % bis auf 2 % und fallen seitdem als Reaktion auf die Lehman-Krise parallel zu den stark fallenden Leitzinsen der EZB sukzessive ab. Neben der Zinsentwicklung ist auffällig, wie die Summe der Einlagen deutscher Haushalte auf Sparbüchern ansteigt. Von unter 500 Mrd. € Anfang 2003 bis auf 1,5 Billionen € im September 2019. Trotz der sich schwächer entwickelnden Zinsen liegt immer mehr Kapital auf irgendwelchen Sparkonten, man nennt das auch „totes" Kapital.

Würden „nur" gut zwei Drittel, also 1,1 Billionen € dieses Kapitals, direkt oder indirekt über ETFs und Fonds in den Aktienmarkt, zum Beispiel den DAX fließen, dann gehörten den beteiligten Sparern zwischen 50 und 60 %[22] dieser Unternehmen und wir könnten wahrhaftig von einer „Deutschland AG" sprechen. Bei jährlichen Durchschnittsrenditen jenseits der 7,5 % und den Dividendenausschüttungen läge dann im Depot dieser Sparer auch nach Abzug der aktuellen Inflation ein stattlicher Haufen Geld.

Einordnung

Es klingt hart, aber das Bankprodukt Sparbuch ist tot. Rest in peace. In den Medien wird das leider oft falsch formuliert. Dort ist das Narrativ „Sparen lohnt sich nicht" oder „Sparern droht der Bankrott". Sparen, also in regelmäßigen Abständen einen festen Geldbetrag in ein Finanzprodukt anlegen, ist aber mitnichten unrentabel. Ganz im Gegenteil: Es ist als Altersvorsorge eigentlich alternativlos! Gespart werden sollte in Index-ETFs, klassischen Fonds oder Aktien. Direkt und monatlich. Bloß nicht aufhören, wenn die Kurse sinken, einfach stoisch weitermachen, Stück für Stück hinein ins Glück. Je früher du damit anfängst, umso besser und lohnender.

Das besagte „Glück" übrigens wäre aus meiner Sicht, dass du im Alter auf einem guten finanziellen Niveau, mit einer ähnlich starken „Kaufkraft" deines Geldes wie momentan weiterleben kannst,

---

[22] Unterliegt der Annahme, dass die Kurse um ca. 30 bis 40 % steigen würden.

also finanziell genauso aufgestellt bist wie vor der Rente, ohne große Abschläge.

Mancher Finanzfachmann malt uns Horrorszenarien wie den Zusammenbruch des Euroraums aus, der damit erklärt wird, dass die Währung aufgrund der großen Leistungsunterschiede keines der Mitgliedsländer wirklich glücklich mache. In Ländern wie Deutschland würden die Sparer durch die EZB-Politik und die Niedrigzinsen enteignet. Im Süden könnten die dortigen Zentralbanken die eigene, nicht mehr existierende Währung nicht mehr – wie vor der Euroeinführung – abwerten, um die Produktivitätsunterscheide in den Wirtschaften auszugleichen.

Ich teile die Einschätzung nicht, dass uns im Euroraum Negativzinsen von −6 oder −7 % drohen. Allerdings sollten die Politiker der jeweiligen Mitgliedsstaaten ihre „Hausaufgaben" machen. Für den Bundeshaushalt würde das eine Abkehr von der symbolischen „schwarzen Null" bedeuten und die südeuropäischen Länder müssten Reformen in Angriff nehmen, um ihre Firmen in einer globalisierten Welt wettbewerbsfähiger zu machen. Darüber, was noch unternommen werden muss, um dem Dilemma der Negativzinsen zu entkommen, sprechen wir in Kapitel XI.

Anleihen – ein Überblick

Unter einer Anleihe versteht man ein Wertpapier, englisch „bond", mit Zinsanteil, das dem Käufer, auch Gläubiger genannt, das Recht einräumt, den investierten Betrag zuzüglich der entsprechenden Zinsen vom Verkäufer, auch Schuldner genannt, zurückgezahlt zu bekommen. Tilgung, also die Zahlung des Schuldbetrages, und Zinszahlung, also die Zahlung des Betrags, der für die zeitlich begrenzte Überlassung der Summe fällig wird, nennt man diese beiden grundlegenden Komponenten. Eine Anleihe dient dem Schuldner zur langfristigen Finanzierung mit „Fremdkapital", also geliehenem Geld. Dem Gläubiger dient sie zur Kapitalanlage. Im

Gegensatz zum Aktienkauf macht der Kauf einer Anleihe den Käufer nicht zum Anteilseigner und gibt ihm somit auch keinerlei Einflussmöglichkeiten auf das Unternehmen wie zum Beispiel Stimmrechte auf der HV.

Beispiele für Anleihen

... sind Staatsanleihen, Unternehmensanleihen und Pfandbriefe. Diese Finanzpapiere werden oft als Rentenpapiere bezeichnet; das Wort leitet sich vom französischen „rendre" ab, was so viel wie „Ertrag" bedeutet. Im Deutschen wurde aus „rendre" dann „Rente", also ein „Rentenpapier" das regelmäßige Zinszahlungen einbringt. Als Synonym für „Anleihe" findet sich oft das Wort „Schuldverschreibung". Vielleicht hast du es im historischen Kontext schon einmal gehört. Schuldverschreibungen wurden zum Beispiel zur Finanzierung von Kriegen ausgegeben oder auch einfach zur Finanzierung von Staatskosten; das Prinzip gab es bereits im Mittelalter.

Anleihen gelten als „mündelsicher", also verlustfrei oder verlustarm, und sind demnach für große Pensions- und Versicherungsgesellschaften besonders zur Anlage von Kundengeldern geeignet. Mündelsichere Wertpapiere sind durch den Einlagensicherungsfonds der BRD bis zu einem Betrag von 100 000 € staatlich abgesichert. Der Staat bürgt für diese Summe.

Welche Anleihen gibt es heute? Was unterscheidet die verschiedenen Anleihen und wie kannst du sie erwerben? Was sind die Chancen und Risiken?

Staatsanleihen in der Praxis

Auch heutzutage benötigen Staaten Geld, um Projekte umzusetzen, den Staatshaushalt zu bestreiten oder besondere Investitionen zu tätigen. Der Staat bzw. die Kommunen nehmen Geld über die Steuern ein. Sie können es entweder direkt zur Finanzierung nutzen oder, wenn sie in Vorleistung gehen wollen, den Kapitalbedarf auch über

Staatsanleihen finanzieren, die sie dann mit den Steuereinnahmen zurückzahlen.

Die Anleihen des deutschen Staates werden in Euro notiert, ausländische Anleihen können in der jeweiligen Währung ausgegeben werden. Es gibt unterschiedliche Arten von Staatsanleihen, die sich durch Laufzeit und Verzinsung voneinander unterscheiden. Werfen wir einen Blick auf die Staatsanleihen des Bundes:

- Bundesanleihen (Laufzeit 10–30 Jahre)
- Bundesobligationen (Laufzeit 5 Jahre)
- Bundesschatzanweisungen (Laufzeit 2 Jahre)
- Bundesschatzbriefe (Anleihen mit steigendem Zinssatz)
  Typ A: 6 Jahre Laufzeit, Zinszahlung jährlich nachträglich
  Typ B: 7 Jahre Laufzeit, Zinsen werden gesammelt und am Laufzeitende mit Zinseszinseffekt ausgezahlt
- Finanzierungsschätze: Typ 1 und Typ 2 (Laufzeit 1 und 2 Jahre)

Wofür braucht der Staat all das Geld?

Um dir mal eine Vorstellung davon zu geben, wie hoch die deutschen Staatsausgaben sind, habe ich die aktuellen Statistiken des Bundes[23] durchforstet und eine beeindruckende Zahl mitgebracht: 356,4 Milliarden € betrugen sie allein im Jahr 2019. Den größten Block bilden mit Abstand die Ausgaben für Arbeit und Soziales mit gut 145,36 Mrd. €. Ich gehe aber an dieser Stelle nicht ins Detail. Danach kommt schon gleich der Haushalt für die Verteidigung. Hier geben wir jährlich gut 43,2 Mrd. € aus.

Was besonders auffällt, ist der Menüpunkt „Bundesschuld" in Höhe von 1,35 Mrd. € auf der Einnahmenseite. Das sind die Zins- und Provisionseinnahmen, die der Bund aufgrund seiner eigenen Garantien und Bürgschaften bekommt. Beispielsweise ist er in Form von „Hermesbürgschaften" mit momentan 2,6 Mrd. € in Werften in

---

[23] https://www.bundeshaushalt.de/ Stand 03.12.2019

Mecklenburg-Vorpommern engagiert. Eine weitere Einnahme stellen die 53 Millionen € an Zinserträgen dar, die der Bund jährlich durch Strafzinsen auf seine Staatsanleihen erhält.

Versicherungen und Pensionsfonds – Gefangene der Negativzinsfalle

Ich werde oft gefragt, warum Sparkassen ihren Kunden die besser verzinsten Sparverträge kündigen und sich die Renditen bei Lebensversicherungen so schlecht entwickeln. Die Antwort ist so einfach, wie die Realität dahinter traurig ist: Deutsche Versicherungen und Pensionsfonds sind gesetzlich dazu verpflichtet, ihre Kundengelder in mündelsichere Kapitalanlagen zu investieren. Denn nicht nur den Sparbuchsparern, sondern auch dem deutschen Staat geht es vor allem um die Sicherheit der Anlage. Diese Sicherheit in politisch unsicheren Zeiten rund um den Globus kostet Geld und bringt keine Renditen.

Mündelsichere Papiere können unsere Staatsanleihen und Pfandbriefe, also Schuldverschreibungen der sogenannten öffentlichen Hand sein. Da die Renditen dieser „sicheren Anlage" aber teilweise negativ sind, wie ich an einem Beispiel erläutern werde, ist nur eines sicher: Die Leittragenden sind Versicherungsgesellschaft und deren Kunden, also wir.

Was könnten sinnvolle Alternativen der BRD sein, die in Sachen Mündelsicherheit als „sichere" Anlagen gelten? In Norwegen beispielsweise geht die Politik schon seit längerer Zeit einen anderen Weg, um sicher und renditestark für die eigenen Bürger vorzusorgen. Der norwegische Staatsfonds ist ein Fonds, den der Staat aus seinen Erlösen aus dem Verkauf seiner Erdölvorkommen aufgelegt hat. Er investiert bis zu zwei Drittel seines Kapitals in Aktien, 30 % in Anleihen und bis zu 7 % in Immobilien. Aus diesem Anlagemix hat der Staatsfonds eine durchschnittliche Rendite von jährlich gut 6 % bekommen und ist gleichzeitig risikoärmer als der DAX. Insgesamt hat der Fonds mittlerweile ein Volumen von einer Billion US$.

Dieses Beispiel ist aus zwei Gründen für uns bedeutsam: Zum einen kannst du von der Anlagestrategie der Fondsmanager, die in Aktien von mehr als 9000 Unternehmen weltweit investieren (30 davon aus Deutschland, zum Beispiel Vonovia, Deutsche Wohnen und Linde) unmittelbar profitieren, indem du dein Geld in einen ETF investierst, der eine ähnliche Anlagestrategie verfolgt. Zweitens könnte sich der deutsche Staat am norwegischen Fonds ein Beispiel nehmen und ein Altersvorsorgeprodukt auflegen, das den Namen auch verdient.

Momentan ist in Deutschland leider nur ein einziger passender ETF zugelassen, der „SPDR MSCI ACWI IMI UCITS ETF".

Damit du das Phänomen der Negativzinsen noch besser verstehst, habe ich folgende Überlegungen angestellt:

Wie ergibt sich die negative Rendite der Staatsanleihen?

Staatsanleihen werden an der Börse gehandelt und haben einen Kurs, zu dem sie während der Börsenhandelszeiten gekauft und verkauft werden. Er hängt ebenfalls von Angebot und Nachfrage ab und ist in der aktuellen Zeit auch abhängig von der Bonität des Schuldners. Du erinnerst dich noch an die Ratingagenturen und deren Einschätzungen in Form von Buchstaben und Zahlen (AAA, AA– usw.)? Auch für Staaten gibt es diese Bonitätseinstufungen. Ist ein Schuldner besonders sicher, so ist sein Rating „kreditwürdig" und somit der Zins, den der Gläubiger bekommt, ohne nennenswerten „Risikoaufschlag". Die Rückzahlung der geliehenen Summe gilt als sehr sicher. Bei als weniger sicher geltenden Schuldnerländern erhöhen sich die Zinsen entsprechend. Deutschland ist aufgrund seiner recht soliden Finanz- und Wirtschaftssituation ein erstklassiger Schuldner; die Zinsen sind entsprechend niedrig.

Im Zusammenspiel mit den Kursen nehmen die aktuellen Kapitalmarktzinsen Einfluss auf den Kurs einer Anleihe. Sind die Leitzinsen der EZB niedrig und die Zinsen auf Anleihen liegen über diesem Niveau, so ist die Nachfrage nach „alten" Anleihen, die einen höheren „Kupon" oder auch „Zinsabschnitt" haben, stärker und sie liegen höher im Kurs. Da aber zum Laufzeitende die Anleihe zum Nominalwert oder Nennwert zurückgezahlt wird, wird sich zu diesem Zeitpunkt die Rendite Richtung 0 bewegen.

Ein Beispiel anhand einer Bundesanleihe:

Fakten zur Anleihe: Sie wurde am 4. Juli 2008 begeben, das Gesamtvolumen betrug 16 Mrd. €. Wie du am Schaubild ablesen kannst, bekommst du als Inhaber der Anleihe jährlich 4,75 % Zinsen. Die Anleihe wird zur Fälligkeit am 4. Juli 2040, also Stand heute in gut 20 Jahren, zurückgezahlt.

Bundesanleihe 08/40	
Kennnummern	DE0001135366
WKN	113536
Konditionen	
Kurs	200,01 €
Zinskupon:	4,750 % p. a.
Fälligkeit:	04.07.40
Rendite bis Fälligkeit:	−0,07 % p. a.

So sähe es aus, wenn du diese Anleihe kaufen würdest:

Zahlungsverlauf			
Datum	Beschreibung	Betrag	Saldo
01.12.19	**Kauf**	−20 001,00	−20 001,00
01.12.19	Stückzinsen bei Kauf	−140,55	−20 141,55
15.08.20	**Kuponzahlung/Zinsen**	475 €	−19 666,55
15.08.21	Kuponzahlung	475 €	−19 191,55
15.08.22	Kuponzahlung	475 €	−18 716,55
15.08.23	Kuponzahlung	475 €	−18 241,55
15.08.24	Kuponzahlung	475 €	−17 766,55
15.08.25	Kuponzahlung	475 €	−17 291,55
15.08.26	Kuponzahlung	475 €	−16 816,55
15.08.27	Kuponzahlung	475 €	−16 341,55
15.08.28	Kuponzahlung	475 €	−15 866,55
15.08.29	Kuponzahlung	475 €	−15 391,55
15.08.30	Kuponzahlung	475 €	−14 916,55

15.08.31	Kuponzahlung	475 €	−14 441,55
15.08.32	Kuponzahlung	475 €	−13 966,55
15.08.33	Kuponzahlung	475 €	−13 491,55
15.08.34	Kuponzahlung	475 €	−13 016,55
15.08.35	Kuponzahlung	475 €	−12 541,55
15.08.36	Kuponzahlung	475 €	−12 066,55
15.08.37	Kuponzahlung	475 €	−11 591,55
15.08.38	Kuponzahlung	475 €	−11 116,55
15.08.39	Kuponzahlung	475 €	−10 641,55
15.08.40	Kuponzahlung	475 €	−10 166,55
04.12.40	Rückgabe	10 000,00 €	−166,55
04.12.40	Stückzinsen bei Rückgabe	144,06 €	−22,49
Summe	**Gewinn/Verlust**	**−22,49**	**−22,49**

➔ Würden die Zinsen am Kapitalmarkt wieder steigen, würde der Kurs dieser speziellen Anleihe sinken, wobei das Ausmaß nicht genau zu beziffern ist. Auch hier kommt es wieder auf Angebot und Nachfrage an sowie darauf, welche „neuen" Anleihen mit welchen Zinssätzen auf den Markt kommen.

Fazit

Ich streife das Thema Staatsanleihen hier nur ganz rudimentär, denn aufgrund seiner Vielschichtigkeit könnte ich damit ein weiteres Buch füllen. Allerdings möchte ich ein paar Punkte ansprechen, die für dich eine Rolle spielen, wenn du vorhast, einen Teil deines Geldes entweder direkt in einzelne oder durch einen entsprechenden ETF oder Index kostengünstiger in einen Korb unterschiedlicher Anleihen anzulegen. Bitte beachte bei der Auswahl der Anleihe immer folgende Dinge, die wichtige Faktoren für deine Entscheidung sein können:

1. Rendite und Laufzeit bzw. deinen Wunsch-Anlagezeitraum; berechne mithilfe eines entsprechenden Rechners deine Rendite; ganz easy im Netz zu finden
2. Kurs
3. Emittent und mögliches Ausfallrisiko, dazu Ratings als Richtgröße beachten
4. Kosten bei Kauf und Verkauf der Anleihe
5. Depotvoraussetzungen und -kosten

Unternehmensanleihen – Fremdkapital für Unternehmen

Analog zu den Staatsanleihen gibt es Unternehmensanleihen, auch „Corporate Bonds" genannt. Diese „Schuldverschreibungen" haben gegenüber dem klassischen Bankkredit den Vorteil, dass außer der „Bonität" des Unternehmens keine Sicherheiten beim Anleihekäufer hinterlegt werden müssen. Gerade für Start-ups und andere junge Unternehmen ist das mit den Sicherheiten „so eine Sache".

Wie erwirbt man Unternehmensanleihen?

Für die Platzierung einer Anleihe gibt es zwei Möglichkeiten. Die erste ist das sogenannte „Private Placement". Hierbei sprechen die Unternehmenslenker selbst potenzielle Investoren an. Der Vorteil dieser Art der Kapitalbeschaffung ist für den Unternehmer, dass viel von dem regulatorischen und administrativen Aufwand wegfällt, den es beispielsweise bei einer „öffentlichen Platzierung" über die Börse gibt. Die direkt angesprochenen Investoren kennen in der Regel das Unternehmen gut, haben bereits eine Geschäftsbeziehung und verfügen über große Vermögen, die sie in ein solches „Private Placement" stecken können. Wir sind eher bei der sogenannten Fremdemission dabei. Diese kommt häufiger vor und wird durch Banken und ein „Platzierungskonsortium" vorgenommen. Diese bieten ihren Kunden die Anleihe auch in kleineren Tranchen an und kassieren vom Unternehmer dafür eine Kommission.

Für dich gilt es, bei einer Unternehmensanleihe auch die Bonität des Schuldners im Auge zu behalten. Die Bonitätseinstufung wird für Unternehmen von den dir bekannten Ratingagenturen vorgenommen (Standard & Poor's und Co.). Auch die Anleihen werden entsprechend ihrer Ausgestaltung, also Laufzeit, Rang, Zinssatz etc., mit Ratings versehen. Das gilt auch für die unterschiedlichen Anleihen ein und desselben Unternehmens, was sich durchaus auf den Zinssatz und die Rückzahlung auswirken kann. Als Faustregel kannst du dir merken: Je höher der Zins auf einer Anleihe, umso schlechter ist die Bonität des Schuldners. Er muss ja ein Investment attraktiv machen, das tut er mit dem höheren Zinssatz. Corporate Bonds mit sehr hohen Zinssätzen bei gleichzeitig sehr niedriger Bonität bezeichnet man auch als „Junkbonds" (Schrott-Anleihen). Sie sind hochspekulativ, denn das „Nichtrückzahlungsrisiko" ist beträchtlich. Also Obacht bei deiner Auswahl.

Die unterschiedlichen Unternehmensanleihen

1. Standardanleihen: Ausgabe und Rückzahlung zum „Nominalwert" bzw. „Nennwert" mit fester Verzinsung (Kupon).
2. Nullkuponanleihen: Anleihen ohne Zinsanteil (Zerobonds), die am Laufzeitende zum Nennwert zurückgezahlt, aber zu Beginn mit einem Abschlag, genannt „Disagio", ausgegeben werden. Das Unternehmen hat den Vorteil, dass es seine Liquidität vor dem Auszahlungszeitpunkt schont.
3. Annuitätenanleihen: Analog zum vorgestellten Darlehen im Immobilienkapitel. Bei einer solchen Anleihe bekommst du neben den Zinsen auch noch den Tilgungsbetrag ausbezahlt.
4. „Floating Rate Notes": Anleihen, die mit einem variablen Zins während der Laufzeit ausgestattet sind, der sich nach üblichen Marktzinsen wie dem LIBOR oder dem EURIBOR richtet. Sind diese Anleihen mit Zinsober- und -untergrenzen ausgestattet, nennt man sie „Cap-Floater" bzw. „Floor-Floater".
5. Inflationsanleihen: Wie der Name vermuten lässt, eine Anleihe, die den Besitzer vor Inflationsrisiken schützt. Als Benchmark der Inflation dient der Verbraucherpreisindex.
6. „Covered Bonds": Anleihen, die durch Vermögenswerte des Unternehmens nochmals besonders gesichert sind.
7. Erstrangige Anleihen: Anleihen, die im Fall der Insolvenz eines Schuldners bevorzugt gegenüber nachrangigen Anleihen behandelt werden. Erst wenn alle Verbindlichkeiten aus den erstrangigen Anleihen erfüllt sind, erfolgt die Bedienung, die Rückzahlung der Nachranganleihen.

8. Nachranganleihen, auch als „Hybridanleihen" bekannt: Haben vor allem einen höheren Zinssatz gegenüber der erstrangigen Anleihe, um das „Emittentenrisiko" zu kompensieren. Diese Anleihen werden teilweise auch als Eigenkapital eines Unternehmens bilanziert. Emittenten sind oftmals Banken.
9. Eine ganz besondere Anleiheart stellen sogenannte Wandelanleihen dar.

Eine Wandelanleihe ist eine Anleihe, die mit einem Zinskupon und zusätzlichen Optionen ausgestattet ist, um zu einem späteren Zeitpunkt den Erwerb von Aktien des emittierenden Unternehmens zu ermöglichen. Informationen dazu, zu welchen Bedingungen, welcher Aktienanzahl pro Wandelanleihe und welchen Kursen die Aktien bezogen werden, findest du im Emissionsprospekt des Emittenten. Zu beachten ist die Umtauschfrist beim Tausch der Anleihe in Aktien. Diese nennt man „Conversion Period".

Der besondere Reiz der Wandelanleihen ist ihre Sicherheit durch die Kapitalrückzahlung und die Zinszahlung auf der einen Seite, andererseits die mittelbare Teilhabe an steigenden Aktienkursen. Damit steigt nämlich auch der Kurs für die Anleihe, die ja einen günstigeren Einstiegskurs gewährleistet.

Wann Staats- und Unternehmensanleihen in dein Depot gehören

Egal ob Staats- oder Unternehmensanleihe, bei entsprechend guter Bonität der Anleihe bzw. des Emittenten kannst und solltest du unbedingt einen Teil deines Langfristkapitals in diese Anlageformen investieren. In einem Portfoliomix mit Aktien, Zertifikaten, Fonds und ETFs bilden sie ein gut strukturiertes Risikoprofil. Das bedeutet konkret: Durchläuft der Aktienmarkt mal eine Schwächephase, so steigt in der Regel die Nachfrage nach sicheren Geldanlagen wie Anleihen. Das bedeutet, dass du trotz eventuell geringer Zinsen

Kursgewinne verzeichnen könntest. Vor allem dann, wenn künftig die EZB noch weiter an der „Negativzinsschraube" drehen und es tatsächlich zu Minuszinsen von −0,5 bis −1,5 % kommen sollte.

Bei der Geldanlage geht es ja nicht nur darum, Geld zu vermehren, sondern auch darum, in Schwächephasen weniger zu verlieren als der Markt. Das gelingt wie gesagt nur mit dem richtigen Mix aus verschiedenen Anlageklassen. Ob du in Sachen Anleihen dein Kapital streust oder nicht, bleibt dir überlassen und hängt von deiner Risikoaffinität ab.

Denn auch hier unterscheidet man zwischen konservativen, also risikoarmen, und spekulativen, also risikoreichen Anleihen. Als sicher gelten zum Beispiel Bundesanleihen, als sogenannte Risikoanleihen gelten Anleihen der Türkei, hochspekulativ wiederum sind argentinische Staatsanleihen in US-Dollar. Die Einstufungen der Ratingagenturen geben dir einen super Überblick über die unterschiedlichen Risikostufen verschiedener Anleihen und Länder. Wenn dich das näher interessiert, empfehle ich dir eine weitere Recherche zum Thema „High Yield Bonds", also Hochzinsanleihen.

Ein kleiner Exkurs nach Argentinien

Argentinische Anleihen sind oft mit einem hohen Ausfallrisiko versehen, da der Staat Argentinien allein seit dem Jahr 2000 bereits zweimal bankrott war und kurz vor einer dritten Staatspleite steht. Politisch hat der eigentlich liberale Präsident des Landes am 1. September 2019 „Kapitalkontrollen" angeordnet, was zum Abfluss von 3 Milliarden $ ins Ausland in nur 48 Stunden führte. Die Folge waren ein Absturz der Landesanleihen sowie Neuwahlen, durch die seit Dezember 2019 die frühere Präsidentin Kirchner und ihr Mann, beide sozialistisch, wieder das Heft des Handelns in Händen tragen.

Als Spekulant könntest du jetzt auf die Idee kommen, dass der Internationale Währungsfonds das Land in der „Restrukturierung" der Staatsfinanzen unterstützt und auf eine Stabilisierung der politischen Situation hoffen. So etwas ist hochriskant und als Langfriststrategie ungeeignet. Dennoch gibt es Anleger, die solche Situationen für ihr Depot zu nutzen wissen und das finanzielle Risiko auf 2 bis 3 % des ganzen Portfolios begrenzen. Zu „Schulungszwecken" kannst du dir ja mal die Anleihe mit der Kennung **ISIN: US040114HR43** ansehen, sie eine Weile beobachten und dann deine ganz eigenen Schlüsse ziehen – auch in Sachen deiner Risikobereitschaft.

Die globalen Risiken einer möglichen Anleiheblase

Ich weiß, ein paar Zeilen vorher sagte ich, dass Anleihen in jedes gut diversifizierte Anlageportfolio gehören. Das stimmt grundsätzlich auch und ist in „gewöhnlichen Zeiten" ein hilfreicher Erfahrungswert. Aber wir haben aktuell keine „gewöhnlichen Zeiten". Die Notenbanken pumpen Geld in die Weltwirtschaft und versuchen durch Währungsabwertungen der internationalen Konkurrenz zu schaden. Vereinzelt wird von Währungsmanipulation und Wettbewerbsverzerrung gesprochen. Donald Trump hat das wiederholt China vorgeworfen und ist auch mit der Politik der EZB nicht zufrieden. Es ist eine Entwicklung, die mich tatsächlich ein wenig beunruhigt. Auch global betrachtet weisen immer mehr Anleihen eine negative Rendite auf, da in diese „sichere" Anlage sehr viel Kapital fließt.

Was bedeutet das eigentlich genau – Zahlen und Fakten

Die Staatsverschuldung Deutschlands beträgt zurzeit ca. 2,05 Billionen €, die Schuldenquote, also das Verhältnis der Schulden zur Wirtschaftsleistung, beträgt gut 60 %. Deutschland hat es durch die „schwarze Null", also durch das Nichtzulassen einer Neuverschuldung, geschafft, seit 7 Jahren keine neuen Schulden aufzunehmen, und es im Gegenteil sogar fertiggebracht, durch sprudelnde Steuereinnahmen seine Schulden zurückzubezahlen. Allerdings halte ich nicht viel von dem „Schwarze-Null-Fetisch", mehr dazu in Kapitel XI.

Die Gesamtverschuldung der Eurostaaten beträgt aktuell (Stand 05.12.2019) 10,57 Billionen €. Die Verschuldung der USA beträgt mittlerweile über 23 Billionen US$, die Japans liegt knapp über 11 Billionen €. Die weltweite Verschuldung privater Haushalte, der öffentlichen Hand und von Unternehmen liegt zusammen bei ca. 250 Billionen US$.

Ein Pulverfass, vor allem wenn man bedenkt, dass ca. 10 % dieser Schulden mit einer negativen Rendite versehen sind. Institutionen kaufen teilweise Anleihen, obwohl diese sie Geld kosten, anstatt welches zu erwirtschaften. Das gab es in diesem Umfang noch nie zuvor.

Aktuell kauft die EZB jährlich für 240 Mrd. € Staats- und Unternehmensanleihen auf. Die Neuverschuldung der Eurostaaten liegt aber deutlich darunter. Dadurch sinken beispielsweise die Zinsen auch für Länder wie Italien und Spanien, die viel höhere Zinsen zu zahlen hätten, wenn sie sich am freien Kapitalmarkt refinanzieren müssten. Schon jetzt nennt aufgrund dieser Art der Geldschöpfung mancher Kapitalmarktakteur das Geld der EZB „Helikoptergeld".

Mit „Helikoptergeld" wird eigentlich Geld bezeichnet, das von den Notenbanken geschaffen und direkt an Staaten oder Bürger ausbezahlt wird, um die Wirtschaft anzukurbeln. Zurzeit ist das noch nicht der Fall, aber sobald die Notenbanken sich finanziell in bestimmten Fonds, beispielsweise denen der EIB, der Europäischen Investitionsbank, engagieren und konkrete Projekte mitfinanzieren würden, wie zum Beispiel einen „grünen" Investmentfonds, hätten wir „Helikoptergeld" geschaffen.

PaTrick: Ich kann mir vorstellen, dass du nun zweimal darüber nachdenkst, ob du wirklich einen Teil deines Geldes in Anleihen, anleihenbasierte Fonds oder ETFs investieren solltest. Wenn du jedoch sichere Anleihen kaufst, kannst du aufgrund der steigenden Nachfrage nach diesen Produkten auf Kurssteigerungen und somit auf eine positive Entwicklung hoffen – trotz momentan negativer Rendite. Nämlich dann, wenn der Kurs der Anleihe durch die anfallenden Leitzinsen weiter steigt.

Im Kontext der „Asset Allocation", also der Vermögensaufteilung, sind Anleihen auch eine gute Beimischung zu deinem Altersvorsorgedepot. Nutze die Berechnungsmöglichkeit der Rendite und setze sie in ein vernünftiges Verhältnis zu den Risiken. Unternehmensanleihen bringen auch bei vergleichbarer Bonität meist höhere Renditen, also halte auch nach diesem Finanzprodukt Ausschau.

IX. Derivate, Zertifikate und CFDs nicht nur für Profis

Du hast nun schon einiges an Wissen und Finanzbildung mitbekommen und ich muss an dieser Stelle mal sagen, dass ich stolz bin auf dich und dein bisheriges Engagement! Letzteres ist ja die Voraussetzung dafür, dass du deine Finanzen in die eigenen Hände nehmen kannst, denn je mehr du weißt, desto mehr kannst du entscheiden. Zwei Drittel meiner Buchwegstrecke hast du bereits erfolgreich gemeistert und dein Finanz-Fitness-Zustand ist somit auch auf einem sehr guten Stand.

Bei allen bisher besprochenen Themen haben wir Anlageklassen thematisiert, die dir beim Vermögensaufbau helfen. Ab und zu habe ich auch schon von Rücksetzern und Krisen an den internationalen Immobilien-, Börsen- und Kapitalmärkten erzählt. Die Vergangenheit hält einiges an Geschichten von „Hype und Manie" bereit. Wer sagt dir, dass nicht in den kommenden Monaten oder Jahren wieder eine Blase platzt, Deutschland oder sogar ganz Europa in einer Rezession landet und es eine Zeit lang in Sachen Aktien, Immobilien und Co. mal nicht so gut läuft wie momentan?

Richtig – das Platzen der nächsten Blase kann niemand mit hundertprozentiger Sicherheit ausschließen. Aber keine Angst, solange die Eckpfeiler unserer Demokratien in Europa Bestand haben, sollten sich die Börsen nach einem zwischenzeitlichen Rücksetzer auch wieder erholen. Nehmen wir die Crashs der Jahre 2001 und 2002. Durch sie brach der DAX im Jahr 2003 bis auf 2204 Punkte ein. Anfang 2008 erholte er sich dann auf 8046 Punkte, nur um im selben Jahr durch den Immobiliencrash wieder auf 4127 Punkte zu sinken. Aktuell steht er bei gut 13 542 Punkten.[24]

Du siehst es selbst, die „Tiefstände" wurden mit der Zeit nicht mehr tiefer, aber die Höchststände wurden kontinuierlich höher. Mein Motto: Timing ist die halbe Miete, die zweite Hälfte ist Absicherung.

Wenn ich von Absicherung spreche, dann auch von einer Gruppe Finanzinstrumente, die du unbedingt kennenlernen musst. Als Absicherung supersinnvoll, als alleiniges Handelsgeschäft jedoch

---

[24] Stand 10.01.2020

hochspekulativ und riskant, denn es drohen Verluste, die über das eingesetzte Kapital weit hinausgehen können. Willkommen in der Welt der Futures, Optionen, CFDs und Zertifikate. Willkommen bei den Derivaten!

Was sind Derivate?

Das Wort Derivat kommt vom lateinischen „derivare", das so viel bedeutet wie „ableiten". Ein Derivat ist nichts anderes als ein Vertrag, der auf einen Basiswert bezogen innerhalb einer festgelegten Zeitspanne einen wirtschaftlichen Wert ableitet. Als Basiswert können zum Beispiel Aktien, Anleihen, Zinsen, Rohstoffe oder auch Waren wie Öl, Orangen, Schweinebäuche etc. gelten.

→ Ein Derivat ist also ein Finanzprodukt, das von einem anderen Finanzprodukt abgeleitet ist.

Derivatetypen sind zum Beispiel Futures, Aktienanleihen, Swaps, Optionen und CFDs. Gehandelt werden Derivate direkt zwischen Banken und institutionellen Kunden, wie Fabrikanten, Im- und Exportfirmen und Versicherungen. Das geschieht durch sogenannte OTC-Geschäfte, also durch einen Handel „over the counter". Es gibt aber auch Produktarten und derivative Finanzinstrumente, die an entsprechenden Börsen handelbar sind.

Futures und Optionen werden in Deutschland an der European Exchange, kurz Eurex, der Deutschen Börse AG gehandelt. Die Eurex ist eine der weltweit größten Terminbörsen für Finanzderivate.

Vielleicht hast du schon mal etwas von einer der berühmtesten Warenterminbörsen der Welt gehört, der Chicago Mercantile Exchange? Heute, nach der Fusion mit dem Chicago Board of Trade im Jahr 2007, trägt sie den Namen CME Group. Jeden Tag bearbeiten die rund 2600 Mitarbeiter 12 Millionen „Kontrakte", jährlich wickeln sie gut 3,4 Milliarden[25] Aufträge ab.

---

[25] Quelle FID Verlag GmbH https://www.investor-verlag.de/derivate/uebersicht-futures-terminkontrakte/die-10-groessten-terminboersen-der-welt/ (Nov. 2019)

Nun stellt sich die Frage, welchen Nutzen solche Derivategeschäfte für die handelnden Personen und Unternehmen haben. Ich finde, Derivate haben einen Versicherungscharakter für manches Finanzgeschäft. Sie dienen zur Absicherung, was man im Finanzchinesisch auch „Hedging" nennt. Zum Einstieg folgen ein paar Anwendungsfälle.

Die Grundidee von Derivaten am Beispiel eines Warentermingeschäfts

Ein Landwirt will eine festgelegte Menge Weizen, sagen wir 50 Tonnen, zu einem festgelegten Preis verkaufen. Er möchte diesen Verkauf unabhängig vom Zeitpunkt der Ernte und dem dann am Markt aktuellen Preis tätigen. Deshalb verkauft er den Weizen „per Termin", also zu einem festgelegten Zeitpunkt über eine Warenbörse. In unserem Fall zum November für sagen wir 190 €/t. Er kauft an der Warenterminbörse einen „Futures-Kontrakt", der ihm genau dieses Recht, den Verkauf seines Weizens zu den gewünschten Bedingungen, ermöglicht und sogar garantiert. Der Futures-Kontrakt hat präzise definierte Rahmenbedingungen, dazu später mehr. Für den Landwirt ist das Ziel eines solchen Futures-Geschäfts Planungssicherheit und ein festgelegter Erlös beim Verkauf seines Weizens. Wichtig ist, dass er diesen zum festgelegten Termin in entsprechender Menge und Qualität liefert.

Parallel zum Landwirt will ein Einkäufer, der Disponent einer großen Supermarktkette, einen festen Preis für Weizen pro Tonne sichern, um eine Kalkulationsgrundlage für seinen Einkauf zu haben. Er beschließt den Kauf von 50 Tonnen Weizen per Termin, ebenfalls zum November, über die Warenterminbörse. Beide Parteien schließen dieses Geschäft über einen „Futures-Kontrakt" an der Börse ab. Dieses Geschäft inklusive aller relevanten Eckdaten wie Menge, Preis und Qualität der Ware ist rechtlich durch sein

Zustandekommen an der Börse abgesichert. Dafür gibt es je nach Ware spezifizierte Kontraktbedingungen.

Beispiel: Kontraktspezifikationen[26]

Qualität: EU-Weizen, max. 15 % Feuchtigkeit, 76 kg/hl, 220 Fallzahl, 2 % Auswuchs, 4 % Bruchkorn, 2 % Schwarzbesatz
Menge: 50 t
Parität: fca Rouen
Liefertermine: August, November, Januar, März und Mai
Letzter Handelstag: 10. Kalendertag des Liefermonats
Handelszeiten: 10:45 Uhr – 18:30 Uhr

Für beide Parteien ist das Derivategeschäft enorm sinnvoll, denn ein späterer Ver- und Einkauf des Weizens ist damit nicht mehr nötig. Beide haben bereits beim Kauf des Derivats absolute Planungssicherheit.

Wie entwickelt sich der Preis des Derivats, wovon hängt er ab?

Bleiben wir beim genannten Beispiel. Beide Parteien möchten natürlich wissen, was sie der Terminkontrakt kostet. Es gibt, wie du dir vielleicht denken kannst, einen „realen Marktpreis", den Spotpreis, für Weizen. Aktuell kostet eine Tonne Weizen 180,50 €.[27] Wie alle Preise wird auch dieser durch Angebot und Nachfrage bestimmt.

Der „Future-Preis" des Weizens, also der erwartete Preis in der Zukunft, ist jederzeit über die Börsen und Nachrichtendienste bzw. das Internet einsehbar. Der Preis resultiert aus dem „Spotpreis" des Weizens und den Erwartungen der Marktteilnehmer und wird von Faktoren wie zu erwartenden Ernteerträgen, Wetterlagen,

---

[26] https://www.proplanta.de/Markt-und-Preis/MATIF-Weizen (Stand Nov. 2019)
[27] Schlusspreis vom 19.11.2019

geopolitischen Situationen in den Ländern großer Weizenproduzenten, Bevölkerungswachstum etc. beeinflusst. Auch fallen für Waren wie Weizen in der Regel Lagerungskosten an und eine Belieferung muss gewährleistet sein. Deshalb liegt der Future-Preis aktuell[28] über dem Spotpreis, diese Preissituation nennt sich „Contango". Im Erntemonat September sind aufgrund der größeren Menge Weizen die Kontraktpreise etwas niedriger als beispielsweise im Dezember. Diese Marktsituation wird als „Backwardation" bezeichnet.

Einordnung: Der Weizenmarkt ist global, weshalb die Dürre der Jahre 2018 und 2019 in Deutschland, einem relativ kleinen Weizenproduzenten, nicht allzu starke Auswirkungen auf den weltweiten Weizenpreis hatte. Woanders war die Ernte stabil oder sogar sehr gut, was die Einbußen kompensieren konnte.

Im Jahr 2010 hingegen, als Russlands Präsident Wladimir Putin aufgrund von Feuer- und Dürrekatastrophen zeitweise einen Exportstopp für russischen Weizen verhängte, stiegen die Preise von 156,25 €/t am 20. Juli auf 224,50 €/t am 5. August. Ein Anstieg von gut 43,6 % innerhalb von nur zwei Wochen. Aufgrund aktueller Katastrophen entwickelte sich also der Weizenpreis per Termin mit nach oben. Wohl den Weizenimporteuren, die sich im Vorfeld mit einem Derivat gegen eine solche Preissteigerung abgesichert hatten.

Welche weitere Derivate gibt es und was kosten sie?

Für unser Weizenderivat können die Vertragsparteien, also Produzent und Importeur des Weizens, sogenannte Futures-Kontrakte verwenden. Diese sind für beide Vertragspartner bindend, werden

---

[28] Mai 2020 181,50 €/t, Dezember 2020 182,25 €/t und September 2022 190,50 €/t Quelle: https://www.kaack-terminhandel.de/de/matif-weizen.html

daher auch unbedingte Termingeschäfte genannt und enthalten folgende Angaben:

- Basiswert: in unserem Fall Weizen, es können aber auch Aktien, Rohstoffe etc. sein
- Kontraktgröße oder Kontraktspezifikation: Menge und Qualität des Basiswertes
- Bezugspreis: festgelegter Kaufpreis des Basiswertes
- Erfüllungstermin: ein festgelegter Tag, an dem Waren und Geld ausgetauscht werden

Neben den Futures, die börsengehandelt sind, gibt es auch Forwards und Swaps, die im OTC gehandelt werden, also direkt zwischen zwei Partnern, wie zum Beispiel zwei Banken oder einer Bank und einem institutionellen Kunden wie einer Versicherung. Beim Abschluss eines Futures-Geschäfts fallen keine Kosten in Form von „Prämien" wie bei Optionen an, sondern „Transaktionskosten". Allerdings müssen beide Vertragsparteien eine Margin leisten, eine Sicherheitssumme von ca. 5 bis 10 % des Geschäftswerts, je nach Basiswert. Die Vertragspartner besitzen jeweils ein Marginkonto zur Verrechnung dieser Sicherheitszahlungen. Neben der Margin gibt es bei Futures-Geschäften auch noch die Haltekosten.

Diese Komponenten, die den Preis eines Futures ausmachen, möchte ich dir am Beispiel eines Goldfutures etwas genauer erläutern. Als physischer Besitz muss Gold gelagert werden. Es wird als Diebstahlschutz oft versichert. Obendrein wird damit zinslos Kapital gebunden. All das fließt in die Kostenkalkulation für den Future-Preis ein. Liegt der Future-Preis über dem Spotpreis oder Kassamarkt, so sprechen die Investmentprofis wie schon gesagt von einer „Contango"-Situation der Future-Kurve. Grund hierfür können die „Haltekosten" sein. Liegt der Future-Preis hingegen unter dem Spotpreis, so liegt eine sogenannte „Backwardation"-Situation vor. Grund hierfür kann sein, dass die Marktteilnehmer einen niedrigen Preis des Basiswertes in der Zukunft erwarten und diese Erwartung sich im Future-Preis ausdrückt.

Eine Backwardation kann auch dann entstehen, wenn der Besitz des Basiswerts, also zum Beispiel des Goldes, Weizens etc., einen Vorteil mit sich bringt und birgt, nämlich die Aufrechterhaltung des Produktionsprozesses. In einem solchen Fall spricht man von einer „Verfügbarkeitsprämie", die auf den Future-Preis drückt. Zum Laufzeitende entwickeln sich alle Future-Preise zum Spotpreis hin. Egal ob sie aus der Contango- oder Backwardation-Situation kommen.

Beide Szenarien solltest du kennen, denn wenn Zertifikate oder Futures auf ihrer Zeitachse „verlängert" oder „gerollt" werden, können durch das Contango oder die Backwardation sogenannte „Rollgewinne" oder „Rollverluste" entstehen.

Bitte nicht verzweifeln, du musst das nicht alles unverzüglich en detail verstehen, das kommt mit der Zeit.

Goldpreis, Stand Ende November 2019 (Spot): 1500 US$/Feinunze
Zinsen (USD LIBOR): 1,9 %
Versicherung: 5 $/Unze
Lagerungskosten 4 $/Unze
→ Future-Preis Gold: 1500 $ + 28,50 $ + 5 $ + 4 $ = 1537,50 $

Die Verwirrung nimmt weiter zu – zwei Swaps aufs Haus

Eine weitere unbedingte Derivategruppe sind die Swaps. Das Wort stammt aus dem Englischen und bezeichnet einen „Austausch" von Geldströmen. Auch Swaps gehören zu den OTC-Geschäften, haben aber in der ISDA, der internationalen Swapvereinigung, Bedingungen wie Laufzeiten, Zahlungsberechnungen und Fälligkeiten grundlegend geregelt und standardisiert. Swapgeschäfte gibt es unter anderem für die Bereiche Aktien, Rohstoffe, Zinsen und Devisen, also Währungen, und sogar für das Wetter.

So funktioniert ein Zinsswap

Zwei Banken schließen ein Zinsswapgeschäft ab, indem eine Vertragspartei der anderen einen festen Zinssatz auf einen vorher festgelegten Nennbetrag über einen genau definierten, vertraglich festgelegten Zeitraum bezahlt, die andere Vertragspartei bezahlt einen variablen Zinssatz, der sich in der Regel am üblichen Marktzins orientiert. Es ist möglich, dass Bank A den festen Zins einmal im Jahr bezahlt und Bank B den variablen Zins in kürzeren Abständen, also monatlich, vierteljährlich oder halbjährlich. Übliche Marktzinsen sind zum Beispiel EONIA (Euro Over Night Index Average), EURIBOR (Europe Interbank Offerte Rate) und LIBOR (London Interbank Offerate Rate), um nur einige zu nennen.

Hintergrund dieser Geschäfte ist im Allgemeinen, dass die Bilanzen der jeweiligen Banken es von Zeit zu Zeit erforderlich machen, Geld zu unterschiedlichen Laufzeiten zur Verfügung zu haben. Mit dem „überschüssigen" Geld wird wieder Geld verdient. Du kannst dir das wie beim Bauern vorstellen. Manchmal braucht er Futterrüben, um sein Vieh zu füttern, gleichzeitig verkauft er Zuckerrüben, weil er davon zu viele hat.

Was die unbedingten Derivate angeht, lasse ich es hierbei bewenden. Solltest du weitere Fragen dazu haben, freue ich mich auf einen regen interaktiven Austausch mit dir. Meine Kontaktdaten findest du hinten im Buch.

Zu den bedingten Derivaten gehören unter anderem Optionen. Diese eignen sich auch für dich, um dein Aktien-, ETF- oder Fondsdepot vor Verlusten zu schützen. Wie das funktioniert und was es zu beachten gilt, erzähle ich im Folgenden.

Optionen als Lösung gegen den Wertverlust deines Depots

Eine Einführung in Call und Put, Long und Short

Eine besondere Form des Derivates ist die Option. Sie gehört zu den bedingten Derivaten. Warum das so ist und was du darunter verstehen kannst, nach den Basics.

Optionsdefinitionen

Der Käufer der Option erwirbt nur das Recht zum Kauf, dem Call, oder Verkauf, also Put, eines bestimmten Basiswertes, also Aktien, Devisen, Rohstoffe etc., zu einem festgelegten Preis, dem Basispreis, zu einem bestimmten Termin oder während der Laufzeit des Optionsgeschäftes. Er erwirbt nicht die Pflicht, so wie beim Futures-Kontrakt. Wenn der Käufer dieses Recht bis zum Ende der Laufzeit (europäische Option) oder während der Laufzeit (amerikanische Option) nicht ausgeübt hat, so verfällt dieses Recht sowie das ihm zugrunde liegende Geschäft und er kauft oder verkauft den Basiswert nicht.

Die genauen Details zu Optionsarten und Optionspreisen folgen, hier zunächst die vier grundlegenden Positionen der Vertragsparteien.

Bei einer Option gibt es vier grundlegende Ausgangslagen:

1. Du **kaufst** eine „**Call**-Option", das heißt, du kaufst dir das Recht, einen Basiswert zu einem bestimmten Termin oder während der Laufzeit des Optionsgeschäftes zu einem vorher fest bestimmten Preis zu kaufen. Dafür bezahlst du eine Optionsprämie.

2. Du **kaufst** eine „**Put**-Option", das heißt, du kaufst dir das Recht, einen Basiswert zu einem festen Termin oder während der Laufzeit des Optionsgeschäftes zu einem festgelegten Preis zu verkaufen. Dafür bezahlst du eine Optionsprämie.

3. Du **verkaufst** als sogenannter Stillhalter eine „**Call**-Option" und das damit verbundene Recht, einen Basiswert zu kaufen. Dafür erhältst du eine Optionsprämie. Somit bist du verpflichtet, den Basiswert bei Optionsausübung zu liefern.

4. Du **verkaufst**, ebenfalls als sogenannter Stillhalter, eine „**Put**-Option" sowie das damit verbundene Recht für den Käufer, dir einen Basiswert zu verkaufen. Dafür erhältst du eine Optionsprämie. Somit bist du verpflichtet, den Basiswert bei Optionsausübung anzunehmen.

→ Bei jeder Ausübung einer Option ist es ebenfalls möglich, die Differenz zwischen dem Strikepreis oder Basiswert und dem aktuellen Kassapreis oder Spotpreis zu bezahlen, statt Aktien zu liefern oder zu erhalten. Dieses Prozedere nennt sich in Börsendeutsch „glattstellen". Das klingt komplizierter, als es ist, wirklich. Ich erkläre dir auch noch, was das Ganze soll und wann es für dich sinnvoll ist.

Laufzeitunterschiede bei Optionen

Es gibt zwei Optionstypen. Eine ist die **europäische Option**, die ausschließlich zu einem ganz bestimmten Termin ausgeübt werden kann. Die andere ist die **amerikanische Option**. Diese kann innerhalb der gesamten Laufzeit der Option ausgeübt werden. Dadurch steigt die mathematische Wahrscheinlichkeit, dass sie auch tatsächlich ausgeübt wird.

Der Preis einer Option setzt sich im Wesentlichen aus drei Komponenten zusammen: A) dem „inneren Wert" der Option, B) dem „Zeitwert", also, wenn du so willst, der „Restlaufzeit", und C) der „implizierten Volatilität". Diese gibt die Preisveränderung der Option an, wenn der Basiswert sich im Preis verändert.

Beispiele unterschiedlicher Optionsszenarien

Stell dir vor, du hast die Absicht, deine Lieblingsaktien zu kaufen, sagen wir Adidas, und hältst den Zeitpunkt für genau richtig. Momentan hast du die notwendigen 5000 € nicht auf deinem Konto. Du weißt aber, dass du den Betrag in ein paar Wochen hast, zum Beispiel weil du dein Weihnachts- oder Urlaubsgeld oder einen jährlichen Bonus bekommst, mit dem du die Aktien kaufen kannst. Gleichzeitig rechnest du damit, dass der Preis deiner Lieblingsaktie schon weiter gestiegen sein wird, wenn das Geld auf deinem Konto ist, und du dann mehr bezahlen müsstest als heute. Was kannst du tun, um nicht zu teuer zu kaufen? Ganz einfach.

Du kaufst dir Adidas-Kaufoptionen, sogenannte Calls, die dir das Recht zusichern, die Adidas-Aktien zum Preis von 250 € zu kaufen. Das ist dann der Strikepreis. Mit deinen zu erwartenden 5000 € kaufst du dann später die 20 Aktien zu 250 € je Aktie. Dafür zahlst du pro Option eine Optionsprämie von sagen wir 15 €. Das Bezugsverhältnis von Optionen zu Aktien ist in unserem Beispiel 1:1. Es kann in der Praxis aber auch 1:10, 1:25 etc. sein und gibt an, wie viele Optionen du brauchst, um eine Aktie beziehen zu dürfen.

1:1 bedeutet in unserem Fall, dass du für jeden Call das Recht erworben hast, eine Aktie zu 250 € zu kaufen. Die Optionsprämie bezahlst du schon jetzt, also 300 € für die 20 Optionen. Das ist sozusagen deine Versicherungsprämie, um dich gegen steigende Aktienkurse abzusichern. Die 300 € hast du auch jetzt schon auf deinem Konto.

Jetzt ist ja die Frage, ob deine Erwartung des steigenden Aktienkurses richtig war und was daraus für dich folgt bzw. was du tust, wenn die Aktie sich anders entwickelt, als von dir prognostiziert.

Szenario 1: Du hast einen Bonus von 5000 € erhalten und kannst jetzt die Aktien kaufen. Der Preis der Adidas-Aktie liegt am Tag, an dem du Aktien über die Option kaufen willst, bei 300 € pro Aktie. Deine Prognose hat sich also bestätigt. Dann machst du von deiner Option Gebrauch, der Profi sagt, du „übst sie aus". Dein Bezugspreis für eine Aktie liegt ja bei 250 € + 15 € Optionsprämie. Macht zusammen 265 €. Deine Ersparnis sind 35 € pro Aktie gegenüber dem aktuellen Kursniveau.

Szenario 2: Der Preis der Adidas-Aktie liegt am Tag, an dem du sie kaufen willst, bei 220 €. Deine Einschätzung über einen Anstieg des Aktienpreises war also falsch. Du hast aber „Glück im Unglück", denn du bekommst die Aktien an der Börse sogar billiger als durch deine Option. Folglich lässt du deine Option verfallen und kaufst die Aktien dort zu 220 € pro Aktie. Die 15 € Optionsprämie pro Aktie sind futsch, dafür hast du die Aktien unter 250 € gekauft und inklusive Optionsprämie nur 235 € pro Stück bezahlt.

Einordnung: Du hast durch die Nutzung von Optionen die Möglichkeit, mit der größtmöglichen Flexibilität an den Börsen zu agieren. Was nötig ist, sind Planungen und Überlegungen darüber, was wann wie unternommen werden soll, um in den Markt einzusteigen. Mit der Call-Option aus dem obigen Beispiel hältst du ein weiteres nützliches Tool zum Investieren in Händen.

Erfolgreiches Agieren an den Finanzmärkten ist vor allem davon abhängig, wie groß dein Werkzeugkasten ist und wie gut du ihn nutzt. Auf zum nächsten Erfolgswerkzeug.

„Safety first" fürs Depot mit Puts: „Protective-Put-Strategie"

Nehmen wir an, du bist stolzer Aktienbesitzer und dir über die künftige Entwicklung der Aktienkurse nicht im Klaren. Du rechnest aufgrund der sich eintrübenden Konjunkturaussichten in Deutschland damit, dass die „Party an den Börsen" langsam vorbei ist, und willst den Wert deines Portfolios gegen Kursrisiken absichern. Das kannst du erreichen, indem du „Put-Optionen" für deine Aktien kaufst, also das Recht, deine Aktien zu einem festen Preis zu verkaufen.

Bleiben wir beim Adidas-Beispiel. Du hast die Aktien bei 235 € gekauft. Aktuell liegt der Kurs an der Börse, wie vorab von dir prognostiziert, höher – sagen wir bei 280 € pro Aktie. Du könntest die Aktien verkaufen, um einem möglichen Abschwung zu entgehen, aber wer weiß schon, wie morgen die Kurse stehen. Außerdem glaubst du langfristig an den Erfolg der Aktie. Du kaufst dir also zum Beispiel Put-Optionen mit einem Strikepreis von 275 € – das heißt, du darfst die Aktien für 275 € verkaufen.

Pro Put-Option zahlst du eine Prämie von 10 €. Das Verhältnis von Option zu Aktien ist hier wieder 1:1, und da die Option leicht „aus dem Geld ist", ist sie noch relativ günstig. Folglich würde es sich, analog zum Beispiel mit der Kaufoption, für dich rentieren,

von deinem Verkaufsrecht Gebrauch zu machen, sobald der Aktienkurs bei 265 € und darunter liegt. Dein Strikepreis von 275 € abzgl. 10 € Prämie ist also 265 €.
    Den Preis, bei dem eine Option beginnt, sich für dich zu rentieren, nennt man „**Break-even**". Fällt der Aktienkurs deutlich unter 265 €, zum Beispiel wieder auf 235 €, so hast du den drohenden Verlust durch die Puts abgesichert. Du darfst die Aktien immer noch teurer verkaufen, als du sie damals gekauft hast. Gut für dich.
    Du kannst natürlich auch ausgehend vom Kurs von 280 € argumentieren. Wenn du die Aktien zu diesem Kurs verkauft hättest, dann wäre dein Gewinn 45 € pro Aktie. Bei dieser Absicherungsstrategie geht es aber nicht ums Zaubern oder um Wahrsagerei, sondern um fundamentale Überlegungen, die dir als eine gewisse Regel für den Umgang mit möglichen Szenarien dienen können. Durch die Put-Option ist der Wert deiner Aktie von 280 € auf „nur" 265 € gefallen. Das macht 15 €, wohingegen du ohne Absicherung und ohne vorherigen Verkauf bei 235 € gelandet wärst und, bezogen auf die 280 €, 45 € Verlust gemacht hättest.

→ Jetzt wirds wieder deep – hast du noch Lust?

Wann macht es Sinn, die Stillhalterposition einzunehmen?

Stell dir vor, du bist Adidas-Aktionär, hast damals deine Aktien bei 235 € pro Aktie gekauft und der aktuelle Kurs liegt bei 250 €. Du rechnest für die kommenden Monate nicht damit, dass er sich deutlich nach oben entwickelt, und willst mit deinen Aktien noch etwas zusätzliches Geld „verdienen". Dann kannst du „Call-Optionen" verkaufen. Der Verkauf der Call-Optionen bringt dir die Optionsprämie ein, sagen wir wieder 15 € pro Aktie. Um zu verdeutlichen, wo Chancen und Risiken des Stillhalters liegen, folgende Szenarien.

Beispiel 1: Du verkaufst eine Call-Option: der „Covered Call"
Szenario 1

Sagen wir, du verkaufst Call-Optionen mit einem Strikepreis von 260 € pro Adidas-Aktie und bekommst dafür vom Call-Optionskäufer, der denkt, die Kurse steigen in den kommenden Wochen, eine Prämie von 15 € pro Aktie. Du hast Einnahmen von insgesamt 300 €, da du 20 Aktien im Depot hast, die du als Sicherheit für die Ausübung des Calls behältst. Bleibt der Aktienkurs während der Laufzeit der Option nun unter 275 €, also 260 € + 15 € Prämie pro Aktie, dann wird der Call-Käufer sein Recht nicht ausüben und du kannst die eingenommene Prämie behalten.

→ Durch das „Schreiben des Calls", also den Verkauf der Option, vergünstigst du deinen Einstandskurs bei der Aktie von 235 € auf 220 €.

→ Gleichzeitig „deckelst" du aber auch deinen Gewinn bei sich sehr positiv entwickelnden Aktienkursen. Ab 275 € Aktienkurs lohnt sich der Bezug „deiner" Aktien für den Call-Käufer. Er übt die Option aus. In diesem Fall beträgt dein Gewinn 40 €, also die Differenz zwischen deinem Einstiegspreis 220 € (235 € abzüglich der 15 € Prämieneinnahme) und dem Strikepreis von 260 €.

→ Hättest du den Call nicht „begeben", also die Aktien nicht „veroptioniert", würdest du im Fall eines Anstiegs der Aktie auf 335 € ganze 100 € Gewinn erzielen.

Fazit: Wenn du mit Aktien und Optionen handelst, ist es für dich von allergrößter Bedeutung, einen Überblick über und eine Meinung zur künftigen Markt- und Aktienentwicklung zu haben. Wie steht es um deinen Basiswert in den nächsten Monaten? Welche Schwankungen erwartest du? Veröffentlicht das Unternehmen sein Zahlenwerk zum abgelaufenen Quartal, Halbjahr oder Jahr? Mit einer klaren Meinung und den entsprechenden Finanzprodukten stehen die Chancen auf eine zusätzliche Einnahmequelle gut.

Szenario 2

Sollte der Aktienkurs beispielsweise bei 280 € stehen, so wird der Call-Käufer aller Voraussicht nach den Call ausüben und du wirst ihm deine Aktien wohl oder übel ausliefern müssen. Und zwar zum „Strikepreis" von 260 € pro Aktie.

→ Für den Fall, dass du grundsätzlich dennoch weiter an Adidas-Aktien als Investment glaubst, könntest du die Aktien auch zu 280 € am Markt kaufen und hättest „nur" einen Verlust aus dem Optionsgeschäft und dem neuerlichen Kauf von 5 € pro Aktie erlitten. Durch den Erlös aus dem Aktienverkauf und dem Verkauf der Optionen, 260 € + 15 €, hättest du ja pro Aktie einen Betrag von 275 € erhalten.

Beispiel 2: Du verkaufst eine Put-Option

Wenn du eine Put-Option verkaufst, gehst du davon aus, dass die Aktienkurse gleich bleiben oder leicht steigen werden. Die Funktionsweise ist analog zum obigen Beispiel der Call-Optionen mit dem Unterschied, dass du Aktien zu einem festgelegten Preis kaufen musst, sollte der Aktienkurs während der Laufzeit der Option sehr stark fallen. In unserem Szenario fällt beispielsweise der Kurs auf 200 € und du hast Put-Optionen mit einem Strikepreis von 250 € verkauft. Dann musst du die Aktien für 250 € pro Stück kaufen. Das verrechnest du dann mit deiner eingenommenen Prämie von 15 €.

→ Dein rechnerischer Verlust beträgt in dem Fall also nicht 50 €, das wäre die Differenz von 250 € zu 200 €, sondern lediglich 35 €. Auch hier kannst du das Geschäft „glattstellen", indem du den Differenzbetrag bezahlst.

Jetzt wirds deep – Part II

Randnotiz: Falls du dich weitergehend für Optionen interessierst und detaillierter darüber Bescheid wissen möchtest: Es gibt auch unterschiedliche Kombinationen aus den vier Grundtypen der Optionsarten.

Mal ein paar Gedankenspiele:
Szenario 1: „Vertical-Call-Spread" – steigende Kurse erwartet
   Du kaufst 100 Calls auf die Aktie A mit Strikepreis 100 €, Kosten 10 €/Aktie, und verkaufst gleichzeitig 100 Calls mit Strikepreis 110 € auf Aktie A. Einnahmen 7 €/Aktie.

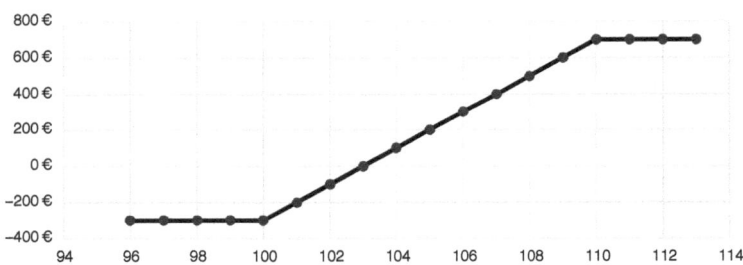

Gewinnmatrix Vertical-Call-Spread

Weitere „exotische Optionskonstruktionen" sind:

Iron Condor	Kauf:	Put-Option	90 €
	Verkauf:	Put-Option	95 €
	Verkauf:	Call-Option	105 €
	Kauf:	Call-Option	115 €

Butterfly	Kauf:	Put-Option	90 €
	Verkauf:	2 Put-Option	100 €
	Kauf:	Put-Option	110 €

→ Profit bei Seitwärtsbewegungen des Basiswertes

Straddle	Kauf:	Call-Option	100 €
	Kauf:	Put-Option	100 €

Strangle	Kauf:	Call-Option	115 €
	Kauf:	Put-Option	90 €

→ Erwartet ist eine starke Bewegung des Basiswertes

Was es kostet – „Black-Scholes": „im Geld", „am Geld", „aus dem Geld"

Ich habe ja bereits erwähnt, dass der Preis einer Option sich im Wesentlichen aus dem „inneren Wert" und dem „Zeitwert" zusammensetzt. Heute gibt es zur Optionspreisberechnung zwei wesentliche, sehr komplexe mathematische Modelle. Keine Angst, die erkläre ich hier nicht, aber davon gehört haben solltest du schon mal. Das eine Modell ist das nach den Mathematikern Fischer Black und Myron Samuel Scholes benannte finanzmathematische Optionen-Bewertungs-Modell „Black-Scholes". Das zweite heißt „Cox-Ross-Rubinstein", benannt nach John C. Cox, Stephen Ross und Mark Rubinstein. Diese Modelle sind für große Fondsgesellschaften von Bedeutung, denn sie helfen dabei, das Risikomanagement berechenbar und kalkulierbar zu machen.

In Sachen „fairer Preis" einer Option sind für dich drei Faktoren von Bedeutung: der Strikepreis der Option in Relation zum aktuellen Preis des Basiswertes und die Restlaufzeit der Option, drittes Kriterium ist die Volatilität.

Die Option ist „im Geld"

Eine Option ist „im Geld", wenn es sich für den Besitzer der Option rechnet, sie auszuüben.

Beispiel: Du besitzt eine amerikanische Kaufoption (Call) auf eine Aktie mit dem Strikepreis 100 €. Für den Call hast du 10 € bezahlt. Die Restlaufzeit der Option beträgt 18 Monate. Steht der aktuelle Kurs der Aktie an der Börse bei 120 €, so würde der Profi in diesem Fall sagen, die Option ist „im Geld". Die Differenz Strikepreis zu aktuellem Kurs ist positiv (20 €). Es macht Sinn, vom Optionsrecht Gebrauch zu machen und die Aktie für 100 € vom Stillhalter (Optionsverkäufer) zu kaufen, statt an der Börse für 120 €.

→ Dein Preisvorteil beim Bezug der Aktie über die Option gegenüber dem Kauf der Aktie an der Börse wären 10 €. 100 € Strike + 10 € Prämie = 110 € zu 120 €, also 10 € Preisvorteil.

→ Analog zur Put-Option spricht man vom „inneren Wert", wenn die Differenz zwischen Strikepreis und Basiswert negativ ist.

→ Srikepreis 100 € und Aktienkurs aktuell < 100 €, zum Beispiel 90 €.

Die Option ist „am Geld"

Eine Option ist „am Geld", wenn Strikepreis und Basispreis gleich sind, beispielsweise beide bei 100 €.

→ Eine Option „am Geld" hat folglich keinen „inneren Wert", sondern nur einen „Zeitwert" (basierend auf der Restlaufzeit).

Die Option ist „aus dem Geld"

Eine Option ist „aus dem Geld", wenn der Strikepreis der Call-Option über dem Kurs der Aktie steht, also zum Beispiel Call 100 €, Aktienkurs 90 €. Es macht keinen Sinn für dich, den Call zu nutzen, um die Aktie über die Option zu kaufen, denn an der Börse ist sie billiger. Beim Put ist es analog, der Strikepreis des Put, 90 €, ist unter dem Aktienkurs (100 €), also würdest du die Aktien eher über die Börse verkaufen.

→ In beiden Fällen ist die Option „aus dem Geld".

PaTrick: Der Preis einer Option ist also immer die Zusammensetzung aus „innerem Wert" und „Zeitwert". Du kannst „Zeitwert" mit Restlaufzeit + Marktzins + Volatilität übersetzen.

→ Zum Ende der Laufzeit wird sich die Option zu ihrem „inneren Wert" hin entwickeln.

Wenn du mit Optionen handelst, beachte unbedingt folgende Tipps:

1. Handele nicht mit Optionen, die „aus dem Geld" sind und nur noch eine kurze Laufzeit haben. Es droht der Totalverlust.

2. Für spekulative Trades, wenn du kürzere Laufzeiten wählst, immer Optionen wählen, die „am Geld" oder leicht „im Geld" notieren.
3. Bei genügend Restlaufzeit kann die Option leicht „aus dem Geld" sein.

Das etwas andere Derivat – Zertifikate

1989 war nicht nur das Jahr des Mauerfalls, sondern auch das Jahr, in dem smarte Banker erstmals ein Produkt platzierten, das in seiner mittlerweile rund 30-jährigen Geschichte eine wirkliche Erfolgsstory wurde. Das war die Geburt des Zertifikats. Im selben Jahr übrigens wie Kevin Kühnert und Thomas Müller. Wenn die das wüssten. ;-)

Zertifikate wurden mit dem Ziel entwickelt, Privatanlegern einen einfachen und sicheren Zugang zu Derivaten zu gewähren. Die meisten anderen angebotenen Derivate, also Optionen, Futures, Swaps usw., sind für Privatanleger eher ungeeignet oder nur sehr schwer zugänglich. Der größte Vorteil von Zertifikaten gegenüber anderen Derivaten ist, dass du als Anleger nie mehr Geld verlieren kannst, als du einsetzt.

Wie die bisher besprochenen Derivate beziehen sich auch Zertifikate auf einen Basiswert, also Aktien, Rohstoffe, Devisenpaare oder einen Index. Rein rechtlich handelt es sich bei einem Zertifikat um eine Schuldverschreibung, denn du gibst mit dessen Kauf der Bank dein Geld, dafür garantiert diese dir die im jeweiligen Zertifikat versprochenen Leistungen. Allerdings besteht das sogenannte „Emittentenrisiko". Das bedeutet: Geht die Bank pleite, ist auch dein Geld oder ein Teil deines Geldes futsch. Ehrlicherweise kam das in der 30-jährigen Geschichte des Zertifikats aber tatsächlich nur einmal vor: in der wohl spektakulärsten Pleite der jüngeren Vergangenheit, der Lehman-Pleite.

Die Produktgestaltung eines Zertifikats obliegt der Bank. Daher gibt es eine Vielzahl von Zertifikaten mit verschiedenen Ausgestaltungen. Sie unterscheiden sich zum Beispiel durch die

Basiswerte, auf die sie sich beziehen, durch ihre Laufzeiten und dadurch, dass sie zeitlich befristet oder unbefristet sind. Bei Zertifikaten handelt es sich um ein strukturiertes Finanzprodukt, ein klassisches „Retailprodukt" zwischen Banken und Endkunden. Je nachdem wofür du dich interessierst, also Aktien, Indizes, Rohstoffe usw., gibt es für fast alles passende Zertifikate. Wichtig ist beim Kauf und Handel von Zertifikaten wieder deine Einschätzung des Marktes und des jeweiligen Basiswertes, auf den sich das Zertifikat bezieht.

Anlagetypen der Zertifikate

Bei den Zertifikaten findest du grundsätzlich zwei unterschiedliche Anlagestrategien bzw. Anlagemotive. Die eine Gruppe, die der Anlagezertifikate, eignet sich für dich, wenn du auf der Suche nach einem kleineren Aktienkursrisiko bist. Sie bietet mehr Kapitalsicherheit, dafür geringere Wertsteigerungschancen. Dem gegenüber stehen „gehebelte Zertifikate", zum Beispiel als Risikobeimischung in deinem Depot. Ihr Verlustrisiko ist größer, so wie eben auch ihre Renditechance. Ganz grob werden in Deutschland 11 Kategorien unterschieden. Davon zählen 8 zu den Anlagezertifikaten (A) und 3 zu den gehebelten Zertifikaten (B).

(A) Anlageprodukte mit Kapitalschutz:
• Strukturierte Anleihen und Kapitalschutzzertifikate

(A) Anlageprodukte ohne Kapitalschutz:
• Aktienanleihen
• Bonitätsabhängige Schuldverschreibungen
• Expresszertifikate
• Discountzertifikate
• Bonuszertifikate

- Index- und Partizipationszertifikate
- Outperformancezertifikate

(B) Hebelprodukte ohne Knock-out:
Optionsscheine und Faktorzertifikate/Sprinterzertifikate

(B) Hebelprodukte mit Knock-out:
Knock-out-Zertifikate (z. B. Unlimited, Smart, BEST und X-Classic oder X-BEST)

3 Hebelprodukte   8 Anlageprodukte

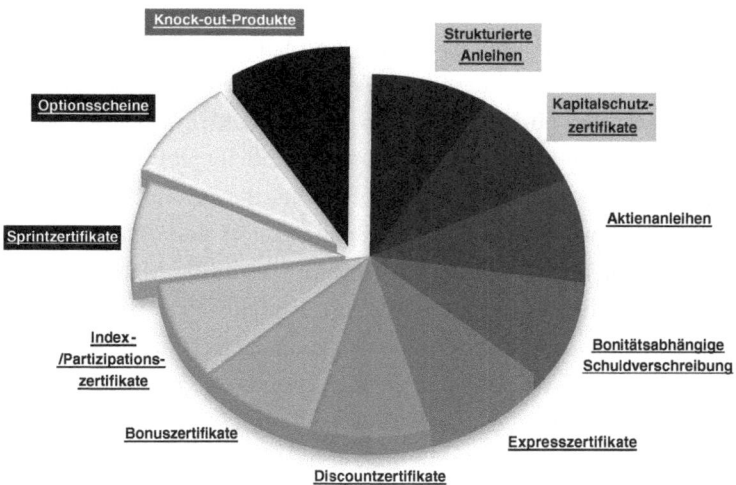

Die Zertifikatarten können bei unterschiedlichen Emittenten ganz unterschiedliche Namen tragen. Dabei können dir Begriffe wie „Basketzertifikat", „Wave-XXL", „Turbo-Optionsscheine" etc. begegnen. Das hat vor allem Vertriebs- und Vermarktungsgründe und zielt darauf ab, Kunden an sich zu binden sowie Marktanteile und Auftragsvolumen bei sich zu behalten. Denn wenn dieselben Produkte unterschiedlich benannt werden, ist es für dich als Kunde schwieriger, die Zertifikate der unterschiedlichen Anbieter direkt und objektiv miteinander zu vergleichen.

Die Grundidee hinter dem Produkt – was erwartet dich?

Außer bei manchen Indexzertifikaten fließen in das Zertifikat keine Dividendenzahlungen ein. Diese werden zur Finanzierung der Rendite und der Sicherungskomponenten des Emittenten verwendet. Dafür bezahlst du keine Managementgebühren, wie bei einem klassischen Fonds. Das finde ich fair und günstig.

Ganz grundsätzlich sind Banken, die Zertifikate begeben, keine Zauberer. Stell sie dir wie einen ganz normalen Händler vor, der ein hochkomplexes Produkt nachbaut, in diesem Fall ein Produkt der Terminbörse, damit es einfacher zu handeln ist. Er gestaltet es etwas anders und packt es in eine Verpackung, in der es für dich als Endkunde ganz einfach zu kaufen und zu handeln ist.

Das Teure an den Terminbörsen ist nämlich nicht die Eröffnung eines Kontos, sondern es sind die Hürden, die sich auftun können. Denn du kannst dort, wie bereits erwähnt, mehr als dein eingesetztes Kapital verlieren. Aus diesem Grund musst du die Margin hinterlegen, die Sicherheitsleistung. Das sind schnell 50 000 €. Würdest du nun selbstständig versuchen, unterschiedliche Zertifikatarten nachzubauen, kämen dazu die entsprechenden Kosten. Dieses Vorhaben ist theoretisch möglich, kann jedoch sehr schnell sehr teuer werden. Würdest du beispielsweise ein Discountzertifikat nachbauen wollen, müsstest du über die Börse eine Aktie kaufen sowie daraufhin an der Eurex eine Call-Option auf diese Aktie verkaufen. Der Basispreis des Basiswertes stellt in einem solchen Fall deinen „Cap" dar.

Beispiel: Du kaufst eine Daimler-Aktie bei 45 € und verkaufst einen Daimler-Call im Verhältnis 1:1 mit dem Strikepreis 50 €. Du hinterlegst eine Margin und beauftragst den Eurex-Broker. Dir entstehen schnell Kosten, beispielsweise für die Aktienoptionen, von mindestens 12,50 € pro Order oder der Broker berechnet den Preis pro Kontrakt. Bei Aktienoptionen zum Beispiel 1,50 € pro

Kontrakt. All das kannst du eben auch einfacher und viel günstiger haben, denn die Kosten dafür, an der Eurex handeln zu dürfen, sind sehr hoch.

→ Viel günstiger geht das über das Zertifikat.

Ein anderer Zertifikatansatz:
Wenn ein Zertifikat einen Zusatzertrag verspricht (bei Bonuszertifikaten wäre das der Bonus), dann nutzt der Emittent zum Beispiel die Dividende, um den Zusatzertrag zu finanzieren. Aus diesem Grund hast du als Anleger in der Regel zwar keinen Anspruch auf die Zahlung einer Dividende, jedoch ist sie auch nicht verloren, sondern wird für die Ausgestaltung des Zertifikats verwendet.

Zu einzelnen Zertifikaten werde ich dir ein paar allgemeine Informationen geben, damit du dir überlegen kannst, welches zu deinem Investmentansatz und deiner Strategie passt. Eine wichtige Voraussetzung, um in ein Zertifikat zu investieren, ist, dass du eine eigene Meinung zum Markt hast. Vielleicht beobachtest du schon lange den Gold- oder Ölpreis oder hast eine Erwartung zum Dow-Jones? Dann kannst du deine Meinung sehr gekonnt in einem Zertifikateinvestment versilbern.

Zertifikatarten – Funktionsweise und Handelsansatz

Bonuszertifikate
Bonuszertifikate gibt es auf Einzelaktien, auf Indizes oder andere Basiswerte. Sie haben eine feste Laufzeit, eine Barriere, die als Sicherheitslevel dient, sowie ein Bonuslevel. Drei wesentliche Eigenschaften gehen daher mit dem Erwerb von Bonuszertifikaten einher:
1. Sie bieten eine Teilabsicherung gegen Kursrisiken.
2. Sie enthalten eine Chance auf eine Bonuszahlung am Laufzeitende.
3. Sie entwickeln sich mit der Entwicklung des Basiswertes.

Beispiel: Nehmen wir an, du kaufst ein Bonuszertifikat auf eine Aktie für 100 €. Dieses Bonuszertifikat hat eine „Barriere", also eine untere Begrenzung, von 70 € und ein „Bonuslevel" von 140 €.

Szenario 1: Nehmen wir an, der Kurs der Aktie pendelt während der Laufzeit von 2 Jahren immer über 70 € und unter 140 €, dann bekommst du am Laufzeitende mindestens 140 €, den Bonus.

Szenario 2: Der Preis der Aktie liegt am Laufzeitende über 140 €, nämlich bei 155 €, dann bekommst du 155 € ausbezahlt.

→ Du erzielst bei gleichbleibenden oder leicht fallenden Kursen eine Rendite, allerdings zu keinem Zeitpunkt unter 70 €.

Szenario 3: Fällt der Kurs der Aktie allerdings während der Laufzeit auf oder unter die Barriere von 70 €, so ist die „Bonusstruktur" deines Investments dahin. Du bekommst dann zum Laufzeitende entweder den Kurswert ausbezahlt oder die Aktie vom Emittenten in dein Depot gebucht, somit wirst du also zum Aktionär. Nehmen wir an, der Aktienkurs liegt bei 65 €, dann bekommst du in der Regel die Aktie. Dadurch erleidest du einen Verlust von 35 € auf dein Investment von 100 € zum Zeitpunkt des Kaufs des Bonuszertifikats.

Einordnung: In Bezug auf Aktien sind Bonuszertifikate in der Regel teurer als ein Aktiendirektinvestment. Dieser „Aufschlag" wird auch als „Aufgeld" bezeichnet, das beim Erreichen der Barriere verloren ist. Je höher die Renditechance, umso höher ist bei Bonuszertifikaten auch das Verlustrisiko. Grundsätzlich gibt es defensivere und spekulativere Zertifikate. Bitte vor deiner Kaufentscheidung gut rechnen und vergleichen.

Discountzertifikate
Diese Zertifikate setzen auf leicht steigende, gleichbleibende oder leicht fallende Kurse des Basiswertes, zum Beispiel einer Aktie. Sie zeichnen sich durch zwei besondere Merkmale aus:

1. Du nimmst damit nur bis zu einer Obergrenze an der Entwicklung der Aktie teil. Diese Obergrenze heißt „Cap". Dementsprechend ist die Rendite von vornherein begrenzt, liegt aber weit über der von Tagesgeld- oder Sparkonten.

2. Du bekommst durch den „Discount" oder „Abschlag" allerdings auch die Möglichkeit, die Aktie günstiger zu kaufen, als es der aktuelle Kurs an der Aktie hergibt, sagen wir zum Beispiel für 90 € statt bei einem Direktinvestment in die Aktie über die Börse für 100 €. Dieser Discount ist vergleichbar mit einem Risikopuffer.

Ausgangslage: Der Cap des Zertifikats liegt bei 115 €. Du kaufst das Zertifikat für 90 €, die Aktie steht an der Börse bei 100 €. Zum Laufzeitende bezahlt dir die Bank also maximal 115 €.

→ Dein höchstmöglicher Gewinn sind demnach 25 € abzüglich Transaktionskosten.

Szenario 1: Fällt der Aktienkurs auf 95 €, hättest du bei einem Direktinvestment in die Aktie zu 100 € einen Verlust von 5 € zu verkraften. Da du aber über das Zertifikat nur 90 € gezahlt hast, hast du noch immer einen Gewinn von 5 €.

Szenario 2: Der Aktienkurs bleibt bei 100 €, dein Gewinn sind 10 €.

Szenario 3: Der Aktienkurs steigt auf 120 €. Selbst dann war das Investment in das Zertifikat sinnvoller als ein Direkteinstieg in die Aktie, denn du erzielst deine 25 € Gewinn, der Aktionär hingegen „nur" 20 €.

Szenario 4: Die Aktie steigt auf 150 €, dann gewinnt die Aktie 50 €, du aber nur 25 €. Hier wäre ein Direktinvestment lohnender gewesen.

Szenario 5: Die Aktie fällt auf 70 €. Dann bekommst du entweder vom Emittenten die Aktie für 90 € ins Depot gebucht, Verlust für dich 20 €, oder er verrechnet die Differenz, also den gleichen Betrag.

Allerdings hattest du dann ohnehin bereits ein grundsätzliches Interesse an dem Unternehmen. Du hast die Aktien billiger bekommen, als wenn du zum Kaufzeitpunkt die 100 € bezahlt hättest. In diesem Fall hätte dein Verlust 30 € betragen und nicht „bloß" 20 €.

Einordnung: Steigt der Aktienkurs auf 130 € oder mehr, ist der Kauf der Aktie lohnender. Auch ein Absinken des Aktienkurses zieht ein Absinken des Zertifikates mit sich, bis zu einem theoretischen Maximalverlust deiner 90 €. Der theoretische Totalverlust wäre in unserem Beispiel 100 €. Zusätzlich trägst du das angesprochene Emittentenrisiko und es werden während der Laufzeit keine Dividenden in dein Zertifikat ausgeschüttet.

PaTrick: Ich handle Discountzertifikate immer dann, wenn ich das Gefühl habe, dass eine Aktie recht gut gelaufen ist, aber ihr weiteres Aufwärtspotenzial bis Laufzeitende eher begrenzt ist. Tatsächlich häufig in den Frühlingsmonaten April oder Mai – da startet die Dividendensaison, die Aktien haben dann meiner Ansicht nach den Schwung des Jahresbeginns hinter sich und kein besonders dramatisches Rückschlagpotenzial. Märkte oder Aktien, die ausschließlich nach oben laufen, kaufst du besser direkt.

Für ein kurzfristig angelegtes „Parken" von Kapital kann sich solch ein Zertifikat mit einer recht kurzen Laufzeit von 6 bis 9 Monaten rechnen. Die Rendite des Discountzertifikats liegt weit über dem Tagesgeldkontoniveau und im schlechtesten Fall bekomme ich meine Lieblingsaktie zu einem viel günstigeren Preis ins Depot gebucht.

Das Faktorzertifikat

Das Faktorzertifikat bezieht sich meist auf einen Index als Basiswert, also zum Beispiel den DAX, den Gold-Future, den Brent-Ölpreis oder andere. Seit einiger Zeit erfreuen sich auch Faktorzertifikate auf einzelne Aktien, wie beispielsweise SAP AG, immer größerer Beliebtheit. Ein Faktorzertifikat hat eine unbegrenzte Laufzeit. Es gibt Faktorzertifikate mit einer „Long", also einer auf Kurssteigerungen angelegten Strategie, und einer „Short", einer auf fallende Kurse ausgerichteten Strategie. Ein weiterer Faktor sind die festgelegten „Hebel", mit denen sich das Zertifikat mit dem Basiswert nach oben (Long) oder nach unten (Short) entwickelt. Es gibt „Long 2"-, „Long 3"-, „Long 6"-, „Long 10"-Zertifikate – die Zahl gibt den Faktor an, mit dem sich das Zertifikat zum Basiswert bewegt.

Wirkungsweise am Beispiel Long-6-Zertifikat

Bewegt sich der Basiswert um 1 % nach oben oder unten, so bewegt sich das Zertifikat um 6 % in die gleiche Richtung. Bei Faktorzertifikaten gibt es keine „Knock-out-Schwelle", sondern eine „Anpassungsschwelle", die bei der künftigen Entwicklung des Zertifikats als neue Berechnungsgrundlage dient.

Beispiel: Du hast ein „Faktor-4-Zertifikat" und dein Basiswert sinkt um 25 %. 4 × 25 % = 100 % – damit ist rein rechnerisch dein Zertifikat futsch! Allerdings verankern Emittenten eine Absicherungsschwelle in ihrem Produkt. Bei Erreichen dieser Absicherungsschwelle wird so getan, als sei ein Tag vorbei und ein neuer Tag beginne. Sollte die Absicherungsschwelle bei Faktorzertifikaten berührt werden, so ist das Zertifikat stark im Minus, nämlich rund 90 %. Sollte der Aktienkurs sich am gleichen Tag wieder erholen, würde sich, sobald die Absicherungsschwelle berührt wurde, das Zertifikat nicht wieder erholen. Dein maximales Risiko beträgt also 90 %.

PaTrick: Ein Hingucker bei diesem Produkt ist die Mathematik dahinter. Nehmen wir an, du kaufst ein Faktorzertifikat auf eine Aktie mit dem Basiswert 100 € und bezahlst 100 € für das „Faktor-6-Long-Zertifikat". Nun können Schwankungen durch den

Hebel enorme Auswirkungen auf dein Kapital haben, nach oben ebenso wie nach unten. Das verändert die mathematische Basis, also den „Grundwert" der prozentualen Berechnung und führt nicht selten dazu, dass sich der Basiswert über einen Zeitraum „seitwärts" entwickelt, du aber am Zertifikat verlierst, weil die Bewegungen, die das Zertifikat macht, sich mehr im Grundwert wiederfinden und diesen beeinflussen.

Veränderung Basis	Absolut	Basiswert	Veränderung Zertifikat	Absolut	Zertifikat
Start Berechnung		100	Start Berechnung		100
−5 %	5	95	−30 %	30	70
−4 %	3,8	91,2	−24 %	16,8	53,2
2 %	1,824	93,024	12 %	6,384	59,584
8 %	7,441	**100,465**	48 %	28,6	**88,184**

Beispiel: Der Basiswert ist leicht im Plus, das Zertifikat hingegen mit gut 11,81 € im Minus.

Produktfinder von Zertifikaten

Die Zahl der Zertifikate ist wirklich abenteuerlich und es gibt nichts, was es nicht gibt. Grundsätzlich gibt es in Deutschland folgende Emittenten, die eine einwandfreie Bonität haben:

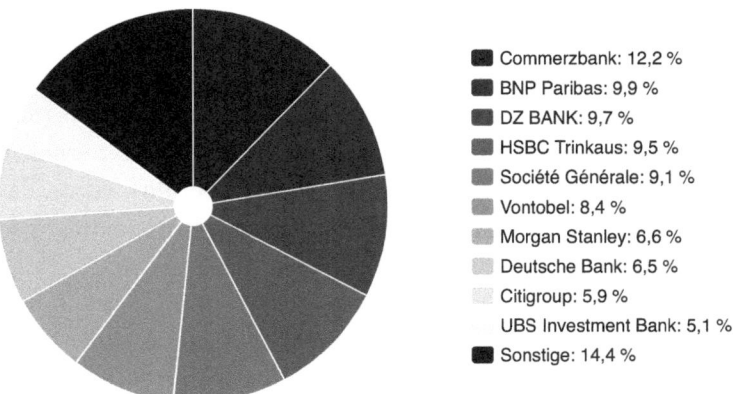

- Commerzbank: 12,2 %
- BNP Paribas: 9,9 %
- DZ BANK: 9,7 %
- HSBC Trinkaus: 9,5 %
- Société Générale: 9,1 %
- Vontobel: 8,4 %
- Morgan Stanley: 6,6 %
- Deutsche Bank: 6,5 %
- Citigroup: 5,9 %
- UBS Investment Bank: 5,1 %
- Sonstige: 14,4 %

Marktanteile nach Börsenumsätzen derivativer Wertpapiere (September 2019)

Warum Zertifikate in jedes gute Anlageportfolio gehören

Ich spreche immer wieder von der richtigen, guten Mischung eines Portfolios, also der Diversifikation. Es ist wichtig, dass du deinen „Anlagekuchen" schon grob aufgeteilt und portioniert hast. Zertifikate sollten in jedem Fall einen Teil des Kuchens bilden, vor allem dann, wenn du zu einem Basiswert eine ziemlich konkrete Meinung hast, diesen schon länger beobachtest und vielleicht schon ein ganz gutes Gefühl dafür entwickelt hast, auf welchem Preisniveau er teuer oder verhältnismäßig günstig ist.

Beispiel
Du glaubst, in den nächsten 6 Monaten steigt Gold von 1550 auf 1700 US$. Nun hast du folgende Optionen:
1. Du kaufst eine Unze physisches Gold und bezahlst dafür einen relativ hohen Aufpreis. Bei einer Unze (ca. 31,10 g) liegt der Aufschlag in der Regel bei rund 30 US$, das sind knapp 2 %, bei aktuellen Preisen zwischen 1535 und 1575 US$ pro Unze.
2. Du kaufst einen Gold-ETC über die Börse und kannst von der Entwicklung profitieren.
3. Du kaufst ein Partizipationszertifikat auf Gold und kannst ebenfalls von der Entwicklung profitieren.
4. Du kaufst ein gehebeltes Zertifikat (zum Beispiel ein Faktorzertifikat) und kannst überproportional von der Entwicklung profitieren.

PaTrick: Warum sind Zertifikate so wichtig? Nehmen wir an, der Goldpreis steigt tatsächlich von 1550 auf 1700 US$. Dann liegt der Gewinn bei 150 US$ – allerdings müssen diese noch in Euro umgerechnet werden. Und das kann zusätzliche Freude oder ein böses Erwachen geben. Denn der Wechselkurs zwischen deinem Depot, das in Euro geführt wird, und dem Goldpreis, der in US-Dollar gehandelt wird, verändert sich stetig. Wenn es ganz schlecht liefe, bliebe von den 150 US$ also gar nichts übrig. Das wäre beispielsweise der Fall, wenn der Dollar gegenüber dem Euro um ca. 10 % an Wert verlieren würde. In diesem Fall wäre dein Wertzuwachs beim Gold von knapp 10 % dahin.

Damit du dieses Risiko sicher umschiffst, gibt es beispielsweise Partizipationszertifikate mit eingebauter Währungsabsicherung. Damit sind 150 US$ genau 150 €, egal was der Wechselkurs macht. Für die Währungskursabsicherung fällt allerdings eine Gebühr an, die rund 2 bis 3 % pro Jahr betragen kann. Und es gibt sie nur bei Zertifikaten. Möchtest du in diesen Genuss kommen, kommst du an ihnen nicht vorbei.

Das ist nur ein Beispiel für die Vielfalt an Gestaltungsmöglichkeiten, die Zertifikate bieten. Dadurch ist es manchmal nicht ganz leicht, diese Gruppe von Wertpapieren pauschal einem Anlegertyp oder einer Anlageklasse zuzuordnen. Es gibt beinahe unendlich viele Einsatzmöglichkeiten, bei denen Zertifikate gegenüber dem Bezugswert, meist gegenüber einer Aktie, einen Vorteil haben.

Wenn du nun tiefer in die Welt der Zertifikate einsteigen möchtest, findest du auf der Website des Deutschen Derivateverbandes viele hilfreiche Broschüren mit Analysen und weiterführenden Informationen.

Informationen und Werbung zu „CFDs" hast du im Internet bestimmt schon mal bekommen, oder? Vor allem passiert das, wenn du dich für das Thema Geldanlage interessierst und dich im Netz ein bisschen schlaumachst. Was CFDs sind und warum ich bei der Nutzung dieses Finanzinstrumentes zur Vorsicht rate, erläutere ich im Folgenden.

CFD – Contract for Difference – zu Deutsch „Differenzvertrag"

Bevor ich erkläre, was ein CFD ist und wie er funktioniert, gleich ein **TIPP:** Wenn du spekulativ in den Finanzmärkten unterwegs bist und eine klare Meinung zu einem Basiswert hast, setze ein CFD nur sehr dosiert ein, denn es droht theoretisch mehr als ein Totalverlust deines Geldes. Musst du frisches Geld „nachzahlen", weil deine CFD-Position gegen dich läuft, bekommst du einen sogenannten „Margin-Call" und musst weiteres Geld bereitstellen, um deine Position zu behalten. In den Disclaimern der CFD-Broker steht, dass, je nach Anbieter, zwischen 60 und 75 % der Privatanleger Geld verlieren.

Ich selbst habe auch schon CFDs gehandelt, allerdings mit mäßigem Erfolg und sehr begrenztem Kapital. **Zwischenfazit:** Das Kaufen und Verkaufen sowie das Beobachten des Marktes und der Entwicklung des CFD hat unfassbar viel Zeit verschlungen, war ein Riesenaufwand und die Preise meines damaligen CFD-Brokers waren alles andere als fair. Ich bin ausgestiegen, als ich „auf null" war, also meine Verluste wieder reingeholt hatte. Zu diesem Zeitpunkt hatte ich allerdings schon viel Zeit und Energie investiert und für mich beschlossen: Ich habe drei Kinder, die gerne mit Papa Zeit verbringen wollen, da sind CFDs nicht der geeignete Zeitvertreib.

CFD-Broker und CFD-Konten – wie geht das überhaupt?

Bevor du CFDs handeln kannst, musst du dir einen der vielen Broker am Markt aussuchen, dem du dein Geld überweist und mit dem du handeln möchtest. Zum Beispiel CMC Markets, IG Trading, Plus500, Etoro oder Nextmarkets, um nur eine Auswahl der Anbieter zu nennen. Einige von ihnen locken mit Bonuszahlungen, wenn du ein Konto bei ihnen eröffnest. Das erinnert an Internetwettanbieter wie Tipico und Co., hier ist also Vorsicht geboten.

Ein CFD bezieht sich, wie die vorher beschriebenen Derivate Futures, Optionen etc. auch, auf einen Basiswert, also Einzelaktien, Indizes, Rohstoffe, Währungspaare oder Kryptowährungen. Die

Produktpalette hängt ganz von dem jeweiligen CFD-Broker ab, mit dem du die Geschäfte tätigst. Im Gegensatz zur Option oder dem Future wird allerdings nur die Differenz aus dem Kurs des Basiswertes und dem Einstiegskurs verrechnet und nicht der Basiswert geliefert. Auch beim CFD kannst du „Long" oder „Short" gehen, also auf steigende oder fallende Kurse setzen.

Das Tückische an einem CFD ist, dass du mit relativ geringem Kapitaleinsatz (Security-Margin, Sicherheitsleistung) eine größere Menge Kapital des Basiswertes handelst. Die Differenz stellt dir der Broker zur Verfügung. Aus dem Unterschied zwischen deiner Security-Margin und dem Betrag des Brokers resultiert der „Hebel".

Beispiel

Du überweist 1000 € auf dein CFD-Konto und willst ein Produkt handeln, das einen Hebel von 1:20 hat, nehmen wir einen CFD auf den DAX 30. Dann kannst du mit deinen 1000 € eine Position an der Eurex im Gegenwert von 20 000 € handeln. Das nennt man „hebeln" oder in Fachchinesisch „leveraging". Da der DAX aktuell bei ca. 13 430 Punkten steht (Stand 16.01.2020), kannst du mit deinem Kapital von 1000 € ein Äquivalent von ungefähr 1,5 DAX-Futures-Kontrakten bzw. 1,5 DAX-CFDs handeln (20 000 €/13 430 Punkte = 1,49). Mit jedem Punkt, den sich jetzt der „echte" DAX (Basiswert) bewegt, bewegt sich dein CFD mit. Steigt der DAX um einen Punkt, steigt dein CFD um einen Euro, fällt der DAX, fällt analog dein CFD – du hast ja 1,5 CFD-Kontrakte, also 1,50 € pro DAX-Punkt.

Seit Anpassung der Hebel für Privatanleger in der EU auf 1:20 sind die Zahl der Totalverluste und die Geldmenge an Nachschusspflicht etwas rückläufig. Vor der Anpassung durch die europäische Regulierungsbehörde ESMA lag der Hebel bei Indizes wie dem DAX bei 1:100. Das bedeutete, bei jedem Punkt nach oben oder unten entsprach das 7,50 €. Wenn der Index bei 13 430 Punkten mal an einem Tag um 100 Punkte steigt oder fällt, entspricht das ungefähr 0,75 % des „echten" DAX, was auch schon mal vorkommt. Für deine CFD-Position resultierte daraus, je nachdem ob du mit deiner Einschätzung richtig oder falsch lagst, ein „Gewinn" oder „Verlust" von 75 %.

Rechnung: Mit deinen 1000 € konntest du 100 000 € an der Eurex handeln.

100 000 € × 0,75 % = 750 €

→ Entweder gewinnst du 750 € auf deine 1000 € und freust dich über 1750 € oder du verlierst 750 € auf deine 1000 € und es bleiben dir 250 €.

Einordnung

Der Handel mit CFDs, also hoch spekulativen Derivaten, ist nichts für Börsen- und Finanzmarkteinsteiger. Solltest du über Vorerfahrung an der Börse verfügen sowie neugierig und risikofreudig sein, stell dich trotz der Regulierungen darauf ein, dass am Ende ein möglicher Totalverlust deines eingesetzten Kapitals stehen kann.

Eine Erkenntnis, die ich aus meinen CFD-Erfahrungen an dich weitergebe, ist, dass du unbedingt mit knallharten Stoppmarken arbeiten solltest. Du musst dir zudem darüber im Klaren sein, dass das Produkt CFD an sich vom Emittenten preislich nicht so fair ist wie ein entsprechendes Eurex-Produkt. Hinzu kommt, dass die Differenz zwischen An- und Verkaufspreis, der sogenannte „Spread", bei manchem Anbieter wirklich „unverschämt" hoch ist.

X. Die Zukunft des Investierens

Im Zeitalter von Instagram, Facebook, YouTube, TikTok und Co. ist es nur logisch, dass auch die Welt der Finanzen mehr und mehr online stattfindet. Finanzinstitute, Kapitalanlagegesellschaften und die neuen FinTech-Unternehmen und Start-ups haben erkannt, dass wir Menschen immer mehr Dienstleistungen und Services in unserem Leben als „to go", also zum Mitnehmen haben möchten. Es muss direkt, unkompliziert, ad hoc und trotzdem juristisch unbedenklich zur Sache gehen. Als Nutzer möchtest du im Idealfall gar nicht bemerken, wie aufwendig und umfangreich die IT und Infrastruktur dahinter ist.

Ein Schlüsselbegriff in diesem Kontext ist künstliche Intelligenz, KI. Sie kommt ohne Algorithmen nicht mehr aus. Ich werde versuchen, auf den kommenden Seiten in Sachen Geldanlage ein bisschen in die Welt von heute und morgen einzutauchen sowie Anforderungen von Kunden an die Finanzwelt von morgen zu beleuchten. Gleichzeitig möchte ich dir ein paar Apps vorstellen, die dir beim Geldhandling Hilfe und Wegbegleiter sein können. Wenn du Vertrauen in die Technik hast, die zukünftig mehr und mehr Blockchain-basiert sein wird, dann sind Begriffe wie „Robo-Advisory", „Social Trading" und „Onlinevermögensverwaltung" bald keine Fremdwörter mehr für dich.

Was heißt Robo-Advisory und was kann die Onlineberatung heute?

Hinter den Wörtern Robo (Roboter) und Advisor (Berater) steckt eine Art Onlinevermögensverwaltung, die sich auf mathematische Algorithmen und daraus resultierende automatische Anlageempfehlungen bezieht. Konkret sieht die Anlageempfehlung in der Praxis aktuell so aus, dass Käufe und Verkäufe in deinem Anlageportfolio automatisiert ablaufen, wenn du einmal ein Profil von dir und deinen Anlageschwerpunkten und eine Einteilung und Klassifizierung deines Risikos vorgenommen hast. Entweder voll automatisiert oder mit einer manuellen Anpassung durch dich oder einen menschlichen Berater. Das hängt ganz von der Art des Robo-Advisors (RA) ab. Man unterscheidet „Full Service Robo Advisor" und „Half Service Robo Advisor", dazu später mehr.

Ob du künftig dein Geld in diesen digitalen Vermögensverwalter investierst, hängt davon ab, ob du dich durch den Aufbau eines eigenen Portfolios aus Aktien, Anleihen, Fonds, Immobilien und ETFs ganz allein durch den „Anlagedschungel" schlagen möchtest oder eben nicht. Willst du „nur" passiv durch ETFs investieren oder baust du voll und ganz auf den digitalen Helfer, den RA? Vielleicht entschließt du dich zur Geldanlage mittels Robo-Advisor oder als vierte Variante zur Investition in einen ETF bzw. Fonds, der bereits eine Vermögensaufteilung beinhaltet.

Die BaFin hat die Aufsicht über die Finanzdienstleister, die solche Robo-Advisory-Plattformen anbieten. Das gilt für „Full Service Robo Advisor" wie Scalable Capital und Fintego, die automatisiert die „Asset Allocation", also Vermögensumschichtungen bzw. Vermögensanpassungen, durchführen und den Depotservice für dich übernehmen. Bei „Half Service Robo Advisors", bei denen du vom Anbieter nochmals gefragt wirst, ob das Portfolio angepasst werden soll, wenn sich die Gegebenheiten an den Märkten verändern, ist die Überwachung durch die BaFin anders.

Die bekanntesten Robo-Advisor unter den deutschen Start-ups

- Scalable Capital: München > 2 Milliarden € verwaltetes Vermögen
- Growney: Berliner Start-up
- Moneyfarm: Kooperation mit der Allianz AG
- Fintego: Robo-Advisor der ebase (Comdirect-Bank-Gruppe)

Die bekanntesten Robo-Advisor Deutschlands etablierter Banken

- bevestor der DekaBank, Sparkassen-Finanzgruppe
- ROBIN der Deutschen Bank

- cominvest der Comdirect Bank AG
- Quirion der Quirin Privatbank
- Zeedin von Hauck & Aufhäuser

Diese Unternehmen zeigen einen Auszug aus den aktuellen Angeboten auf dem Robo-Advisor-Markt, der schnelllebig und wachstumsgetrieben ist. Von außen ist es nicht ganz leicht für dich, einen Einblick in die Qualität der unterschiedlichen Anbieter zu bekommen, da du erst dann detailliertere Anlagestrategien angeboten bekommst, wenn du ein Konto und/oder Depot beim entsprechenden Anbieter eröffnest. Doch es gibt hin und wieder Probemonate, die dich weniger kosten als normal und manchmal für kurze Zeit auch ganz kostenlos sind.

Da die Robo-Advisor erst seit kurzer Zeit auf dem Markt sind, gibt es noch keine wirklichen Langzeitstudien oder Performancemessungen, die älter sind als 2013. In diesem Jahr ging einer der ersten Robo-Advisor bei der Sutor-Bank an den Start. Trotzdem will ich versuchen, die grundlegenden Vermögensverwaltungsansätze der Robo-Advisor zu skizzieren, die auf modernen Kapitalmarkttheorien und Risikomanagementverfahren aufbauen.

1. **Buy-and-hold-Strategie**
   Im Aktienkapitel hast du davon schon mal etwas gehört. Beim Robo-Advisor gibt es zwei Varianten: mit „Rebalancing" und ohne „Rebalancing" des Portfolios. Unter Rebalancing versteht man die Anpassung der Finanzprodukte, also zum Beispiel ETFs, Aktien etc., nach der ursprünglichen Zusammensetzung und Gewichtung des Portfolios zum Anlagebeginn. Wenn wir an Indizes wie den DAX denken, kann es vorkommen, dass sich die steigende oder fallende Marktkapitalisierung einzelner Aktien durch deren Gewichtung im Index verändert. Auf das Robo-Advisor-Portfolio bezogen bedeutet das, dass Transaktionen, also Käufe und Verkäufe, exakt so vom RA getätigt werden, dass dein Anfangsportfolio in der Gewichtung erhalten bleibt. Ohne Rebalancing vermeidest du die Transaktionskosten der Anpassung,

aber dein Portfolio kann von der ursprünglichen Anlageidee mit der Zeit, also nach einigen Jahren, erheblich abweichen.

2. **Value-at-Risk-Ansatz**

Sehr verkürzt formuliert konzentriert sich diese Art der Vermögensanlage auf die Vermeidung von Verlusten. Je nach von dir gewähltem Risikoansatz bzw. deiner Risikotoleranz wird das Portfolio bei entsprechenden Marktbewegungen durch Transaktionen angepasst.

3. **Faktormodell**

Unterschiedliche Parameter werden verglichen, die versuchen, aus der Marktrendite, der Marktkapitalisierung und dem Verhältnis des Buchwertes eines Unternehmens eine Beziehung zu seinem Marktwert herzustellen. Details lasse ich hier außen vor, das Ganze ist sehr komplex. Aber es ist mir wichtig, dass du es mal gehört hast.

Einordnung

Grundsätzlich bieten Robo-Advisor bei der Vermögensverwaltung einen Mix aus unterschiedlichen Risiko- und Renditeansätzen an. Wie schon in den vorherigen Kapiteln erörtert, gelten Anleihen als eher risikoarm, Aktien und Rohstoffe als etwas risiko-, weil schwankungsreicher. Je nachdem wie risikofreudig du bist, wird dein Portfolio vom RA konservativer oder risikoreicher zusammengestellt.

Growney beispielsweise bietet folgende Portfolios an:
- grow20: 20 % Aktien, 80 % Anleihen
- grow30: 30 % Aktien, 70 % Anleihen
- grow50: 50 % Aktien und Anleihen
- grow70: 70 % Aktien, 30 % Anleihen
- grow100: 100 % Aktien

Bei Scalable Capital werden vor allem günstige ETFs genutzt, um Vermögen aufzubauen. Die Algorithmen managen und überwachen die möglichen Risiken. Im Fokus liegt stets das Rendite-Risiko-Verhältnis mitsamt einer aktiven und dynamischen Portfoliosteuerung. Sobald es ETFs gibt, die deiner ursprünglichen „Asset Allocation" mehr entsprechen, wird die Zusammensetzung der ETFs angepasst, manche davon verkauft und andere gekauft. Um bei Scalable Capital Geld anzulegen, ist ein Mindestanlagebetrag von 10 000 € nötig. Nicht wenig Geld und deshalb für manchen eine Hürde beim Einstieg.

Welche Arten Robo-Advisor gibt es eigentlich?

Es werden drei unterschiedliche Arten von Robo-Advisory-Unternehmen unterschieden:

a. **„Full Service Robo Advisor"**: Scalable Capital, Fintego, Vaamo, Whitebox, Sutor Bank, um nur einige zu nennen. Sie bieten dir die komplette Depotverwaltung, du kannst dort einfach ein Kontoprofil anlegen und legst direkt los. Die Portfoliozusammensetzung und -steuerung erfolgt automatisiert und basiert auf deinen Angaben zu Beginn des Anmeldeprozesses. Diese Anpassung an den Ursprung nennt man, wie oben schon gesagt, Rebalancing.

b. **„Half Service Robo Advisor"**: United Signals, Growney, Visualvest, GINMON, Easyfolio u. v. m. Sie unterbreiten dir zu Beginn des Anlageprozesses Portfoliovorschläge, wie am Beispiel Growney dargestellt. Das Rebalancing erfolgt nur, wenn du ihm erneut zustimmst, ansonsten bleibt dein Portfolio im Ursprungszustand, ohne Gewichtungsanpassung. Mancher Anbieter hält einen Service bereit, der bei einem Sparplan dein Geld so anlegt, dass deine „Asset Allocation" beibehalten werden kann – sehr smart, finde ich.

c. **„Self Service Robo Advisor"**: justETF, Diversifikator, Moneyfilter, Comdirect. Diese Anbieter beraten dich bei deiner Anlageentscheidung, das Depot hast du aber teilweise woanders und musst den Portfolioaufbau selbst vornehmen. Oftmals gibt es „Basic Services" kostenlos und „Premium Services", für die bezahlt werden muss. Musterportfolios oder eine „Academy", die dir Grundlagen rund ums Thema ETFs vermittelt, findest du beispielsweise bei justETF.

Je nachdem wie sehr du selbst an der Investmententscheidung beteiligt sein möchtest, entscheidest du dich also für die eine oder andere Variante des Robo-Advisors.

Anlagebeträge und Kosten eines Robo-Advisors im Vergleich

Wie du dir vorstellen kannst, unterscheiden sich die digitalen Vermögensverwalter auch in ihren Angeboten und Kosten. Die jährlichen Kosten variieren je nach Anbieter zwischen 0,3 und 1 % der Anlagesumme. Einige habe ich hier mal aufgeführt, weitere Informationen findest du tagesaktuell auf den entsprechenden Onlinepräsenzen der Anbieter. Es gibt Mindestanlagesummen, also Beträge, die du einmalig oder monatlich anlegen musst, um den Service der unterschiedlichen Robo-Advisor-Anbieter nutzen zu können.

- Easyfolio und Vaamo bieten monatlich besparbare ETF-Portfolios an. Los geht es da schon ab 10 € monatlicher Anlage.
- Fintego hat eine Mindestanlagesumme von 2500 €, die jährlichen Kosten variieren je nach Anlagesumme zwischen 0,4 % ab 50 000 € und mehr und 0,9 % für Beträge unter 10 000 €.
- Bei GINMON liegt die Mindestanlagesumme bei 5000 € bzw. 1000 €, wenn du noch jeden Monat dazu mindestens 50 € sparst. Die Servicegebühr gibt GINMON mit 0,75 % und die ETF-Kosten mit 0,23 % an.[29]
- Bei Whitebox beträgt der Mindestanlagebetrag 5000 € und die jährlichen Gebühren betragen 0,35 % ab 500 000 € Anlagevolumen und 0,95 % unter 30 000 €.

---

[29] https://www.ginmon.de/preise/ (Stand Dezember 2019)

- Bei Scalable Capital bist du ab 10 000 € Anlagesumme dabei. Die jährlichen Gebühren liegen bei 0,75 % für die Vermögensverwaltung und den ETF-Kosten von 0,16 %, zusammen 0,91 % pro Jahr. Die Prozentsätze bleiben bei steigenden Anlagesummen konstant.

Einordnung und Anmerkung

Wenn du dich auf die Suche nach einem kostengünstigen Angebot eines Robo-Advisors machst, nimm dir unbedingt Zeit. Denn die Angebote[30] unterscheiden sich zumindest im Detail und können dadurch auf lange Sicht einen gravierenden Ertragsunterschied für dich bedeuten. Um Kunden zu gewinnen, sind manchmal die ersten 6 Monate der Nutzung des RA gebührenfrei und kostenlos. Solche Angebote sind für dich sinnvoll, um „digitale Finanzanlagehelfer" zu testen und erst mal zu sehen, wie du damit klarkommst.

Eine RA-ähnlich agierende Alternative, aber kein wirklicher Robo-Advisor, ist WeltSparen. Dahinter steht die Raisin-Bank. Hier werden Anlage- und Bankleistungen vermittelt und im Bereich WeltInvest auch kostengünstige Investmentmöglichkeiten durch Musterportfolios mit konstanten Aktien-Anleihe-Verhältnissen angeboten. Die Produkte heißen „WeltInvest 30", was für 30 % Aktien und 70 % Anleihen steht, und reichen von diesen 30 über 50 und 70 % bis hin zum „WeltInvest 100" mit 100 % Aktienanteil im Portfolio.

PaTrick: Beinahe alle Anbieter haben auf mobile Endgeräte angepasste Websites oder sogar eine App, mit der du dich ganz einfach orientieren, dein Portfolio überblicken und Veränderungen beauftragen kannst. Die Kosten für den digitalen Anlagehelfer, den Robo-Advisor, sind niedriger als beim klassischen aktiv gemanagten Fonds.

Da die RA als Produkt noch nicht so lange am Markt sind, wird sich erst noch zeigen müssen, wie sich die Performance gegenüber

---

[30] https://de.extraetf.com/robo-advisor (Stand Dezember 2019)

einem Fonds verhält, wenn die Turbulenzen an den Kapitalmärkten zunehmen. Momentan geht es ja fast nur nach oben. Zumal auch Fondsmanager mittlerweile schon seit Jahren die Mathematik hinter den Algorithmen nutzen, um für die von ihnen gemanagten Fonds eine gute Performance zu erzielen. Augenblicklich finde ich das Angebot der digitalen Vermögensanlage schon gut, es gibt zahlreiche Anbieter und eigentlich ist für jeden Anlegetyp etwas dabei. Das von den RA verwaltete Vermögen soll laut Prognosen in den kommenden Jahren stark steigen, denn die Kosten für den Portfolio- und Anlageservice halten sich – verglichen mit dem Zeitaufwand, den du beim Aufbau eines eigenen Portfolios hast – in Grenzen.

→ Du solltest dein Geld mittels Robo-Advisor anlegen, wenn:
1. du die Entscheidung, welcher ETF oder Fonds zu kaufen ist, nicht selbst treffen möchtest oder das Gefühl hast, es kostet dich zu viel Zeit.
2. du die Anspannung bei einem Börsenabschwung nicht gut verkraften und vor lauter Emotionalität deine Vermögenswerte übereilt verkaufen würdest.
3. du es sehr schätzt, einen „Alles-aus-einer-Hand-Service" zu bekommen und bereit bist, dafür eine Gebühr zu bezahlen.
4. du bei der Zusammenstellung eines Portfolios entsprechend deiner Risikoaversion oder Risikoaffinität unsicher bist.

Fazit

Ich rechne für die kommenden Jahre damit, dass wir im Zusammenhang mit der politischen Diskussion um Renten und Altersvorsorge einen weiteren drastischen Anstieg der Geldsummen sehen werden, die zur Verwaltung und Anlage bei Robo-Advisory-Plattformen landen. Überhaupt ist die Frage nach der Altersvorsorge von morgen für uns alle von großer Bedeutung. Wie werden unsere Politiker die Stabilisierung unserer Rentensysteme, die Herkulesaufgabe unserer Zeit, stemmen und vorantreiben?

Ähnlich drängend wie die Auseinandersetzung mit dem Thema Altersvorsorge ist meines Erachtens unser Einsatz für eine ökologische und grüne Zukunft. Eine Zukunft, in der die Emissionen reduziert werden und der Einfluss der „Fridays for Future"-Bewegung sich Bahn bricht. Ein paar Fragen und Ansätze dazu findet ihr in Kapitel XI. Zunächst möchte ich noch den Blick auf „grüne Investmentmöglichkeiten" richten.

Green Investing – Ethik und Ökologie als Basis deiner Anlage

Gehörst du auch zu den Menschen, die die Welt verbessern und der nachfolgenden Generation eine Zukunft auf diesem Planeten ermöglichen wollen? Dann bist du Teil der breiten Mehrheit von 65 %, die das laut einer Umfrage der Bundesanstalt für Finanzaufsicht möchte. Aber wie das genau geht, wissen die wenigsten.

Auch Ursula von der Leyen, ihres Zeichens die Präsidentin der Europäischen Kommission, ist auf dem Pfad des ökologischen Wandels unterwegs. Der von ihr mitinitiierte „Green Deal" will in den kommenden Jahren 1 Billion € in die Klimaziele der EU fließen lassen, um die CO_2-Neutralität der EU zu realisieren. Damit verbunden sind natürlich Investitionen und Investitionsprojekte in grüne Technologien und andere grüne Projekte, die aus dem „Just Transition Fund" gespeist werden.

Oftmals wird in den Medien von „grünen Investments" oder „nachhaltigem Investieren" gesprochen. Wobei der Begriff Nachhaltigkeit, englisch „sustainability", erst einmal grob erläutert werden sollte. Ursprünglich stammt der Begriff Nachhaltigkeit aus der Wald- und Forstwirtschaft und wurde von Carl von Carlowitz, Oberberghauptmann in Kursachsen, geprägt. Als die Holznot durch Ausbeutung der Wälder deutlich wurde, versuchte man sie mit der Einführung einer nachhaltigen Forstwirtschaft zu bekämpfen. Im Laufe der 1990er-Jahre gewann der Begriff dann weitere

Bedeutungen dazu. Heute wird er oft als „Grundlage der Symbiose ökonomischer Interessen und ökologischer Verantwortung" verwendet und verstanden.

Aber nicht nur Ökonomie und Ökologie spielen beim nachhaltigen Investieren eine Rolle. Es geht auch um ethische, soziale und moralische Fragestellungen und deren Berücksichtigung bei der Geldanlage.

Wie kannst du dich auf die Suche nach Green Investments begeben?

Bei einem ethisch einwandfreien und ökologisch nachhaltigen Investitionsansatz ist es ratsam, dass du dir die Anlage ganz genau ansiehst. Aktuell gibt es bei der Auflage eines „grünen" oder „nachhaltigen" Investment- und Anlageprodukts noch keine einheitlichen Standards, die reguliert und kontrolliert werden. Allerdings gibt es Institutionen, die sich über Ländergrenzen hinweg Kriterien überlegt haben, die einen nachhaltigen Investmentansatz propagieren.

Bei deiner Recherche stößt du wahrscheinlich auf den Begriff „ESG-Sektor". Das steht für „Environment, Social and Governance", zu Deutsch Umwelt, Soziales und Unternehmensführung. Eine weitere Organisation oder Institution ist das FNG, das Forum Nachhaltige Geldanlagen e. V. Bereits seit 2001 ist das FNG aktiv. Mehr als 170 Mitglieder, davon die Mehrheit Institutionen, Banken und Versicherungen, aber auch NGOs und Privatpersonen, hat der Verein, der unter anderem in Deutschland, Österreich und der Schweiz tätig ist.

Die Schwierigkeit, wirklich nachhaltige Unternehmen zu finden

Vielleicht hast du dich in der Vergangenheit schon mal für nachhaltige Investments interessiert, dann geht es dir genauso wie unserer Studentin Mia, die bei ihren künftigen Anlagen vor allem ethisch und mit gutem Gewissen investieren möchte. Sie hat sich Informationsmaterial des FNG besorgt und entsprechende Banken, Fonds und ETFs vorsondiert. Ohne das FNG war ihr die Suche nach nachhaltigen Anlageoptionen ziemlich schwergefallen. Zumal sie etwas misstrauisch war, da viele Unternehmen und Investments auch aus Marketinggründen versuchen, sich das Label „grün", „moralisch vorbildlich" oder „nachhaltig" anzuheften.

Um solchen Marketingmaßnahmen nicht zum Opfer zu fallen, beschäftigte sich Mia gezielt mit den FNG-Inhalten. Als Orientierung definiert die FNG folgende Kriterien der nachhaltigen Geldanlage: Es handelt sich um eine rentierliche Geldanlage, die neben den Kriterien der Liquidität und Sicherheit auch ökologische, soziale und ethische Kriterien erfüllt.

Doch welche Arten Unternehmen erfüllen diese Kriterien, welche nicht? Gehen wir nach Ausschlussverfahren vor: Unternehmen der Tabakindustrie, Rüstungsunternehmen, Atomstromerzeuger und solche, die Menschenrechte verletzen oder gegen Arbeitsnormen verstoßen, wie sie unter anderem die OECD und die UN definieren, zählen nicht zu den nachhaltigen Unternehmen. Auch Anleihen von Staaten, deren Verfassung die Todesstrafe beinhaltet, gelten nicht als nachhaltig.

Best-in-class-Ansatz

Bei diesem Ansatz werden Unternehmen im Fonds belassen, die unter den Schlechten die Besten sind. „Welche Bank zahlt die geringsten Boni an Manager aus?", könnte so ein Kriterium sein. Die Kriterien hierfür sind Umwelt- und Risikomanagement, Effizienzsteigerungen, Energie- und Ressourcenverbrauch oder auch Mitarbeiterbildung, fachlich wie ethisch – Stichwort Antidiskriminierung.

Engagement

Du stellst die Frage, wie offen, transparent und nachhaltig sich die Unternehmensführung mit anderen Institutionen im sozialen, ethischen und ökologischen Dialog zeigt.

„Impact Investing" und Themenfonds

Oftmals projektbezogene spezifische Investments, die einen den ESG-Kriterien entsprechenden Ansatz verfolgen. Schwerpunkte bilden unter anderem Mikrofinanzierungen, Community-Investing und Social Entrepreneurship. Es gibt, bezogen auf diese Ansätze, auch Themenfonds, die in „grüne Immobilien", „erneuerbare Energien" oder „Wald, Wasser und Agrar" investieren.

→ Bei den Themenfonds rate ich zur Vorsicht, denn hier kann es passieren, dass sich bei der Suche wirklich nachhaltige Projekte mit geschlossenen Fonds vermischen. Wenn du dich für ein Investment entscheidest, lies den Prospekt des Fonds aufmerksam und achte auf Hinweise darauf, ob die ESG-Kriterien erfüllt werden. Eine Liste von Fonds, die vom FNG als unbedenklich eingestuft wurden, findest du unter folgendem Link: www.forum-ng.org/de/fng-nachhaltigkeitsprofil/fng-nachhaltigkeitsprofile.html

Ein paar harte Fakten zum Thema „nachhaltige Geldanlagen" aus dem Jahr 2019

Die Summe nachhaltiger Geldanlagen erreichte in Deutschland ein Volumen von gut 220 Milliarden € und wuchs innerhalb der letzten 12 Monate um 41 Milliarden €. Nachhaltige Fonds erreichten erstmals einen Marktanteil von 4,5 %. Größter Treiber bei nachhaltigen Investments sind zurzeit institutionelle Investoren. Sie machen in diesem Segment 93 % des Wachstums aus. Zu den wichtigsten Indizes dieser Kategorie zählen:

Dow Jones Sustainability Index
FTSE4GOOD
MSCI WORLD ESG Index
DAXglobal Sarasin Sustainability Germany Index EUR
DAX Global Alternative Energy Index
Euro istoxx 50 SD-KPI und istoxx Europe 50 SD-KPI

Global Challenges Index
Naturaktienindex (NAI)

PaTrick: Offen gestanden bin ich kein wirklicher Spezialist in Sachen Green Investments, aber auch ich möchte guten Gewissens mein Geld in Unternehmen, Fonds oder Indizes anlegen, die mir das Gefühl geben, dass mein Geld Projekte unterstützt, die vor allem einen Nutzen für Länder und Regionen oder Flora und Fauna haben. Ich werde mich auf jeden Fall weiterhin intensiv mit solchen Investments beschäftigen und weiter Player, Blogs und Menschen, aber auch KVGs und Banken aus diesem Sektor nach Angeboten überprüfen. Ich halte ein enges Zusammenspiel von Ökologie und Ökonomie als Grundlage eines „Finance4Future"-Investmentansatzes für sehr wichtig. Nachfolgende Genrationen dürfen nicht die Verlierer sein in einer konsumorientierten Welt, die nicht an morgen, dafür aber an sich denkt und zu sehr im Heute lebt. Wie stehst du dazu?

Ich habe zum Beispiel für mich entschieden, dass mein Geld nicht mehr in Unternehmen fließen soll, die sich der Gentechnik verschrieben haben, Waffen produzieren, Kinderarbeit zulassen, Glückspiele, Wetten oder Casinos betreiben. So kann jeder seine ganz eigenen Grundsätze in sein Investment einfließen lassen. Welche sind denn deine?

XI. Deine tägliche Dosis Finanz- bildung – ein Ausblick

Ich bin stolz auf dich, denn du hast dich jetzt mit den so facetten-reichen Aspekten der Geldanlage beschäftigt, hast Listen aufgestellt, parallel zum Lesen auch mal auf deinem Rechner oder deinem Smartphone auf Websites gestöbert und dein Maß an Wissen und Finanzbildung erheblich gesteigert. Da du auch kapitelweise vor-gehen, manches etwas oberflächlicher behandeln und anderes ver-tieft betrachten kannst, kannst du das Buch auch weiterhin immer wieder zur Hand nehmen, altes Wissen auffrischen und neues dazu-gewinnen. Ich selbst habe meine 20 Jahre in der Finanzwelt ge-braucht, um auf den Wissensstand von heute zu kommen. Sei also nicht zu streng mit dir, sondern arbeite dich Schritt für Schritt nach vorne. Hinein ins Finanzuniversum und vielleicht hinein in eine ganz neue Art, mit deinem Geld umzugehen und deine Zukunft zu gestalten.

Unsere Finanz-Glückskleeblatt-Beispiele haben dir hoffent-lich einen leichteren Zugang zum ein oder anderen Thema ver-mittelt und ein paar klassische Lebensabschnitte skizziert, die du vielleicht schon ähnlich erlebt hast oder die dir noch bevorstehen. Ich selbst habe mich für mein eigenes Handeln und Wirken schon immer gerne von anderen Menschen, deren Leben und Handeln inspirieren lassen. Von meinem Elternhaus, meinen Freunden und manchmal auch von Persönlichkeiten, die auf ihrem jeweiligen Fachgebiet wichtige Dinge geleistet, uns Menschen etwas zurück-gegeben oder unser Leben im Allgemeinen verbessert haben.

Auch wenn du hier nun auf den letzten Seiten bist, soll das auf kei-nen Fall bedeuten, dass dein Lernen nun zu Ende ist. Offen gestanden geht es jetzt erst so richtig los, denn jetzt geht es für dich darum, das Erlernte in der Realität anzuwenden. Sei mutig und neugierig und stürz dich rein in die vielseitigen Themen rund ums liebe Geld.

Wenn du magst, kannst du meinen Kollegen und mir auf www.deraktionaer.tv, Facebook oder dem Fernsehsender WELT folgen. Von kurz nach 7 morgens bis zu den Abendnachrichten kannst du dir dort deine tägliche Dosis Börse holen. Was bewegt die Märk-te? Welche Wahlen beeinflussen gerade Aktien-, Rohstoff- und

Devisenmärkte? In den unterschiedlichen Talkformaten auf aktionaer.tv kannst du online auch nach den Themen stöbern, die dir gerade unter den Nägeln brennen oder die du noch besser verstehen möchtest. Also vielleicht Zertifikate, Charttechnik oder Rohstoffe. Vielleicht hast du aber auch Lust, unseren dreimal täglich aktualisierten Börsennachrichtenpodcast zu hören. Oder du traust dich, mal einen Blick in den Finanzteil der Zeitung zu werfen. Egal wie, Hauptsache du bleibst dran! Das Beste ist nämlich, dass du jetzt einiges von dem verstehen und einordnen kannst, was viele als Fachchinesisch abtun. Und nicht nur das, du kannst es aktiv für dich nutzen, um finanziell gewappnet zu sein und gute Entscheidungen zu treffen. Um überhaupt Entscheidungen zu treffen.

Folge mir gerne auch auf Instagram (ihr findet mich unter @der_finanz_coach), dort findest du Videos und Beiträge zu aktuellen Finanzthemen und kannst mich jederzeit anschreiben, um Dinge ganz direkt zu erfragen. Es würde mich sehr freuen, wenn du am Ball bleibst und deine Erfahrungen auch mit anderen teilst. Interaktion und Erfahrungsaustausch sind unermesslich wichtig, damit du in der Materie bleibst und mein Buch nicht ein einmaliger „Ausflug" für dich war, der morgen schon zu Ende ist. Ganz im Gegenteil, ich wünsche mir, dass es der Einstieg in deine lebenslange Reise ist, die dir die Kontrolle über deine finanziellen Entscheidungen und die damit verbundene unbezahlbare Freiheit ermöglicht.

Warum Sich-Zeit-Nehmen bei der Geldanlage guttut

„Zeit ist Geld", verkündet ja eine bekannte Redewendung. Bei der regelmäßigen Geldanlage ist es etwas anders, da ist ein langer Atem das Credo, dem du folgen solltest. Besonnenheit und Ausgewogenheit bei der Entscheidungsfindung, egal ob beim Wohnungskauf, der richtigen Investmentstrategie oder der Bestimmung deines Risikoprofils, sind Säulen erfolgreicher Finanzentscheidungen.

Diese Herangehensweise habe ich auch meiner Bekannten Steffi, der Freelancerin, immer wieder mit auf den Weg gegeben, um ihre Finanzfitness zu verbessern. Denn spätestens wenn der Sohn so alt ist, dass er auf eigenen Beinen steht oder während seiner Ausbildung oder des Studiums nicht mehr zu Hause wohnt, empfiehlt sich eine „Lösung" in Sachen Haus und Mietwohnung. Solange die Zinsen so niedrig sind und die Leute nach wie vor in Ballungszentren und Schwarmstädte ziehen möchten, werden die Preise, so nehme ich an, zumindest stabil bleiben. Auch in Phasen, in denen das Wirtschaftswachstum sich verlangsamt, quartalsweise sogar mal rückläufig ist.

In Zeiten, in denen sich die Rahmenbedingungen verschlechtern, kannst du künftig durch dein Finanzwissen immer noch ein paar Prozentpunkte an Performance für dich rausholen, ohne in Schnappatmung zu verfallen. Deswegen bleib am Ball und verfolge Innovationen mit Interesse, aber auch mit der nötigen Ausgewogenheit in der Bewertung, und agiere mit Bedacht.

Wichtig ist doch, dass du ruhig schlafen kannst und dein finanzielles Engagement dich nicht überfordert, sondern dir auch Spaß macht. Das ist auch in Sachen Umgang mit deinem Geld das A und O. Hast du Spaß dabei, kommt es dir nicht wie Arbeit, Zwang oder Notwendigkeit vor, sondern kann dich glücklich machen. Das ist tatsächlich eine Erfahrung aus meiner Entwicklung. Kompetenzen zu haben und sie nutzen zu können, macht glücklich. Sich wegen müßiger Geldthemen keine Sorgen machen zu müssen, sondern auch in schwierigen Lebensphasen gute Lösungen parat zu haben oder auch nur zu wissen, wen man fragen und wer einen unterstützen kann, das beruhigt ungemein.

Außerdem ist ein Netzwerk von Mitstreitern und „Investmentphilosophie-Teilern" ein schönes Biotop, um Bekanntschaften zu knüpfen und auszubauen sowie neue Menschen mit demselben Interesse kennenzulernen und gemeinsam voneinander zu lernen. Meine eigene Mutter hat heute als Rentnerin keinen einzigen Cent mehr als während ihres Berufslebens und ihre Rente ist tatsächlich sehr überschaubar, aber durch die Hilfe und Unterstützung von uns Kindern kann sie dennoch besser schlafen. Sie weiß mittlerweile, dass es auch in schwierigen Situationen Lösungen gibt. Das beruhigt sie ungemein und lässt Herausforderungen nicht mehr wie hohe Berge aussehen, sondern nur noch wie Hügel, die auch in fortgeschrittenem Alter noch erklimmbar sind – und meine Mama ist fast 80. ☺

Zuversicht zu erlangen und Hoffnung zu haben ist uns nicht allen vergönnt, vor allem nicht, wenn die Probleme erdrückend zu sein scheinen. Kennst du solche Beispiele? Fällt dir da jemand ein? Aus eigener Erfahrung kann ich sagen, dass es auch aus einer Situation, in der die Zwangsversteigerung der eigenen Wohnung droht, Sozialhilfe oder Hartz IV dein Leben bestimmt, das, was du zum Leben hast, aufgestockt werden muss und du wirklich verzweifelt bist, Hoffnung und Auswege gibt. Einige Wege sind steinig und nicht leicht zu beschreiten, aber es gibt Lösungen – und nicht nur das, es gibt auch nichts und niemanden, der dich davon abhalten kann, mit eigenem Wissen, klugem Handeln und ein wenig Mut eine schlechte Situation langsam, aber sicher in eine gute zu verwandeln! Wie der Buchtitel sagt: Geld kann jeder und du jetzt auch.

Ich wünsche mir und uns, dass sich politisch ein paar Dinge verändern, um diese Punkte für uns einfacher zu machen. Sodass wir leichter fürs Alter vorsorgen und gleichzeitig ein gutes Gewissen haben können. Lass mich im Folgenden kurz skizzieren, was ich mir wünsche.

Demografie im Wandel und das Narrativ der Armutsdiskussion mit moralischer Keule, Armuts- und Rentenproblematik

Wie du mittlerweile weißt, ist es mir ein Anliegen, dir eine konkrete Vorstellung davon zu vermitteln, wie du für das Alter vorsorgen kannst. In den Medien ist viel von „Versorgungslücke",

„Rentenlücke" und sinkenden Renten die Rede, oft in Kombination mit steigendem Renteneintrittsalter. Dieses betrug früher 65 Jahre, heute 67 und es wird perspektivisch weiter steigen, wahrscheinlich auf irgendwann 70 Jahre. Das Handwerkszeug zur privaten Rentenaufbesserung habe ich dir in den vorangegangenen Kapiteln vermittelt. Jetzt stellt sich die Frage, warum du überhaupt privat vorsorgen sollst oder musst. Um ein Gefühl für die aktuelle Renten- und drohende Armutssituation künftiger Generationen zu bekommen, hier ein paar Zahlen und Fakten zur Rente sowie zum Armutsbericht des Paritätischen Wohlfahrtsverbandes.

Die aktuelle Rentensituation

Das staatliche Rentensystem ist ein Umlagesystem. Die Rentenzahlungen erfolgen durch die Rentenversicherungsbeiträge der Arbeitnehmer und Unternehmer. Durch diese Kopplung von Löhnen und Renten kommt es vor, dass auch die Renten steigen, wenn die Löhne steigen. Allerdings nicht im selben Maß, denn aufgrund des Alterns der Gesellschaft gibt es einen sogenannten Nachhaltigkeitsfaktor, der versucht, dieser Entwicklung Rechnung zu tragen. Die aktuelle Regierung hat sich zudem verpflichtet, das Rentenniveau, also den Betrag, den ein Rentner nach 45 Jahren Vollzeitbeschäftigung im Schnitt erhält, bei 48 % des Durchschnittseinkommens zu stabilisieren.

Die gute Nachricht: Wir werden immer älter. Männer meiner Generation haben eine Lebenserwartung von im Schnitt gut 84 Jahren, Frauen von knapp 89 Jahren.[31] Gleichzeitig steigt die Lebensqualität – zumindest wenn man den Statistiken Glauben schenken darf. Momentan sind 17,5 Millionen Menschen in Deutschland 65 Jahre und älter. Sie machen gut 20 % der Gesamtbevölkerung aus.

---

[31] https://www.7jahrelaenger.de/lebenserwartungsrechner/

Im Durchschnitt lag die Standardrente für einen Angestellten, der über 45 Beitragsjahre hinweg ein Durchschnittseinkommen verdient hatte, in den alten Bundesländern bei 1487 € brutto pro Monat, in den neuen Bundesländern bei 1435 €. Aktuelle Zahlen zeigen jedoch, dass Rentner im Westen nur 864 €, im Osten 1075 €[32] ausgezahlt bekommen.

Im Westen kommen die Männer im Schnitt auf gut 40 Beitragsjahre, die Frauen auf gut 28, im Osten hingegen kommen die Männer auf 44,5 Beitragsjahre und die Frauen auf gut 41. Der große Unterschied zwischen Ost und West ergibt sich daraus, dass ein Großteil der Frauen in den alten Bundesländern unterbrochene Erwerbslebensläufe hat. Diese sind oft durch die Kindererziehung und die entsprechenden Erwerbspausen gekennzeichnet. Ein Grund dafür waren und sind nach wie vor mangelnde Betreuungsangebote für Kinder sowie die vielschichtig eingeschränkte Flexibilität vieler Arbeitgeber, die sich mit elterngerechten Teilzeitmodellen oder dem heute nicht mehr unüblichen Homeoffice schwertun.

Als Vater habe ich selbst dreimal Elternzeit genommen. Bei unserem großen Sohn waren es sogar fünf Monate am Stück. Ich empfinde, auch im Rückblick, diese Zeit, die der mittlerweile gesetzliche Anspruch mir mit meiner Familie ermöglicht hat, als absolute Bereicherung. Natürlich soll und muss jede Familie komplett für sich entscheiden, wie und in welchem Maß sie Gebrauch von dieser Möglichkeit macht. Und auch Eltern, die sich länger als diese vierzehn Monate Elternzeit ausschließlich um die Erziehung ihrer Kinder kümmern, verdienen Anerkennung und Respekt. Wer sein Kind jedoch über dessen 10. Lebensjahr hinaus zu Hause versorgt und als Hausmann oder Hausfrau zu Hause bleibt, muss Renteneinbußen in Kauf nehmen.

→ Aus den unterschiedlichen Zeitpunkten des beruflichen Wiedereinstiegs zwischen den Frauen in Ost und West resultiert die

---

[32] www.deutsche-rentenversicherung.de (Stand 2019)

geringere Höhe der realen Durchschnittsrenten. Daraus ergibt sich, dass es, um diese finanzielle Lücke künftig zu schließen, noch weiterführende gesetzliche und regulatorische Maßnahmen geben muss, die flexible Arbeitsmodelle und die Erhaltung von Arbeitsplätzen ermöglichen.

Momentan gelten gesetzliche Bestimmungen, die die „Arbeitszeit", also Voll- oder Teilzeit regeln, nur für Unternehmen mit mehr als 15 Mitarbeitern und sind auf dich als Arbeitnehmer anwendbar, wenn du länger als sechs Monate bei einem Unternehmen arbeitest. Wenn du „Brückenteilzeit" beantragen möchtest, also ein bis maximal fünf Jahre Teilzeit und dann wieder Vollzeit arbeiten willst, kannst du das erst, nachdem du bereits neun Monate im jeweiligen Unternehmen angestellt warst. Diese Regelung ist ab einer Größe von 45 Mitarbeitern für ein Unternehmen verpflichtend.

Renten und Bezuschussung durch Steuergelder

Mütterrente, Rente mit 63, Grundrente – all diese Renten sind aus einer politischen Motivation heraus beschlossen worden und wurden während ihres Entstehungsprozesses sehr kontrovers diskutiert. Allerdings ist der Kern dieser politischen Entscheidungen der berechtigte Gedanke gewesen, zu versuchen, vor allem die Lebensläufe der Frauen im Westen zu würdigen und ihre geringeren Renten anzuheben.

Bei der Grundrente handelt es sich um das jüngste Konzept. Eine „Lebensleistungsanerkennung", die die Regierung den Menschen zuteilwerden lassen möchte, die 35 Jahre lang gearbeitet, gepflegt und erzogen haben. Aber reicht sie aus, um Menschen tatsächlich auch künftig vor Altersarmut zu bewahren?

Alleinstehende Rentner bekommen die Grundrente lediglich bis zu einem monatlichen Einkommen von 1250 € ausbezahlt, Paare bis zu einem gemeinsamen Einkommen von 1950 €. Bezuschusst

wird die Rentenkasse bereits heute jährlich mit 100 Milliarden €
aus Steuermitteln, also nicht nur aus den Rentenversicherungs-
zahlungen der Arbeitgeber und Arbeitnehmer. Tendenz steigend.
Ich weiß nicht, wie du das einschätzt, aber kann ein Rentenbetrag
von 1250 € pro Monat für alleinstehende Menschen über 65 Jahre
in einer Stadt wie Frankfurt, München, Berlin oder Hamburg zur
dauerhaften Lösung werden? Ich sage: wohl kaum.

Welche politischen und privatwirtschaftlichen Anreize braucht
es zusätzlich, um die finanzielle Situation heutiger und künftiger
Rentner signifikant zu verändern? Muss der Mindestlohn steigen? Das Wohngeld? Muss die Verrechnung von Renten, finanzieller Unterstützung oder Einnahmen mit Minijobs neu verhandelt
werden?

Armut in Deutschland bei Rentnern und Kindern – was tun?

Was mir bei all den aktuellen Diskussionen fehlt, ist ein großer
Wurf, ein „Rentenmasterplan", eine Vision – und zwar ebenfalls
für den beunruhigenden Umstand der strukturellen Kinderarmut.
Ich bin kein Fachmann für Steuerrecht und auch kein Renten-
spezialist, aber ich habe den Eindruck, dass wir mit den bisherigen
Maßnahmen in unserem bestehenden Rentensystem keine Lösung
erzielen konnten, die dazu beiträgt, dass Altersarmut in unserer
Gesellschaft künftig ein Randthema sein wird. Es besorgt mich zu
sehen, wie viele „Tafeln" momentan von Menschen aufgesucht werden, die keine andere Möglichkeit sehen, sich einen ganzen Monat
hindurch selbst mit Essen zu versorgen. Gleichzeitig ist es para-
doxerweise eine strafbare Handlung, weggeworfene Lebensmittel,
die noch verzehrbar sind, aus den Abfallcontainern der Supermärkte zu holen.

Die steigende Anzahl Kinder, die in Haushalten groß werden,
in denen Hartz IV die Haupteinnahmequelle ist, und die akut

von Kinderarmut bedroht sind, macht mich sehr traurig. Doch woher kommen diese Zahlen? Warum leben so viele Menschen am Rande des Existenzminimums? Wir leben in Deutschland im viertreichsten Land der Welt. Insgesamt sprechen wir also noch immer von einem weltweit vergleichsweise hohen Lebensstandard. In Sachen Pro-Kopf-Einkommen oder absolutem Vermögen stehen wir sehr gut da.

Den Betroffenen nützt das natürlich gar nichts. Laut Armutsbericht des Paritätischen Gesamtverbands liegt die Armutsquote in Gesamtdeutschland bei 15,5 %; regional gibt es drastische Unterschiede. Deutschland ist viergespalten. Region 1, Bayern und Baden-Württemberg, hat mit 11,8 % die niedrigste Armutsquote, der Rest Westdeutschlands liegt bei 15,9 %, der Osten Deutschlands bei 17,5 %. Auffällig ist die hohe Armutsquote im Bundesland NRW, hier sind es 18,1 %. Als „von Armut bedroht" gelten in Deutschland Menschen, deren Einkommen unter 60 % des Durchschnittseinkommens liegt. Momentan beträgt dieses Durchschnittseinkommen für Singles 1301 € und für Paare 1952 € netto im Monat. Als arm gelten Singles mit einem geringeren Einkommen als 781 € und Paare mit einem Einkommen unter 1171 €.

Trotz sinkender Arbeitslosenzahlen, also 2 180 000 Erwerbslosen in Deutschland und damit einer Arbeitslosenquote von 4,8 % (Stand Ende 2019), und so vielen sozialversicherungspflichtig beschäftigten Menschen wie noch nie, nämlich knapp 34 Millionen, klafft die Schere zwischen armen und wohlhabenden Menschen immer weiter auseinander. Woran liegt das?

Ein Analyseversuch und ein möglicher Lösungsansatz

In den Kapiteln *Immobilien* und *Aktien* habe ich darauf hingewiesen, dass „nur" knapp 50 % der hiesigen Bevölkerung in einer eigenen Immobilie leben – innerhalb der EU der niedrigste Wert! Auch gehören nur gut 4,5 Millionen Menschen zu den direkten Aktionären. Insgesamt gerade mal 5,4 % der Gesamtbevölkerung. Da nützt es wenig, wenn der Leitindex DAX Ende 2019 gut 25 % an Wert gewonnen hat, der MDAX sogar 32 %. Diese Entwicklungen gehen an der breiten Masse der Menschen vorbei und haben mit ihrer Lebenswirklichkeit nichts zu tun. Das ist wirklich schade, denn es hat unterschiedliche Folgen.

Zum Beispiel leben diese Nichtimmobilienbesitzer und Nichtaktionäre einzig von der Arbeit, die ihre Hände und/oder ihr Gehirn leisten. Im Alter beträgt ihre Standardrente dann lediglich 48 % des Durchschnittseinkommens (Tendenz ab 2030 fallend Richtung 45 oder 43 %). Du merkst, das kann nicht funktionieren. Vor allem nicht in einer Gesellschaft, die im Durchschnitt immer älter wird und deren Lebensunterhalt immer teurer wird.

Durch die Niedrigzinsphase, in der wir sicher noch eine ganze Weile stecken werden, sind die Realzinsen negativ und auch die Versicherungsgesellschaften erwirtschaften nicht die Überschussbeteiligungen früherer Jahre, sondern kämpfen mit den Folgen aus Garantien der Lebensversicherungsverträge und dem aktuellen Kapitalmarktzinsniveau. In Japan beispielsweise sind wegen des Niedrigzinsniveaus der letzten zwanzig Jahre bereits einige Versicherungsgesellschaften pleitegegangen. Wer sagt, dass so etwas hierzulande nicht auch passieren kann?

Riester- und Rürup-Renten sind sicher für einige Sparer nützlich, man kann hier als Arbeitnehmer sogar ebenfalls monatlich in Fondssparpläne investieren. Das System ist allerdings durch den mehrseitigen Papierwust und die verschiedenen Vertragskomponenten wesentlich komplizierter als ein herkömmlicher ETF-Sparplan. Durch den schlechten Ruf, den die Riester-Rente landläufig genießt, ist sie für mich eher ein Rohrkrepierer als ein „Gamechanger".

Wie kann man also mehr Menschen dazu motivieren, einen Teil ihres Vermögens und ihrer Ersparnisse in Sachwerte wie Aktien oder ETFs zu investieren? Momentan sind nur 10 % der

Vermögensanlagen in Sachwerten angelegt. Zu viel Kapital liegt „tot" auf Sparbüchern rum. Ein weiterer Hemmschuh für das sinnvolle Geldsparen ist zudem, dass die Menschen es lieben, zu konsumieren – die Tendenz, wenn ich mir die hohe Binnennachfrage im Land ansehe, geht in Richtung „mehr Geld ausgeben". Es herrscht die Überzeugung, sparen „lohnt sich nicht". Auf das Sparbuch trifft diese Aussage absolut zu. Bezogen auf den bunten Strauß der anderen Finanzinstrumente, die ich ja ausführlich in diesem Buch beschrieben habe, ist diese Einschätzung allerdings ein fataler Irrglaube.

Das Vermögen deutscher Haushalte ist im Jahr 2019 erstmals über die 6-Billionen-€-Marke gestiegen. Doch ein Großteil dieses, auch deines Geldes ist nicht optimal angelegt. Ganz zu schweigen davon, dass prekär beschäftigte Arbeitnehmer überhaupt nichts zurücklegen können. Insbesondere für diese Menschen, die hart arbeiten und dafür geringfügig entlohnt werden, muss der Staat eine Altersvorsorge bereitstellen, die diesen Namen auch wirklich verdient. Ein höherer (Mindest-)Lohn, der auch flächendeckend existiert, führt auch zu höheren Renten im Alter.

Worauf du bei deiner Berufswahl achten kannst

Politisch hat sich der Mindestlohn – da, wo er bei uns in Deutschland vorhanden ist – zum Erfolgsmodell entwickelt. Es sind keine hunderttausende Stellen durch seine Einführung weggefallen, wie zunächst von Arbeitgeberseite befürchtet. Durch ihn steigen künftige Rentenansprüche, die Menschen können wieder etwas mehr anlegen und zum Leben ausgeben und dadurch auch zu einer stabilen Binnenkonjunktur beitragen.

Egal welchen Beruf du wählst, ein kleiner Ratschlag von mir: Setze bei den Verhandlungen mit dem künftigen Arbeitgeber dein Gehalt gleich zu Beginn so hoch an wie branchenüblich möglich. Dafür ist es ratsam, dir bereits vorab über Institutionen wie die

IHK oder Stellenausschreibungen ein Bild von dem grundlegenden Gehaltsgefüge der angestrebten Branche zu machen. Im Gespräch sind dann deine bisherige Berufserfahrung, dein Ausbildungsgrad, ein mögliches Studium oder eine Meisterschule, gesammelte Erfahrung und Verantwortung bei der Mitarbeiterführung oder auch einfach besondere Talente und Eigenschaften deine stärksten Argumente.

Zwischen weiblichen und männlichen Arbeitnehmern herrschen in Deutschland leider noch immer gravierende Gehaltsunterschiede – völlig unabhängig von der Qualifizierung. Dieser Zustand trägt den mittlerweile geläufigen Namen Gender-Pay-Gap.

PaTrick: Im Gespräch mit meinen weiblichen Bekannten zum Thema Gehalt stelle ich neben systemischen Blockaden meist männlicher Chefs auch fest, dass „falsche Bescheidenheit" sehr weit verbreitet ist. Die Folge ist eine zu geringe Bezahlung exzellenter Arbeit. Ich rate dir deshalb dazu, dich als Arbeitnehmerin mit deinem Unternehmen intensiv auseinanderzusetzen. Wie werden Leistungsbewertungen in einen variablen Teil deines Gehalts einbezogen? Sind diese Beurteilungen geschlechterunabhängig und fair? Lerne deine „Unersetzbarkeit" für das Unternehmen, deine Abteilung und deinen Vorgesetzten einzuordnen und berücksichtige die Qualität deiner Arbeit bei Gehaltsverhandlungen, die, wohlgemerkt, mindestens einmal jährlich anstehen sollten. Sei nicht bescheiden, sondern realistisch und positioniere dich und deine Arbeit auch im Team so, dass deine Rolle im Team angemessen abgebildet wird. Übernimmst du Extraaufgaben? Bildest du dich regelmäßig weiter? Bist du bei Projektarbeiten eine führende, initiativ arbeitende Kraft? Ist dein Gehalt deiner Verantwortung angemessen? Verdienst du viel Geld für dein Unternehmen? Bringst du im Vertrieb die meisten Leads oder das volumenstärkste Neugeschäft? Dann prüfe, ob du nicht in der Hierarchie aufsteigen kannst und möchtest. Dann kannst du entsprechend mehr Gehalt fordern, vielleicht sogar auch Bonuszahlungen.

Weitere Fragen, die du dir stellen kannst, sind: Steht dir ein Dienstwagen zu? Gibt es neben dem Gehalt auch andere finanzielle Anreize, die dich interessieren? Kannst du ein Sabbatical machen und danach wieder ins Unternehmen einsteigen? Wie sieht es mit der Möglichkeit zum Homeoffice aus? Bietet dein Job sich für einzelne Tage zu Hause „im Büro" an? Unterstützt dich dein Arbeitgeber bei solchen Vorhaben?

bAV – die zweite Säule der Altersvorsoge

Neben der gesetzlichen Rentenbeitragszahlung, die alle sozialversicherungspflichtigen Arbeitnehmer betrifft, sorgen immerhin noch gut 16 Millionen der knapp 34 Millionen Angestellten zusätzlich privat vor. Sofern Geld in einen bAV Vertrag fließen, sind diese bis zu einer Höhe von 552 € im Monat steuerfrei. Das entspricht aktuell 8% des Beitragsbemessungsbetrages. Bis zu 276 € pro Monat sind zudem auch von Sozialabgaben befreit. Das entspricht aktuell 4% des Beitragsbemessungsbetrages. Es gibt fünf Arten der bAV.

1. **Direktversicherung:** Der Arbeitgeber schließt diese Lebens- oder Rentenversicherung für den Arbeitnehmer oft günstiger ab. Knapp 270 € Bruttogehalt können auf diese Weise pro Jahr sozialabgabenfrei umgewandelt werden (Stand 2019). Diese Form der Versicherung rentiert sich erst ab einer Bezuschussung durch den Arbeitgeber von 20 % und mehr, denn ansonsten reduziert der Arbeitnehmer durch das geringere Bruttogehalt seine gesetzlichen Rentenansprüche und zahlt am Ende drauf.

2. **Pensionskasse:** Der Arbeitgeber richtet diese für seine Angestellten bei einer Versicherungsgesellschaft ein. Es handelt sich um ein kombinierbares Produkt. Zur Lebensversicherung kann auch eine Berufsunfähigkeits- und Hinterbliebenenabsicherung abgeschlossen werden.

3. Der **Pensionsfonds** ist vom Unternehmen unabhängig. Er kann bei einer KVG speziell für die Pensionsgelder der Mitarbeiter eines Unternehmens oder mehrerer Unternehmen aufgelegt und gemanagt sein. Durch andere Finanzprodukte ist es möglich, dass der Pensionsfonds von positiven Entwicklungen am Kapitalmarkt profitiert und für die Arbeitgeber bessere Renditen erwirtschaftet als die klassische Lebensversicherung.

4. **Unterstützungskasse:** Eine rechtlich eigenständige Versorgungseinrichtung eines oder mehrerer Unternehmen. Sie gewährt dem Arbeitnehmer oder seinen Hinterbliebenen eine Vorsorgeleistung. Die Kosten kann der Arbeitgeber steuerlich anrechnen lassen.

5. **Direktzusage:** Hier bildet der Arbeitgeber selbst Rücklagen, aus denen er die Versorgungsansprüche der Arbeitnehmer heraus bedient. Der Arbeitgeber kann Pensionsrückstellungen flexibel bilden und die Erträge sind steuerlich frei verwendbar. Seine Risiken der Kapitalfinanzierung sichert der Unternehmer oft durch sogenannte Rückdeckungsversicherungen ab.

Einordnung und Schönheitsfehler

Die Beiträge werden direkt vom Bruttogehalt des Arbeitnehmers abgeführt. Das führt zur Reduzierung des Bemessungswertes für die staatliche Rente und führt zu Einbußen. Wenn du Pech hast, rechnet sich dann die private Vorsorge nicht, weil in Kombination mit den von dir zu zahlenden Krankenkassenbeiträgen beim Renteneintritt bzw. bei der Auszahlung deiner Ansprüche 19 % davon direkt abgezogen werden. Dazu kommt bei reduzierten Rentenansprüchen durch die Gehaltsumwandlung die Besteuerung der privaten und gesetzlichen Rente, sodass du am Ende weniger Geld ausgezahlt bekommst.

Seit 2019 steht dir eine Bezuschussung von 15 % bei Neuverträgen zu. Wenn dein Arbeitgeber sich aktiv an der bAV beteiligt und den Betrag aufstockt, dann kann sich das schon positiv bei deiner Rente bemerkbar machen – aber eben meist nur dann. Eine weitere Unsicherheit ist, dass du nicht weißt, ob ein eventueller neuer Arbeitgeber den bestehenden Vertrag übernimmt.

Solltest du in den Genuss eines Arbeitgebers kommen, der sich für Arbeitnehmer attraktiv machen und für dich vorsorgen möchte und dafür nur eigenes Geld in die Hand nimmt, nimm das „Geschenk" auf jeden Fall an. Sobald du drei Jahre in einem Unternehmen tätig bist, kannst du davon profitieren.

Zu komplex, zu kompliziert, Vertrauen verloren

Ich finde, unser Staat macht es dir und mir in Sachen Altersvorsorge viel zu kompliziert. Es erfordert viel Bürokratie und Vorwissen, um am Ende etwas davon zu haben. Das kann doch nicht sein, oder?

Im Rahmen meiner Recherche für dieses Buch habe ich selbst gemerkt, dass es prinzipiell interessante Möglichkeiten zur betrieblichen Altersvorsorge gibt. Aber ich frage mich regelmäßig, wer das alles verstehen soll? Für diejenigen unter uns, die so etwas abschließen möchten, ist eine Menge „Augen-zu-und-durch"-Mentalität gefragt. Mit Kontrolle hat das wenig zu tun. Und ganz ehrlich, wer vertraut denn zu 100 % Versicherungsgesellschaften und ihren Angestellten, wenn es um eine unabhängige Beratung geht? Wie unabhängig kann so was sein? Ich kenne viele Menschen, die zum Beispiel durch die Riester-Rente den Eindruck haben, dass vor allem die Versicherungsgesellschaften von ihrer Einführung profitieren.

Alternative Ideen und Ansätze für ein Standardvorsorgeprodukt

Dabei gibt es vom Verbraucherzentrale-Bundesverband und dem hessischen Finanzminister Dr. Thomas Schäfer alternative Ansätze für die Gestaltung eines staatlichen Vorsorgeprodukts. Die

„Deutschlandrente" oder die sogenannte Extrarente sind Vorstöße in diese Richtung.

Die „Extrarente" stößt laut Kantar-EMNID-Umfrage auch auf offene Ohren bei den 14- bis 29-Jährigen, die sich in Sachen Altersvorsorge einen Systemwechsel wünschen. Die Forderungen sind vor allem geringe Kosten, ein unkomplizierter Vertragsabschluss, Flexibilität in der Auszahlungsphase und Kontrolle der Anlageentscheidungen von unabhängigen Finanzexperten. Ein Standardprodukt soll geschaffen werden. Als Anlageklasse sollen vor allem aktienbasierte Produkte dienen, die ab dem 49. Lebensjahr des Anlegers schrittweise in kapitalsichernde Anleihen umgeschichtet werden sollen. Nachteilig ist, dass der Staat nicht für die Anlagesummen des Investments haftet. Sind deine Anteile an der „Extrarente" also zum Rentenbeginn im Minus, so trägst du die Konsequenz. Für die Beträge in der Auszahlungsphase sind allerdings, wenn man der aktuellen Finanzpolitik Glauben schenken darf, grundlegende Garantiebeträge denkbar.

PaTrick: Natürlich laufen Versicherungs- und Kapitalgesellschaften teilweise Sturm gegen diese Überlegungen, denn ein Standardrentenprodukt würde, vor allem wenn jeder Arbeitnehmer es automatisch „abschließt", diese Unternehmen einen gehörigen Anteil vom „bAV-Kuchen" kosten. Im Rahmen meiner Recherche habe ich den Eindruck bekommen, dass es in der Finanzindustrie mit einem solchen Standardrentenprodukt zu einem Anlageangebot käme, das vergleichbar mit deinem monatlichen Fitnessstudio-Abo ist. Du hast keinen Personal Trainer, aber die Grundlagenfitness ist durch die Ausstattung und den Service des Studios auf jeden Fall gewährleistet. Eine Grundversorgung der Bürger ist damit absolut erreicht, und das sogar qualitativ vergleichsweise gut.

Jeder, der für individualisierte Finanzprodukte wenig Zeit und noch kein ganz ausgereiftes Know-how hat, aber dennoch grundsolide abgesichert sein möchte, wäre mit einem gängigen, günstigen und mit einer angemessenen Rendite ausgestatteten

Standardrentenprodukt, wie es die „Extrarente" verspricht, gut beraten. Unabhängig von diesem Produkt blieben ohnehin genügend andere Anlageziele, die nicht rentenbezogen sind.

Zudem glaube ich auch, dass die Qualität der Anlageprodukte privater Rentenproduktanbieter durch die Konkurrenz des Standardrentenproduktes steigen und die Preise sinken würden. Der Konkurrenzfähigkeit wegen. Für den Verbraucher bzw. Arbeitnehmer und seine Rendite wäre das eine gute Entwicklung.

Rentenüberlegungen der Politik im neuen Jahrzehnt

Die CSU hat zu Beginn des Jahres 2020 im Rahmen ihrer Klausurtagung die Auflage eines Fonds angeregt, der vom Staat mit 100 € pro Monat für jedes Kind bis zum 18. Lebensjahr angespart werden soll. CSU-Landesgruppenchef Alexander Dobrindt nennt den Fonds „Starter-Rente" und will mit ihm die drei bestehenden Säulen der generationengerechten Altersvorsorge – die betriebliche Altersvorsorge, die private Vorsorge und öffentlich-rechtliche Pflichtsysteme, also etwa eine gesetzliche Rentenversicherung – um eine vierte Säule ergänzen. Ziel ist der aktive Schutz vor Altersarmut. Um dies zu erreichen, würde das Kapital bis zur Vollendung des 18. Lebensjahres einbezahlt, dann liegen gelassen und im Renteneintrittsalter ausbezahlt werden.

Ich habe das mal grob durchgerechnet und käme bei 100 € pro Monat auf 21 600 € pro Kind, plus einer jährlichen Rendite von 5,5 % – macht zusammen 36 431 €, die der Staat für jedes Kind im Fonds angespart hätte. Unberücksichtigt sind hier Inflation und Kosten des Fonds, da beides in dem CSU-Vorschlag noch nicht erwähnt ist. Würde das Geld bei besagten 5,5 % Durchschnittsrendite nun 52 Jahre schlicht liegen gelassen, würde es bis zum Renteneintritt mit 70 Jahren auf den beträchtlichen Betrag von gut 589 656 € anwachsen. Eine Summe, die bei einer Verzinsung von 5,5 % dann wiederum Zinsen von gut 2702 € abwerfen würde. Wohlgemerkt: monatlich!

Rechnen wir eine Inflation von 1,5 % pro Jahr hinzu, kommen wir nach 18 Jahren Ansparzeit auf 31 441 € und immerhin noch auf eine Kaufkraft von 241 674 € zum Renteneintritt mit 70 Jahren oder einer dann monatlichen Verzinsung von 805 €, ohne das Kapital anzugreifen. In Kombination mit einem Entnahmeplan mit einer monatlichen Auszahlungssumme von 1450 € würde das Kapital zumindest weitere 20 Jahre ausreichen.

Die Kosten für diese vierte Säule der Altersvorsorge lägen für den Staat bei einer durchschnittlichen Geburtenzahl von 787 500 Kindern pro Jahr, wie 2019, im ersten Jahr bei 945 000 000 €. Sobald alle Jahrgänge bis zum 18. Lebensjahr davon profitieren würden, beliefen sich die jährlichen Kosten ab dem Jahr 2040 dann auf 17,01 Mrd. € pro Jahr für den Bundeshaushalt oder die Rentenkassen.

Rechnung 1: 787 500 × 100 € × 12 Monate = 945 000 000 €
Rechnung 2: 787 500 × 100 € × 12 Monate × 18 Jahre =
17 010 000 000 €

Zusätzlich zur aktuellen gesetzlichen Rente ein Schritt in die richtige Richtung. Bleibt die Frage der Finanzierbarkeit. Und aufgrund des geringen Erfahrungswerts auch die Frage, ob Menschen mit einer solchen „Rentenalimentierung" noch selbst einen eigenen privaten Beitrag zur Rente leisten oder sich einfach auf den Staat verlassen würden.

→ Mein Fazit zu diesem Ansatz lautet deshalb, dass das Geld zwar in einen Fonds zum Rentenaufbau fließen sollte, jedoch gleichzeitig Geld in die Finanzbildung junger Menschen gesteckt werden muss, egal ob für ein verpflichtendes Schulfach „Wirtschaft und Finanzen" oder Pflichtveranstaltungen, die von externen Fachkräften durchgeführt werden.

Ziele eines neu zu gestaltenden Vorsorgemechanismus

Ein weiteres Ziel einer neu gestalteten Altersvorsorge ist die Unterstützung unterer und mittlerer Einkommen durch den Staat zum Aufbau privater Altersvorsorge. Gerne kann die Mindestanlagedauer auf mehr als 120 Monate festgelegt sein, sodass gewährleistet ist, dass es sich um eine Ansparung für das Rentenalter handelt. Oder aber das Beziehen der Ansparsumme darf frühestens bei offiziellem Eintritt in das Rentenalter erfolgen, dann ohne Kapitalertragssteuern oder Abgeltungssteuern darauf zu entrichten. Auch müssen Ansparpausen aufgrund von Erwerbslosigkeit, Erziehungs- oder Pflegepausen berücksichtigt werden, und zwar positiv für den Sparer, ähnlich wie bei der gesetzlichen Rente. Zudem sollte die Verrechenbarkeit der Rente mit anderen Einkunftsarten wegfallen. Für eine vom Grundgedanken her gerechte Gestaltung werden die Rentenzahlungen, die aus der privaten Vorsorge geleistet werden, dann mit dem individuellen Einkommenssteuersatz besteuert. Dadurch können niedrigere Renten fast steuer- und krankenkassenbeitragsfrei sein, höhere Privatrenten entsprechend stärker besteuert werden und somit einen Ausgleich schaffen zwischen Gering- und Besserverdienern bzw. den niedrigen und höheren Rentenzahlungen.

Beispiel: Du verdienst im Schnitt 2500 € brutto pro Monat und investierst davon 4 %, also 100 €, in einen ETF-Direktsparplan. Dein zu versteuerndes Einkommen reduziert sich auf 2400 € im Monat und dein Arbeitgeber darf abgabenfrei maximal das Gleiche drauflegen, also noch einmal 100 €. Macht zusammen 200 € für deinen, nennen wir ihn „Rentenindex-ETF". Um diesen so sicher wie möglich zu gestalten, gibt es drei vorstellbare Komponenten:

a. Das Produkt ist zertifiziert.
b. Das Kapital ist durch den Einlagensicherungsfonds bis zu 100 000 € geschützt.

c. Das Produkt gilt als Sondervermögen und ist dadurch nicht vom Emittentenrisiko betroffen.

Basierend auf den Entwicklungen an den Aktienmärkten innerhalb der letzten 20 Jahre wäre bei einer Durchschnittsrendite von 5,5 % und einer Berufslaufbahn von 35 Jahren eine Auszahlungssumme von 247 771,26 € die Folge. Bei Berücksichtigung einer jährlichen Inflationsrate von 1,2 % entspräche diese Summe einer Kaufkraft von heute 163 204 €. Diese Summe hättest du dann ohne Kapitalsteuern zur Verfügung. Nehmen wir mal an, du würdest 85 Jahre alt und würdest dir den Betrag dann in einem „Entnahmeplan" auszahlen lassen – dann könntest du deine Rente um 1032 € im Monat aufstocken.

Bis du in Rente gehst, liegt wahrscheinlich ein Durchschnittsrentenbetrag von um die 1000 € als Einheits- oder Minimumrente vor. Die sollten dann allerdings, um eine tatsächliche Verbesserung im Alter zu bewirken, nicht mit deiner privaten Vorsorge verrechnet werden. Was allerdings passieren wird, ist die Besteuerung deines Einkommens, also der 1032 € privater und der 1000 € staatlicher Rente. Vorausgesetzt, das Bundesverfassungsgericht hat das nicht bis dahin verboten. Deine Steuer- und Abgabenlast würde in diesem Fall, basierend auf aktuellen Berechnungen, bei circa 1631 € im Jahr liegen. Hinzu kommt der Krankenkassenbeitrag in Höhe von aktuell 7,3 % für Rentner, also 1780 € im Jahr. Der Rest von knapp 20 973 € wäre dann deine Nettorente. 1747 € im Monat – anstatt „nur" 1000 €, die dir ohne die staatliche Unterstützung zur Verfügung stehen würden.

Gestaltungsmöglichkeiten für Geringverdiener

Vor allem für Geringverdiener, zum Beispiel Teilzeitarbeitnehmer und Berufsgruppen wie Friseurinnen und Gastronomieangestellte, wäre eine steuerliche Erleichterung sinnvoll, um höhere

Sparleistungen für das Alter zu erreichen. Allein von ihrem Nettogehalt kann keine Friseurin 100 € sparen. Wenn der Staat ihr aber vom Verdienst, nehmen wir beispielsweise 1300 € brutto, 100 € direkt als Sparbetrag abzieht und ihrem Arbeitgeber steuerliche Anreize bietet, damit er den Betrag um noch mal um 100 € aufstockt, könnte sie richtig was davon haben. Gleichzeitig dürfte der Sparbetrag nicht von der Rentenanwartschaft abgezogen werden, damit die Friseurin bei den Rentenpunkten nicht nur 1200 € angerechnet bekommt, sondern die vollen 1300 € brutto. Diese Gehaltsumwandlung dürfte dann nicht zulasten des Arbeitnehmers gehen, sondern zulasten des Staates.

Um das zu finanzieren, kann der Staat gerne eine Finanztransaktionssteuer auf Derivate und Devisengeschäfte von 0,02 % vom täglichen Devisenumsatz einführen. Allein der weltweite Devisenhandel liegt täglich bei gut 6,59 Billionen US$. Darauf basierend entsprächen die Abgaben dann 1 318 000 000 US$ am Tag. Würden wir das auf die Staatengemeinschaft von 200 Staaten aufteilen, so bekäme jeder Staat 6 590 000 US$ am Tag als Steuern überwiesen, im Jahr dann 2 372 400 000 US$ oder 2 146 968 325 €. Ich weiß, es klingt sehr theoretisch und – zumindest zurzeit – politisch nicht erreichbar, aber es wäre durchaus finanzierbar, wenn die Staatengemeinschaft sich dazu bewegen würde.

Steuerfreie Rente und die Grundrente gleich mitfinanziert

Ähnlich wie Zinsrechner gibt es auch Rentenrechner im Netz, die du bemühen solltest, um eine Vorstellung davon zu bekommen, was im Rentenalter aus deinem aktuellen Bruttogehalt wird. Basierend darauf kannst du errechnen, wie hoch deine Versorgungslücke aktuell ist, also der Betrag, der zwischen dem aktuellen Gehalt und der späteren Rente fehlt. Dieser Betrag sollte von dir in jedem Fall zumindest zu einem guten Prozentsatz durch deine private Vorsorge erbracht werden. Ich hoffe, dass unser Staat ein paar gute Ansätze parat hält und dich in Sachen privater Vorsorge künftig gezielt unterstützt. Momentan kann man den Eindruck gewinnen, es ginge immer nur um Steuererhöhungen und Mehrbelastungen. Auch die aktuellen Pläne des Finanzministeriums, eine Finanztransaktionssteuer von 0,2 % auf Börsenumsätze, sind momentan wieder nur eine Mehrbelastung an der falschen Stelle, wie ich finde. Auch wenn die Steuer bei einem Volumen von 2000 € „nur" mit 4 € zu Buche schlägt, so vermittelt sie dennoch das Gefühl, dass sich Aktien oder Fondssparen nicht lohnen – zumal Derivate interessanterweise von der Steuer befreit sind, also genau die Instrumente, die oft von Spekulanten und Hedgefonds genutzt werden. Bezieht also das Finanzministerium die Derivat- und Devisenumsätze in die Finanztransaktionssteuer ein, sollte es gleichzeitig die neu zu schaffende private Altersvorsorge und deren Erträge nicht mit einer Abgeltungssteuer belasten, sondern „nur" mit einer Einkommenssteuer. Somit hättest du beim monatlichen Sparen, so die Pläne des aktuellen Finanzministers Scholz, die Grundrente gleich mitfinanziert – und das mit gutem Gewissen. Da ist es auch verschmerzbar, wenn deine jährliche Rendite von 5,5 % im DAX-ETF auf 5,3 % pro Jahr sinkt, oder?!

Gute Schulden – schlechte Schulden: Warum der Fetisch der „schwarzen Null" so tragisch ist

Es gibt „gute" und „schlechte" Schulden. Gute Schulden sind die, die gemacht werden, um damit Projekte, Unternehmen, Infrastruktur oder Bildung zu fördern, die uns auch morgen konkurrenzfähig im globalen Wettbewerb sein lassen. Dafür dass wir auch in Zukunft auf einem ähnlich hohen unternehmerischen Niveau wirtschaften können, müssen die Rahmenbedingungen geschaffen werden. Die Erhaltung unseres Lebensstandards als Gesellschaft kann nur unter der Berücksichtigung und Einbeziehung der Ökologie erfolgen.

Als schlechte Schulden bezeichne ich solche, die durch übermäßigen privaten Konsum entstehen. Also das klassische „Über-die-eigenen-Verhältnisse-Leben" und sich Dinge kaufen, für die dann Ratenkredite abgeschlossen werden. Auf den Staat bezogen ist das Pendant dazu die Verschwendung von Steuergeldern. Beispiele dafür findest in dem Buch *Das Schwarzbuch*. Beispiele aus der Praxis sind unter anderem die Projekte Flughafen Berlin BER und Stuttgart 21, um nur zwei zu nennen.

In Anbetracht der Herausforderungen, vor denen der Staat mit seinem Rentensystem steht, halte ich Schulden, die vorübergehend gemacht werden, um vom Umlagesystem zum wirklichen Vorsorgesystem zu gelangen, für notwendig – bisweilen sogar für unausweichlich. Manch großer Wurf dauert eine, vielleicht zwei Generationen, aber danach wird die entstandene Einkommensdelle des Staates durch die höheren Einnahmen der dann aktuellen Rentnergeneration ausgeglichen. Vor allem halte ich eine schrittweise Erhöhung des Mindestlohns und die Einführung dort, wo es keine Tarifparteien gibt, für einen wichtigen Faktor. Auch die Unternehmensbesteuerung von Global Playern wie Google, Apple, Facebook und Co. wird ein wichtiger Bestandteil sein, um mehr Steuergerechtigkeit in Europa und in Deutschland zu bewirken. Ansonsten haben wir „kleinen Leute" und der Mittelstand zu sehr das Gefühl, dass es vor allem uns an den „Steuerkragen" und den Geldbeutel geht.

Wrap-up: „Geld kann jeder und du jetzt auch!"

Na, wie fühlst du dich jetzt, nach der Lektüre dieses Ratgebers? Ich hoffe, dein WhatsApp- oder Facebook-Status sagt jetzt: „So was von bereit!" ;-)

Im Ernst, du bist jetzt in Sachen Geld gut gewappnet. Egal ob Kleinvieh oder Finanzraubtier, versteckte Strom-, Handy- und Dispokosten oder große Anlageentscheidungen – du hast jetzt die richtigen Voraussetzungen dafür, mit gestählter Brust dein eigenes

Finanzparkett zu beschreiten, all deine Sinne zu aktivieren und das Gelesene und Gelernte für dich zu nutzen. Wenn du dich in Sachen Berufsleben auf die kommenden Stufen vorbereitest, dich weiterbildest oder den Arbeitgeber wechselst, denk bei deinen Gehaltsverhandlungen daran, selbstbewusst aufzutreten und hoch zu pokern. Vor allem ihr Frauen da draußen: Seid mutiger!

Lass deinen künftigen Arbeitgeber bitte ein entsprechendes, faires Gehalt bezahlen und vor allem auch in Vorsorgesysteme einbezahlen. Wenn du dir bald ein Nest bauen willst, halte Ausschau nach geeigneten Immobilien oder investiere in eine Wohnung, die du als Kapitalanlage nutzen möchtest. Denk aber auch immer an die entsprechenden Fachleute, die dich beraten und vor größeren Fehlinvestitionen schützen können – sonst kann es teuer werden. Wenn es in einem weiteren Schritt auch um den Aufbau eines Portfolios geht und du sinnvoll Geld sparen und anlegen willst, denk an die Streuung in unterschiedliche Märkte und Finanzinstrumente, basierend auf deiner Risikoneigung und der Stärke deines Nervenkostüms.

In all den Jahren habe ich über das liebe Geld gelernt, dass es jeder braucht, die meisten es haben wollen und ganz viele unsicher im Umgang damit sind. Es gibt einfach zu viele negative Glaubenssätze. Ich rate dir: Trenn dich von all dem Negativen, lass dir von den Schwarzsehern unter den „Börsen- und Finanzfachleuten" nicht deine Hoffnung und Zuversicht verderben. Viele davon wollen selbst nur das „schnelle Geld" machen. Bleib positiv und investiere in Schwächephasen der Märkte ganz beherzt in Substanzunternehmen und Sachwerte. Und vor allem: Bilde dich stets weiter in Sachen Finanzen! Lies und höre vieles und sei offen für neue technologische Entwicklungen wie Blockchain und Co.

Wie sagte ein schlauer, beruflich sehr erfolgreicher Mann mal ganz richtig? „Stay hungry, stay foolish." Ich übersetze das für mich so: „Bleib wissbegierig und behalte deine kindliche Naivität und Offenheit." In diesem Sinne wünsche ich gutes Gelingen und ganz viel Erfolg beim Glücklichsein mit den erworbenen Kompetenzen im angemessenen Umgang mit dem lieben Geld.

Danke, dass du dich mit diesem Buch befasst hast. Es kann zur Grundlage für eine Wende in deinem Leben werden. Ich wünsche dir eine umsichtige und geschickte Hand und auch etwas Glück!

Ein besonderes Nachwort in Zeiten einer unerwarteten Krise

Seit Wochen berichte ich im Halbstundentakt über die wirtschaftlichen Auswirkungen und Konsequenzen der größten Krise unserer Zeit. Der globalen Ausbreitung des Corona-Virus SARS-CoV-2. Was wir in diesen Tagen an den Finanz- und Kapitalmärkten beobachten, verursacht bei vielen ein flaues Gefühl im Magen. Kein Wunder: Die Wirtschaft ist ausgebremst, die Kurse sinken, die Börse steht Kopf. Und wenn selbst wir Experten diesen Zustand als Sondersituation bezeichnen, wie soll es da den Anlegern gehen?!

Vielleicht bist du verunsichert und von den Ereignissen überwältigt? Vielleicht hast du Angst um deine Investitionen? Oder vielleicht warst du gar gerade kurz davor, den ersten Schritt in Richtung Börse zu wagen und zögerst jetzt? Diese Reaktionen sind verständlich und ich möchte ihnen angemessen begegnen.

Auch in einer herausfordernden Zeit wie dieser ist „Geld kann jeder & du jetzt auch" dein passender Ratgeber zum Thema Geld und Geldanlage. Meine Erfahrungen, das zugrundeliegende Finanzhandwerkszeug und die Tipps und Tricks sind allgemein anwendbar und bereiten dich sinnvoll und umsichtig auf wieder hoffnungsvollere und von Zuversicht geprägte Zeiten vor. Sowohl in Krisenzeiten als auch in Zeiten des Aufschwungs kann dieses Buch dir also als Wegweiser im Finanzgeschehen dienen.

Natürlich sind Krisenphasen besonders. Doch liegt auch die Zeit danach bereits erreichbar vor uns – und für diese solltest du gewappnet sein. Was ist nun zu tun? Wie schützt du dein Geld und damit deine wirtschaftliche Existenz vor und während einer Krise? Welche Instrumente sind nützlich und hilfreich? Welche sind die besten Strategien beim Ausverkauf an der Börse? Antworten darauf und auf weitere aktuelle Fragen findest du in diesem Kapitel.

Bei aller Unsicherheit, eins steht jedenfalls fest: Wir sitzen in diesen Tagen alle im selben Boot. Wer in einer solchen Krisensituation die Börsennachrichten verfolgt, wird vor einer Investition eher zurückschrecken. Die Angst ist nachvollziehbar. Dennoch ist die

Erkenntnis wichtig, dass eine solche Krise ein Ausnahmezustand ist, der in der Regel selten vorkommt und der – bei aller Zerstörungskraft – auch Chancen bietet.

Besonnenheit ist nun gefragt, auch in Bezug auf deine Finanzen. Lass uns gemeinsam diesen historischen Weg beschreiten.

Richtig agieren in Krisenzeiten

Die Weltwirtschaft befindet sich im Ausnahmezustand – und während ich diese Zeilen tippe, ist das Ausmaß der wirtschaftlichen Konsequenzen, die der „Corona-Crash" nach sich ziehen wird, noch nicht abzusehen. Millionen Menschen sind bereits jetzt, Anfang April 2020, akut in ihrer Existenz bedroht und die Maßnahmen der Politik und der Notenbanken sind so umfassend wie in keiner Krise jemals zuvor.

Du hast dir durch die Arbeit mit diesem Buch bereits einen umfangreichen Grundstock an Finanzwissen angeeignet. Damit du auch in Ausnahmesituationen wie der aktuellen gut informiert bist und für dich und deine finanzielle Zukunft die richtigen Entscheidungen treffen kannst, habe ich eine kleine Roadmap mit den bisherigen Geschehnissen und den bestmöglichen Verhaltensweisen in Sachen Finanzen erstellt.

Was war der Auslöser für den schnellsten Ausverkauf an den Börsen und Finanzmärkten seit dem Börsencrash 1929?

Ende Dezember 2019 wurde in der Millionenstadt Wuhan in der Provinz Hubei der Volksrepublik China erstmals ein neuartiges Virus bemerkt, das Coronavirus SARS-CoV-2.

Zu Beginn versuchte die Regierung des Landes, die Epidemie zu vertuschen. Kurz darauf war sie jedoch gezwungen, die Region mitsamt ihrer knapp 60 Millionen Einwohner unter Quarantäne zu stellen, um die Ausbreitung des Virus zu minimieren. Durch Reisende in und aus der Region verbreitete sich das Virus schnell über den gesamten Globus.

Meldungen über steigende Infiziertenzahlen und Todesfälle veranlassten viele Länder dazu, Großveranstaltungen, Messen und Events abzusagen, ihre Grenzen zu schließen und sogar Ausgangseinschränkungen anzuordnen.

Die mit der Pandemie einhergehende enorme Belastung für die Gesundheitssysteme, der „Shutdown" vieler Staaten und eine weitgehende Einschränkung des öffentlichen Lebens hat weltweit die Lähmung der Wirtschaftsräume zur Folge.

Zur Stabilisierung und Sicherung der Geldströme der Wirtschaftskreisläufe beschlossen Notenbanken rund um den Globus geldpolitische Maßnahmen zur Bekämpfung der Konsequenzen des Coronavirus und die damit verbundenen wirtschaftlichen Folgen. Globale „Finanz-Rettungsschirme" wurden für große und kleine Unternehmen sowie selbstständige Unternehmer aufgespannt.

Gleichzeitig sichern Staaten ihren Bürgern, Unternehmern und Arbeitgebern Hilfen in Milliardenhöhe zu.

Was an den Börsen parallel dazu geschah – eine kurze Chronologie der Ereignisse

Als das Virus im Dezember ausbrach und in China bereits eine Krise auslöste, schätzten internationale Investoren das Problem als gering ein. Es gab bereits Erfahrungen mit anderen Pandemien, wie die SARS-Pandemie 2002/2003. Die Auswirkungen auf die Kapitalmärkte waren damals gering.

So kam es zunächst dazu, dass sich im Zuge von weiter steigenden Aktienkursen der DAX bis zum 17.02.2020 bis auf ein Rekordhoch von 13 795 Punkten aufschwang, trotz zunehmender Corona-Meldungen aus China und erster Fälle in Italien. Der Dow

Jones hatte sein „all-time high" bereits am Donnerstag davor, dem 13.02.20.

Warum stiegen die Aktienmärkte rund um den Globus trotz der drastischen Auswirkungen und Konsequenzen in China zunächst weiter?

Warum reagierten wir Medien hierzulande nicht schneller? Diese Fragen werden mir als Journalist häufig gestellt.

Meine zwei Erklärungen sind, dass wir alle die Dimension der Ausbreitung des Virus und die hohen Sterblichkeitsraten massiv unterschätzt haben und parallel medial tatsächlich mit den schrecklichen Morden in Hanau beschäftigt waren. Die Aufarbeitung der Geschehnisse und Diskussionen über Rassismus, Intoleranz und Populismus waren die beherrschenden Themen in der Zeit vom 19.02. bis zum 25.02.20.

Die Wucht des Virus auf der einen Seite, aber auch die Nachricht, dass sich die OPEC (frei übersetzt: „Die Vereinigung ölexportierender Länder) nicht auf eine Reduzierung der Ölproduktion einigen konnte (Pressekonferenz OPEC am 06.03.2020), setzte den Ölpreis und die Börsen stark unter Druck. Der DAX hatte seit seinem Rekordhoch bereits gut 2200 Punkte eingebüßt. Quartalszahlen und Ausblicke von Unternehmen zeigten erste konkrete Spuren der wirtschaftlichen Auswirkungen des Virus. In der Nacht von Sonntag, dem 08.03.2020, auf Montag kündigte der weltweit größte Ölexporteur Saudi-Arabien eine Ausweitung der Ölproduktion und weitreichende Rabatte pro Fass Öl an.

Die Reaktion war der Einbruch des Ölpreises von 46 US$ am 6. März auf 31,10 US$ am Montagabend, dem 09. März.

Parallel stürzte der schon ziemlich gebeutelte DAX von 11 541 Punkten auf 10 625 Zähler ab. Ein Rückgang um rund 8 %. Dieser Montag ging als „Schwarzer Montag" in die Geschichtsbücher ein.

Es sollte allerdings nach einigen zwischenzeitlichen Erholungsversuchen durch eine Intervention der FED, EZB und der Politik noch drastischer bergab gehen – und zwar am Donnerstag.

Auslöser war die Meldung der USA, ihre Grenzen für 30 Tage zu schließen. In der Folge brach der DAX vom Schlusskurs 11.03.20 auf 12.03.20 um 1278 Punkte oder 12,2 % ein. Den Handel beendete der Leitindex bei 9161 Zählern.

Dies ist gleichbedeutend mit dem höchsten Punkteverlust des DAX in der Geschichte. Die Woche beendete er bei 9232 Punkten. Der wichtigste Index Deutschlands verlor in einer Woche 20 %. Von seinen Höchstkursen sind das 33 %. Aktuell[33] steht der DAX bei 8928 Punkten bzw. 35,3 % tiefer als am 17.02.2020. In der Woche bis zum 20. März bildete der DAX ein Tief bei 8255 Punkten aus.

Die Marke 8160 Punkte ist der Höchststand der Jahre 2000 und 2007 und dient den Charttechnikern als wichtige Unterstützungsmarke.

Welche Mechanismen als Absicherung deines Portfolios nutzen?

In Kapitel IX. Derivate, Zertifikate und CFDs habe ich dir schon die Absicherungsmechanismen eines Aktien- oder ETF- Portfolios erläutert, möchte an dieser Stelle aber noch mal ein paar ganz konkrete Aspekte aufgreifen.

Depotabsicherung Nr. 1: Asset Allocation im Portfolio

Ich habe ja immer wieder erwähnt, wie nützlich ein divers zusammengestelltes Portfolio ist. Anhand eines Beispiels erläutere ich den Sinn dieser „Aufteilung" deines Geldes in verschiedene Anlageklassen:

---

[33] Stand 20. März 2020

Assetklasse: GOLD

Preis 17.02.20	1581 US$
Preis 20.03.20	1498 US$
Verlust:	ca. −5 %

Öl WTI

Preis 17.02.20	52,05 US$
Preis 20.03.20	19,84 US$
Verlust:	ca. −62 %

DAX

Preis 17.02.20	13 795 Punkte
Preis 20.03.20	8928 Punkte
Verlust:	ca. −35 %

DOW

Preis 17.02.20	29 232 Punkte
Preis 20.03.20	19 175 Punkte
Verlust:	ca. −34 %

Anleihe USA „10-jähriger T Note Future":

| Notierung 17.02.20 131,01 Punkte |
| Notierung 20.03.20 137,41 Punkte |
| Gewinn: ca. +4,9 % |

Weizen:

Preis 17.02.20	194,00 €
Preis 20.03.20	189,25 €
Verlust:	ca. −2,4 %

Außer der US-Anleihe haben die anderen Asset-Klassen Verluste hinnehmen müssen, wobei diese sehr unterschiedlich ausfielen.

Zum Vergleich in Zahlen:
Eine Investition nur in Öl = Verlust von 13 400 €.

Aufteilung in alle sieben Assetklassen:
Entstandener Verlust 3804,32 €.

Beispiel 20 000 Euro diverses Portfolio 17.02.2020 vs. 20.03.2020

Anfangsbestand: 17. Februar		Endbestand: 20. März	
Goldbestand:	2855 €	Goldbestand:	2712,25 €
Ölbestand:	2855 €	Ölbestand:	1084,90 €
DAX ETF:	2855 €	DAX ETF:	1855,75 €
DOW ETF:	2855 €	DOW ETF:	1884,30 €
US Anleihe:	3000 €	US Anleihe:	3147,00 €
Weizen Future:	2855 €	Weizen Future:	2786,48 €
Cash:	2725 €	Cash:	2725,00 €
Gesamt	20 000 €	Gesamt:	16 195,68 €

Fazit: Bei unserem Beispielportfolio hätte der Verlust „nur" rund 19 % betragen. Du wärst also mit dieser Anlagestrategie deutlich glimpflicher davongekommen, als bei der 100 %-Investition der 20 000 € in Öl, DAX oder DOW. Mein Beispiel ist nur eines von beliebig vielen der prozentualen Gewichtung der Aufteilung in unterschiedliche Anlageklassen.

Weitere Tools zum Schutz vor starken Verlusten deines Depots

Ich habe dir bereits viele Kapitalschutz-Tools ans Herz gelegt und will diese noch mal aufgreifen.

Must dos

- Investiere trotz Krisen weiter regelmäßig in deine Altersvorsorge, wie z.B. Index-ETFs. Stichwort „Cost Average Effekt".
- Arbeite im Bereich Aktien und ETFs mit Stop-Loss-Limits und passe diese regelmäßig an: Sie sollten ca. 10 % unterhalb des Tagesschlusswerts liegen.

- Wenn du bei manchen Anlagen ausgestoppt wurdest, erhöhe in Zeiten wie zu Beginn des Corona-Crashs deine Cash-Quote. Der Leitspruch von uns Profis ist „Cash is king".
- Warte mit der Wiederanlage des Geldes, bis es Tendenzen gibt, die klar dafür sprechen, wieder in die Märkte einzusteigen. Kaufe nicht, wenn die Kurse fallen, denn niemand weiß, wo so ein Kurssturz endet. Bodenbildung abwarten.
- Absicherung des aktienbasierten Portfolios mit Put-Long-Strategie. „Versicherungswirkung" gegen Verluste. Zur Absicherung gibt es auch geeignete Zertifikate und CFDs.
- Investiere in Krisenzeiten auch in alternative Sachwerte wie zum Beispiel in Land, Streuobstwiesen, Oldtimer, Wein oder Kunst.
- Stockpicking: Es gibt Unternehmen und Aktien, die von der Krise profitieren. Im aktuellen Fall sind das Impfstoffhersteller, Toilettenpapiererzeuger, Atemschutzmaskenhersteller und Produzenten von Medikamenten gegen die Krankheit.

→ Bei allen direkten Aktieninvestitionen unbedingt mit Stop-Loss-Limit arbeiten. In Krisenzeiten sind die Märkte besonders volatil.

Fazit & Ausblick

Das Wichtigste in Krisenzeiten ist, zu verstehen, dass du durch deine eigene Finanzbildung gepaart mit Informationshilfen wie diesem Buch viele deiner Fragen bereits selbst beantworten kannst. Du kannst das Geschehen an den Märkten verfolgen und verstehen und selbst entscheiden, wie und wann du wieder in den Finanzmarkt einsteigen möchtest.

Nutze das gewonnene Handwerkszeug dafür, auch schwierige Situationen zu bewältigen. Kein tatenloses Zusehen mehr – dein Wissen und deine Kompetenz lassen dich trotz aller Herausforderungen, die das Leben so mit sich bringt, gut schlafen. Die Zeit, in der du dich hilflos als Spielball von „denen da oben" begriffen hast, ist vorbei.

Du hast es jetzt in den eigenen Händen – ganz viel Erfolg dabei!

Glossar

Abgeltungssteuer
Steuer auf Kapitalerträge in Höhe von 25 %

Aktienleerverkäufe
Man verkauft Aktien, die man nicht hat, leiht sie sich, um das Aktiengeschäft zu beliefern, kauft sie später billiger zurück und beendet die Leihe.

Aktieneigenhandel
Aktienhandel im Namen und auf eigene Rechnung der Bank zur Erzielung von Handelsgewinnen

Asset Allocation
Vermögensallokation, Aufteilung auf unterschiedliche Anlageklassen

Aufsichtsrat
Kontrollinstanz/Kontrollgremium einer Kapitalgesellschaft

aus dem Geld sein
Die Optionsausübung ist noch unrentabel und der Strikepreis steht über dem Aktienkurs (Put).

BaFin
Bundesanstalt für Finanzdienstleistungsaufsicht, zuständig für die Aufsicht über Finanzdienstleistungs- und Versicherungsunternehmen

Basiswert
Finanzinstrument, das einem Derivat oder Zertifikat zugrunde liegt

Benchmark
Vergleichsmaßstab

Binnennachfrage
Inlandsnachfrage nach Dienstleistungen, Konsum- und Investitionsgütern

Bonität
Kreditwürdigkeit

Brennstoffzelle
Zelle, die durch eine chemische Reaktion und Zuführung eines Brennstoffs elektrische Energie erzeugt

Bretton-Woods-System
Internationale Währungsordnung nach dem Zweiten Weltkrieg

Call
Kaufoption

Cap
Beim Discountzertifikat die nach oben gedeckelte Wertsteigerung

CEO
Chief Executive Officer, Geschäftsführer

Chartanalyse
Versuch, aus dem Chartbild einer Aktie oder eines Indexes besondere Marken herauszulesen und Entwicklungen abzuleiten

CO2-Emissionsrechte
Handel mit Rechten zum Ausstoß von Treibhausgasen, der zur Regulierung und Kontrolle der CO_2-Mengen dient

Corporate Bonds
Unternehmensanleihen

Cost Average Effect
Durchschnittskosteneffekt

Crowdinvesting
Eine Vielzahl von Menschen investiert mit kleineren Beträgen mittels einer Investmentplattform in ein Unternehmen (oft Start-ups).

DAX
Deutscher Aktienindex

Deflation
Preisrückgang; Gegenteil von Inflation

Dispositionskredit
Betraglich begrenzte, aber zeitlich uneingeschränkte Kontoüberziehung des Girokontos

diversifizieren
Streuung von Kapital auf unterschiedliche Finanzinstrumente oder Anlageklassen; Gegenteil von spezialisieren

Dotcom-Blase
Kunstbegriff der Medien für die im Jahr 2000 geplatzte Spekulationsblase im IT-Bereich

Eigenkapital
Differenz aus Schulden und Vermögen = Reinvermögen

Eigenkapitalrendite
Jahresüberschuss geteilt durch Eigenkapital

Einlagensicherungsfonds
Sicherungsmechanismen der Banken und des Staates zur teilweisen Sicherung der Kundengelder

Einlagenzinssatz
Zins, zu dem Geschäftsbanken ihr Geld bei der Zentralbank anlegen können

Emittentenrisiko
Risiko der Zahlungsunfähigkeit eines Herausgebers (Emittenten) von Wertpapieren

Enteignung
Entzug von Eigentum

Erwerbsnebenkosten
Alle Kosten, die neben der Kaufsumme für eine Sache anfallen und vom Käufer getragen werden

ETF
Exchange Traded Fund: börsengehandelter Fond mit passiver Anlagestrategie

Eurex
European Exchange, eine der größten Terminbörsen weltweit

Eurozone
Staaten, die den Euro als Zahlungsmittel verwenden

Factsheet
Übersichtsblatt über die wichtigsten Merkmale eines Fonds oder eines anderen Finanzprodukts

Finanzblase
siehe Spekulationsblase/Dotcom-Blase

Finanztransaktionssteuer
Steuer auf börsliche und außerbörsliche Finanzgeschäfte

FNG
Forum Nachhaltige Geldanlage

Fundamentalanalyse
Mittels Betrachtung von Bilanzda-
ten und Unternehmenskennzahlen
wird das Unternehmen analysiert
und mögliche Auswirkungen auf
den Aktienkurs werden skizziert.

Gold-ETC
Ähnliches Produkt wie ETF, nur
auf den Rohstoff Gold

Green Deal
Maßnahmenpaket zum ökologischen Wandel Europas, um 2050
klimaneutral zu sein

Grundbuch
Öffentliches Register, das Grund-
stücke, deren Eigentumsrechte und
Belastungen belegt

Handelsbilanzdefizit
Wareneinfuhren übersteigen Waren-
ausfuhren

Handelskonflikt
Wirtschaftlicher Konflikt zwischen
zwei Staaten unter Einsatz von Maßnahmen, wie zum Beispiel Zöllen

Hedgefonds
Aktiv gemanagter Fonds, der durch
hohe Risiken überdurchschnittliche Renditen erzielen möchte

Helikoptergeld
Durch Notenbanken geschaffenes
Geld wird direkt an Staat oder Bür-
ger gegeben.

Hypothek
Grundpfandrecht, das als Belastung auf einem Grundstück liegt
und der Kreditbesicherung dient

Index
Kennziffer, die Veränderungen im
Preis innerhalb einer Zeitspanne
angibt

Kontrakt
Derivategeschäft zwischen zwei
Vertragsparteien

Kryptowährung
Digitales Zahlungsmittel

Leitzins
Zinssatz, zu dem sich Geschäftsbanken bei den Zentralbanken refinanzieren können

leveraging
Hebeleffekt von Fremdkapital auf
Eigenkapital

Mietpreisbremse
Verschiedene Gesetze, die den
unkontrollierten Mietpreisanstieg
begrenzen sollen

MSCI World Index
Index, der mehr als 1600 Unternehmen aus 23 Ländern wider-
spiegelt

Mütterrente
Politisches Schlagwort, das ein weiteres Anerkennungsjahr als Kinder-
erziehungszeit bei Eltern vor 1992
geborener Kinder zur Konsequenz
hat

Nachhaltigkeitsfaktor
Teil der Rentenanpassungsformel,
der die Beitragszahlen und Rentner
ins Verhältnis setzt und dadurch die
Rentenanpassungen beeinflusst

Net Asset Value
Substanzwert eines Fonds oder
Unternehmens

Neuer Markt
Frühes Börsensegment für Wachs-
tums- und Technologieunter-
nehmen

New Economy
Wirtschaftsweise, die Dienstleis-
tungs- und IT-gestützt ist

NGO
Nichtregierungsorganisation

Old Economy
Auf Warenproduktion ausgerichtete
Wirtschaftsweise

Oldtimer
Pkw, der älter als 30 Jahre alt ist

Palladium
Element, das bei Katalysatoren zum
Einsatz kommt

Parkett
Ursprünglich der Handelssaal der
Alten Frankfurter Wertpapierbörse

passives Einkommen
Einkommen ohne aktiven Aufwand
(Mieteinnahmen oder Stromein-
speisung)

Performance-Fee
Gebühr für einen aktiven Fonds, die
bei Erreichen bestimmter Gewinn-
schwellen fällig wird

politische Börsen
Börsenreaktionen, die politisch getrieben sind

Publikumsfonds
Fonds, die jedem offenstehen

Put
Verkaufsoption

REITs
Real Estate Investment Trust;
börsennotierte Aktiengesellschaft

Rendite
Ertrag, den angelegtes Kapital in
einer Zeitspanne erzielt

Robo-Advisor
Algorithmenbasierter digitaler
Vermögensberater und -verwalter

Schneeballsystem
Geschäftsmodell, das zum Funktio-
nieren eine stetig wachsende Zahl
Teilnehmer benötigt

Schuldverschreibungen
Wertpapier, für das der Käufer
Zinsen erhält

Schwarmstadt
Stadt mit überdurchschnittlicher
Zuwanderungsrate

schwarze Null
Bezeichnung für einen ausgegli-
chenen (öffentlichen) Haushalt

Seitwärtsmarkt
Markt steigt und sinkt, pendelt aber um einen Wert herum

Sondervermögen
Treuhänderisch verwaltete Einlagen von Anlegern durch eine Kapitalanlagegesellschaft bzw. Fondsgesellschaft

Spezialisten
An der (Frankfurter) Börse registrierte Banken und deren Händler

Spotpreis
Einheitskurs von Wertpapieren, auch Kassapreis genannt; Gegenteil von Terminpreis

Start-up
Junges Unternehmen mit innovativer Geschäftsidee

Strafzinsen
Negative Zinsen, zum Beispiel auf Sparguthaben

Strikepreis
Ausübungspreis, zum Beispiel bei einer Option

systemrelevante Banken
Banken, deren Pleite wegen der Höhe des Bilanzvolumens oder ihrer Bedeutung für eine Volkswirtschaft nicht hingenommen wird

thesaurierend
Reinvestiert oder verbleibend, zum Beispiel im Fonds oder einer Unternehmung

Tilgung
Rückzahlung von Schulden, einem Kredit

Track-Record
Auflistung von Errungenschaften und Misserfolgen einer Person oder eines Unternehmens

Verbindlichkeiten
Verpflichtung eines Schuldners gegenüber seinem Gläubiger

Verkehrswert
Wert eines Grundstückes unter Berücksichtigung aller äußeren Umstände

vermögenswirksame Leistungen
Leistungen des Arbeitgebers, die zum Vermögensaufbau gezahlt werden

Volatilität
Schwankungsbreite von zum Beispiel Aktien- oder Devisenkursen

Währungsmanipulation
Beeinflussung des Außenwertes einer Währung durch gezielte Rhetorik und Nutzung finanzpolitischer Instrumente einer Notenbank

Danksagung

Ich danke herzlichst meinem Verlag Edel Books und seinen kompetenten, engagierten und überzeugten Mitarbeiterinnen und Mitarbeitern, die mein Buch begleitet und ermöglicht haben.

Mein herzlicher Dank gilt Rita und Tobias. Ihr habt den Stein ins Rollen gebracht.

Ein besonderes Dankeschön für den konstruktiven Austausch geht an Simone.

Gerührt und unendlich dankbar bin ich meiner Familie für die bedingungslose Unterstützung in den letzten zwei Jahren.

Ich liebe euch: Cornelia, Lenny, Leslie und Levin.

Quellenver-
zeichnis
Grafiken und
Tabellen

Die Grafiken und Tabellen wurden nach folgenden Vorlagen erstellt:

Vermögenverteilung, Seite 47:
https://www.iwkoeln.de/presse/interaktive-grafiken/beitrag/
wer-verdient-wie-viel.html

ING-DiBa-Studie, Seiten 55/56:
Ipsos im Auftrag der ING-DiBa, Befragte: finanzielle Entscheider
ab 18 Jahren im Oktober/November 2015
https://www.ing.de/binaries/content/assets/pdf/ueber-uns/presse/
publikationen/ing-diba-economic-analysis-bankgebuehren-dispo-
2016.pdf

Ratingtabelle, Seite 70:
www.seekingalpha.com

DAX-Unternehmen, Seite 121:
https://www.boerse.de/gewichtung/Dax-Aktien/DE0008469008
Stand 10. Januar 2020

Dow-Jones-Werte, Seite 122:
https://www.boerse.de/gewichtung/Dow-Jones-Aktien/US2605661048
Stand 10. Januar 2020

Risikoklassen, Seite 130: Risikoklasseneinteilung der Deutschen
Bank AG, Stand November 2019

Vergleich DAX-Perfomance/DAX-Kursindex, Seite 140:
https://www.boerse.de/historische-kurse/DAX-Kursindex-/
DE0008467440

Wem gehört der DAX, Seite 144: IHS Markit 2019
https://www.stern.de/wirtschaft/wem-gehoert-der-dax--nicht-den-
deutschen--8767664.html

Durchschnittliche DAX-Rendite, Seite 148:
https://www.boerse.de/historische-kurse/Dax/DE0008469008

Cost Average Effect, Seite 168:
https://www.finanzen.net/fonds/historisch/dws_top_dividende
Stand 14. November 2019

Deutscher Oldtimer-Index, Seiten 198/199:
Verband der Automobilindustrie e. V., Fritz Cirener

Realzinsen, Seite 214: Statistik Deutsche Bundesbank

Einlagen bei Banken in Deutschland, Seite 215: tagesgeld.de

Marktanteil nach Börsenumsätzen, Seite 260: Deutscher Derivate-
verband, Dezember 2019
https://www.derivateverband.de/DEU/Statistiken/Marktanteile_
nach_Boersenumsaetzen

Alle anderen Grafiken wurden nach Vorlagen von Patrick Dewayne
erstellt.

Die Publikation enthält Links auf Webseiten Dritter, für deren Inhalte wir keine Haftung übernehmen. Wir verweisen lediglich auf deren Stand zum Zeitpunkt der Erstveröffentlichung.

Kontakt zum Autor:
Mail: patrick@finanzcoach.tv

Edel Books
Ein Verlag der Edel Germany GmbH

Copyright © 2020 Edel Germany GmbH
Neumühlen 17, 22763 Hamburg
www.edelbooks.com

2. Auflage 2020
Projektkoordination: Svetlana Romantschuk
Lektorat: Simone Gemmer
Umschlagfoto: Birgit Hupfeld
Umschlagillustrationen: KONTRASTFILM
Illustrationen im Innenteil: Max Bachmeier
Layout und Satz: Datagrafix GSP GmbH, Berlin | www.datagrafix.com
Umschlaggestaltung: Rothfos & Gabler, Hamburg
Druck und Bindung: GGP Media GmbH, Pößneck

Printed in Germany

ISBN 978-3-8419-0660-1